铁路货车载荷谱及其应用

王春山　王　曦　杨广雪　编著
侯卫星　主审

中国铁道出版社

2018年·北　京

内容简介

铁路货车载荷谱是进行货车承载构件抗疲劳设计与安全评估的基础，主要是通过线路试验实测随机载荷数据，经数据处理和统计分析后获得，包含了承载构件在运用中所受载荷的幅值和频次等信息。我国在铁路货车载荷谱及其应用方面已经取得了一系列可喜的成果，目前我国铁路已经形成了一系列铁路货车疲劳可靠性技术规范，建立的载荷谱广泛应用于开发各类新型货车以及既有车辆改进。

本书介绍了我国在铁路货车载荷谱研究和工程应用中的成果，全书共分十章，收录了我国在铁路货车载荷谱研究领域采用的理论、测试技术、试验手段、载荷谱编制方法、载荷谱特性，以及载荷谱在实际工程结构改进和可靠性评估中的应用。载荷谱的建立和应用为保障我国铁路运输安全，发展新型货车提供了有力的技术支撑。

本书可作为铁路车辆设计人员、科研人员、试验人员及铁路车辆相关专业师生的培训教材和学习资料，也可供相关技术管理人员参考使用。

图书在版编目（CIP）数据

铁路货车载荷谱及其应用/王春山，王曦，杨广雪编著．—北京：中国铁道出版社，2018.4
ISBN 978-7-113-24372-2

Ⅰ.①铁…　Ⅱ.①王…②王…③杨…　Ⅲ.①铁路车辆—货车—载荷谱—研究　Ⅳ.①U272

中国版本图书馆CIP数据核字(2018)第060993号

书　　名：铁路货车载荷谱及其应用
作　　者：王春山　王　曦　杨广雪　编著
　　　　　侯卫星　主审

责任编辑：王明容　王风雨　袁文东　王晓阳　**编辑部电话：**(010)51873423　**电子信箱：**tdpress@126.com
封面设计：郑春鹏
责任校对：苗　丹
责任印制：高春晓

出版发行：中国铁道出版社（100054，北京市西城区右安门西街8号）
网　　址：http://www.tdpress.com
印　　刷：中国铁道出版社印刷厂
版　　次：2018年4月第1版　2018年4月第1次印刷
开　　本：787 mm×1 092 mm　1/16　印张：15.5　字数：315千
书　　号：ISBN 978-7-113-24372-2
定　　价：78.00元

前言

在国民经济快速发展的带动下，我国铁路运营里程截至 2017 年年底已达 12.7 万公里，我国铁路货运量占世界铁路货运周转量的 25%，是世界上最繁忙的铁路货运线。铁路货车已经实现载重由 60 t 级向 70 t 级和 80 t 级的升级换代，时速由空车 70 km、重车 80 km 向 120 km 的技术升级，综合技术性能已达到世界先进水平。随着我国国民经济的发展，铁路货物运输业也正向着重载和快捷方向发展，我国正在研发轴重 27 t、30 t 的新型重载货车和160 km/h 的快捷棚车。实践表明，建立科学合理的疲劳强度设计和安全评估方法是保证车辆运行使用品质的关键，在总结铁路货车运用经验和载荷谱试验数据的基础上，更好地指导铁路货车的设计、制造，为修订和完善货车疲劳强度设计和安全评估标准提供科学依据，是撰写本书的主要目的。

本书收录了我国科研工作人员在铁路货车载荷谱研究领域采用的理论、测试技术、试验手段、载荷谱编制方法、载荷谱特性以及载荷谱在实际工程结构改进和可靠性评估中的应用。

本书由王春山、王曦、杨广雪编著，侯卫星主审。在本书的编写过程中，得到了中车齐齐哈尔交通装备有限公司、中车青岛四方车辆研究所有限公司、中车长江车辆有限公司、中车眉山车辆有限公司、中车西安车辆有限公司、中国铁道科学研究院、西南交通大学、同济大学等单位的大力支持，在此向他们付出的辛勤劳动致以谢意。

由于编者水平以及编写时间有限，书中难免存在疏漏不妥之处，恳请广大读者和业内人士批评指正。

编　者

2018 年 3 月

目　录

1

绪　论

货物运输是铁路运输的重要组成部分，铁路上用于载运货物的车辆统称为铁路货车。在货车运用过程中，货车转向架、车体等会承受复杂的随机载荷，在这些载荷的作用下，货车承载构件将产生疲劳累积损伤，一旦发生失效将直接危及铁路运输安全。为保障安全，工程上通常应用载荷谱进行结构疲劳设计、台架疲劳试验，并制定疲劳设计与试验载荷规范。铁路货车载荷谱是进行货车承载构件疲劳设计与安全评估的基础，载荷谱主要是通过线路试验实测随机载荷数据，经数据处理和统计分析后获得，包含了承载构件在运用中所受载荷的幅值和频次等信息。铁路货车车型多，有棚车、敞车、罐车、平板车及各种专用货车等，车辆的运用条件包含运行线路、行车速度、装载货物及气候、地理环境等。货车载荷谱编制时应考虑这些因素，根据不同情况分类给出不同的载荷谱。多年来，我国铁路相关高校、科研机构和企业围绕保障铁路运输安全，开展了大量科研试验，获得了丰富的实测数据，使得载荷谱编制及疲劳试验研究技术日臻完善，形成了一系列卓有成效的科研成果。同时，采用计算机虚拟技术，通过车辆系统动力学仿真获取载荷信息，探索载荷谱研究的新途径。

1.1　载荷谱基本概念

结构在使用过程中往往承受随时间变化的随机载荷，由于这些载荷可致使结构产生疲劳累积损伤，故也称为疲劳载荷。载荷可以用不同形式表示，最常用的有力、应力、应变、加速度、位移等。铁路机车车辆、汽车、飞机、船舶等运载工具的许多承载构件在运用中承受随时间变化的随机载荷，有时也存在具有一定周期性的交变载荷，周期性交变载荷是随机载荷的一种特殊情况，因此，随机载荷是造成承载构件疲劳累积损伤的根本原因。

载荷谱是运用中结构所承受的随机载荷的统计表示。它是结构疲劳设计与断裂分析和试验的载荷条件。载荷谱原则上应代表整个载荷变化过程，但是，要反映载荷变化的全部信息是难以实现的，在实际应用中也没有这个必要。因此，载荷谱编制过程中，对于原始载荷数据常需要进行数据处理或简化，从这个意义上讲，载荷谱又是载荷变化过程的某种近似代表。如果载荷的形式为力、应力、应变、加速度或位移，载荷谱则相应的称为力谱、应力谱、应变谱、加速度谱或位移谱。

同样一台设备各个结构部位在使用中所受的载荷不同，所以不同的结构部位有不同的载荷谱。如铁路货车转向架的轮对、摇枕、侧架，车体的心盘、旁承、车钩、缓冲器等载荷谱都各有特点。此外，载荷谱还可以包括各种环境条件，如温度、腐蚀、噪声等。必要时，还需考虑载荷和环境因素的综合影响，形成更为复杂的环境（载荷）谱。载荷谱又分为离散谱和连续谱。离散谱由各级载荷及其发生的频次按某种次序排列组成，连续谱由载荷过程或其统计特性表示。

载荷谱有多种表达形式，载荷谱最原始的表达形式是“载荷—时间”历程，由于现实条件的种种限制，用这种原始的表达形式直接进行工程应用非常困难，因此根据实际需求发展出了多种多样的载荷谱近似表达形式，如数字、公式、图形、表格、矩阵等，常见的载荷谱数据处理方法有均值法、变均值法、等损伤法等，根据维数不同又有一维和二维载荷谱。

当载荷时间历程施加于结构上时，结构可能产生形式多样的响应：如力（力矩）、应变或加速度等，对这些响应时间历程的统计表示，广义上也称之为载荷谱。

在工程实践中，常用程序载荷谱和随机过程载荷谱表示结构承受的随机载荷，进行结构的疲劳设计和试验。

在程序载荷谱中，最简单的是常（等）幅谱；把若干常幅谱的小块按一定次序排列，得到的是程序块谱；把程序块谱中各小块的次序打乱随机排列，得到的是随机化程序块谱；若直接以载荷的各个峰、谷值进行随机排列，得到的是随机化谱。

随机过程载荷谱常用实测的一段典型“载荷—时间”历程表示，或用其功率谱表示。采用随机过程载荷谱进行结构疲劳试验比较严密和精确，但是需要对所有的实际工况进行测试。比较而言，采用程序载荷谱进行结构疲劳试验相对容易实现，因此程序载荷谱在实际中也普遍应用。

工程试验中所用的载荷谱主要根据大量实际测量数据经过统计处理编制，有些条件成熟的已形成了国家或行业标准。

1.2 载荷谱研究现状

载荷谱研究包括载荷测试、载荷谱编制、载荷谱应用等方面，理论的发展和设备水平的提高推进了载荷谱研究的不断深化。20 世纪 70 年代以来，计算机技术、数据检测技术的发展使载荷数据连续的大规模采集和处理成为可能，电液伺服疲劳试验机的应用使采用载荷谱进行室内疲劳模拟试验得以实现，载荷谱已在铁路机车车辆、汽车、飞机、船舶等众多工程领域得到广泛应用。疲劳设计理论与试验技术不断完善，促进了产品开发水平的提升和应用可靠性的不断提高。

1.2.1 载荷数据获取

载荷数据获取是发现作用在结构上的载荷信号并将其记录下来的过程。目前常用的载荷数据获取方法有两种：一种是实际测试，另一种是仿真分析。

实际测试是直接测量并记录结构上的载荷时间历程，这种方法最直接且最准确，是载荷数据获取的主要方法。其常用的实现方式有两种：一种是在结构上布置专用载荷传感器，直接测试载荷时间历程；另一种是通过载荷识别技术，间接获得载荷时间历程。在实际工程应用中，这两种测试方法往往兼顾使用。

由于采用实际测试的方式需要花费大量的时间、人力、经费，且无法在设计阶段实施，因此通过仿真分析获取载荷数据的方法逐渐发展起来。目前常用的仿真分析方法有逆虚拟激励法、多体动力学方法等。其中，逆虚拟激励法在海洋钻井平台等工程结构的载荷谱研究中得到应用，多体动力学方法在汽车等领域应用，用以获取作用在结构各连接点的载荷信息。

在铁路车辆方面，我国开展了大量铁路货车载荷测试和载荷谱研究工作，针对各型货车车辆不同承载构件的情况，研究了一整套载荷测试方法，研制了专用测力装置，既可以满足专门组织的车辆动力学试验的测试需要，也可以在实际运用车辆上进行跟踪测试获得载荷数据。同时，应用仿真技术，通过建立车辆动力学模型，输入轨道不平顺或轨道谱信息，模拟车辆承载构件的载荷时间历程，预测服役载荷谱的技术也开始得到应用。图 1-1 所示为仿真得到的转 K6 型转向架交叉杆径向载荷时间历程数据。

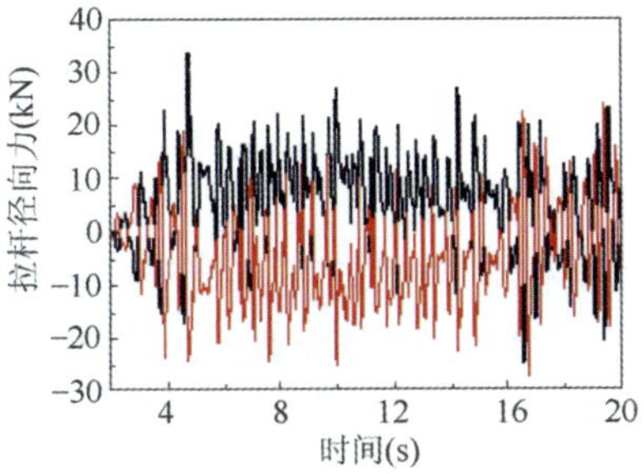

(a) 曲线运行，R=800 m

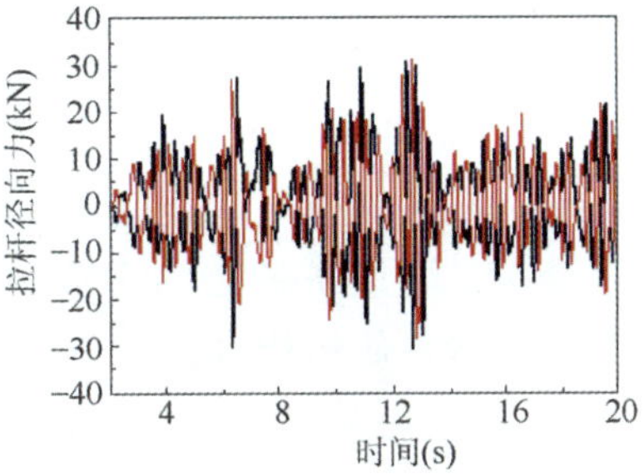

(b) 直线运行

图 1-1　K6 型转向架交叉杆径向力谱，速度 100 km/h，AAR5 级线路谱

1.2.2 数据处理和载荷谱编制

从获取载荷数据到载荷谱编制，期间需要经过一系列的数据处理过程，包括去除零点漂移、滤波、无效循环处理、载荷幅值循环计数、统计推断等多个环节。需要指出的是，由于导致承载结构疲劳损伤的主要原因是载荷峰谷值及其循环次数，因而载荷幅值循环计数是载荷谱编制的重要一环，计数的过程通过计数法来实现，计数法的种类很多，如穿级计数、雨流计数等。此外，结构上的载荷具有一定的随机性，对实测载荷数据进行计数处理后，还要根据子样统计推断出随机载荷总体的分布参数，从而更

全面地评估载荷对结构疲劳损伤的影响。

载荷谱编制涉及的理论层面广泛，要考虑诸多因素及使用条件，如随机载荷迟滞效应和顺序效应、高载截取准则的选取、低载截除准则及低载截除对寿命的影响。

1.2.3 疲劳设计和试验研究

疲劳设计是承受疲劳载荷结构设计的重要环节，为保证结构的运用安全可靠性，通常基于载荷谱采用累积损伤理论进行疲劳寿命设计，有时也需要应用断裂力学理论进行裂纹扩展和断裂分析。

疲劳试验研究是疲劳设计理论和方法的基础，目前室内疲劳试验已广泛采用多通道电液伺服疲劳试验机。为保证模拟试验的准确性、提高试验效率，在室内疲劳试验时，在载荷谱的基础上进行浓缩整合给出相应的试验谱，剔除大量对结构疲劳累积损伤影响可以忽略的小载荷，减少试验耗时。另外，提高载荷变化的频率也是常用的方法，同样可以达到提高试验效率的目的。

1.2.4 载荷谱工程应用

中华人民共和国成立之初，我国工业基础薄弱，包括铁路机车车辆在内的产品设计大都以跟踪模仿为主，设计方法落后，设计中大量采用的是类比法，只用静强度计算进行结构安全性校核，即使有些构件需要进行疲劳设计和损伤分析，也只能对所承受的载荷进行假设和简化。载荷谱的研究与应用经历了一个漫长的过程。从数据采集获取来看，早期受测试技术限制，载荷数据的获取极为有限，不可能进行载荷谱编制，载荷谱理论长期难以得到应用。历史上曾经用过照相技术、光线示波器、磁带机等记录载荷数据。20 世纪 80 年代以来，数据采集设备不断升级，而今，载荷数据的长时间采集、大容量存储、大规模快速处理都得以实现，为载荷谱研究与应用创造了前所未有的条件。从疲劳试验设备来看，早期我国铁路没有疲劳试验条件，直到 20 世纪80 年代初才开始在一些科研机构进行简单的疲劳试验，当时的疲劳试验机根本无法实现载荷谱加载试验，随着电液伺服疲劳试验台的应用，使载荷谱在室内疲劳试验中的施加成为可能，为应用载荷谱进行结构疲劳设计和安全评估打下了基础。从虚拟仿真技术来看，早期计算机硬件水平低、计算能力有限，大型结构的有限元计算和系统动力学分析非常困难，而现代运算服务器的应用，可以实现大型结构承受的载荷时间历程虚拟仿真，并给出试验载荷谱，进行结构疲劳强度分析预测。

总之，载荷谱已经在我国多个工程领域得到广泛应用，并已成为提升产品可靠性和技术水平的重要基础。

1.3 铁路货车载荷谱研究发展

铁路货车载荷谱研究的目的是为解决货车运用中的结构疲劳问题提供载荷依据。铁路货车载荷谱研究发展涉及货车疲劳研究、货车载荷谱编制、应用载荷谱进行货车疲劳设计与试验评估、室内线路模拟疲劳试验、虚拟样机疲劳模拟技术等方面。

1.3.1 货车载荷谱

在铁路货车的应用中,始终存在结构疲劳问题,尤其是铁路货车发展快运、重载运输后,这一问题更加突出,一定程度上制约了货车的发展。铁路货车承受着多源复杂载荷的作用,载荷谱作为货车疲劳设计的重要基础,结合车辆和线路运用开展实测研究已成为获取载荷谱的主要手段。

为了解决货车运用过程中的疲劳问题,美国根据长期线路运行的实测数据,对敞车、棚车、平车、罐车和无盖漏斗车等几种主要车型的车体载荷程序块谱进行了系统研究,并将研究结果纳入 AAR 机务标准,规定货车结构的疲劳设计和评价方法,有效解决了货车在快运、重载运输发展过程中遇到的一些问题。

我国针对货车疲劳问题的研究起步于 20 世纪 80 年代,有关高校、研究所、企业针对货车的疲劳问题开展了大量的载荷谱试验研究工作。早在 1989 年,四方车辆研究所就开展了载荷谱研究,成功解决了转向架载荷测试、数据处理方法、载荷谱编制等关键技术难题,进行了万余公里线路的客货车载荷实测,首次提出了主型客货车转向架主要承载构件载荷谱;1998 年,上海铁道大学对重载货物列车车钩的纵向随机压缩载荷工况进行测试分析,编制了我国重载货物列车(5 000 t 级)车钩压缩程序载荷谱;2006 年,北京交通大学在通用线"双桥—洞庙河"区间对 C_{70} 型敞车的线路载荷特性进行了测试与研究;2009 年和 2010 年,北京交通大学对重载运煤专线大秦线"湖东—柳村南"开行的 2 万 t 重载列车进行了多往返线路测试与研究,编制了考虑翻车机工况的 25 t 轴重 C_{80B} 型敞车载荷谱;2014 年,北京交通大学完成了 25 t 轴重 C_{80} 型铝合金敞车车体载荷谱和动应力线路测试工作,并编制了相应工况的载荷谱等;同时,中国铁道科学研究院、西南交通大学等单位也开展了大量的载荷谱编制研究工作。

目前形成了多种铁路货车线路载荷数据的获取方法:基于信号解耦的测力轮对技术,获取货车轮轨作用力载荷数据;基于承载鞍、侧架、摇枕、心盘传感器化的技术,获取转向架载荷数据;基于车钩传感器化的技术,获取车体车钩载荷数据等。针对货车的运行特点,已形成了无人值守的数据采集技术,可以实现数据的远程无线采集、存储、下载等。通过对货车线路载荷数据进行分析,可以编制不同样式的货车载荷谱:统计载荷谱、分级程序载荷谱、位移谱、加速度谱、应力应变谱等。

利用载荷谱,既可以通过有限元方法计算货车的疲劳寿命,又可以在疲劳试验台上进行结构疲劳试验,因此获取货车载荷谱具有深远的工程意义。

1.3.2 疲劳设计与试验评估

货车产品疲劳设计载荷取自相关铁路标准,如 AAR 机务标准 M-1001、TB/T 1959—2006《铁道货车摇枕、侧架静载荷及疲劳试验》等,为验证车辆是否满足标准规定载荷下的疲劳强度要求,常以图 1-2 所示的模拟计算、台架试验和线路运行试验(测定运行中的载荷谱）三种方法进行验证，验证结果再反馈到产品设计中去。

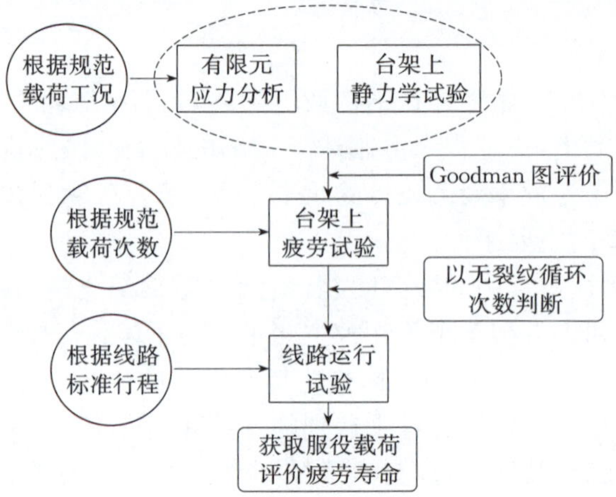

图 1-2　车辆结构疲劳评价方法

货车疲劳台架试验是疲劳设计中的重要一环。目前，国内有关高校、研究所、企业都配备了多通道电液伺服疲劳试验机，并应用载荷谱进行了大量的货车台架疲劳研究，形成了一批铁路货车疲劳设计和试验技术规范与要求，为我国货车快运、重载技术的发展提供了有力保障。同时，随着铁路货车疲劳设计和试验技术与国际的全面接轨，也为我国铁路货车产品走向世界提供了技术支撑。

为保证车辆的运用可靠性，许多标准规定之外的重要零部件也要进行疲劳试验，这在当今货车疲劳设计中已成为约定俗成的做法，因此试验评估已成为货车疲劳设计中的重要环节。其中实际线路运行试验十分必要，可以更好地研究货车结构疲劳问题，是改进设计方案的依据，同时也是改进疲劳试验标准的基础。

1.3.3　室内线路模拟疲劳试验

室内线路模拟疲劳试验是基于线路实测结构“载荷—时间”历程，通过多通道参数控制技术，在试验台上再现实际线路载荷对结构疲劳损伤程度的试验方法。室内试验不仅可以对货车结构进行较为准确的疲劳强度评价，还可以大幅缩短试验时间，这对于缩短新车型的研发周期是极为有利的。

台架试验通常使用电液伺服疲劳试验台进行试验，由于作动器工作频段有限等原因，实测的原始“载荷—时间”历程难以直接施加，往往通过损伤一致性准则将原始“载荷—时间”历程转化为台架试验载荷谱进行施加。如图 1-3 所示，我国在 20 世纪 80 年代就建立了多通道货车车体结构线路模拟疲劳试验台，进行过大量的铁路货车车体结构线路模拟疲劳试验。除车体结构外，侧架、摇枕等其他重要的货车结构件也可进行室内线路模拟疲劳试验。

1.3.4　虚拟样机疲劳模拟技术

铁路货车承载结构的疲劳可靠性评估是一项比较复杂的工作，必须考虑载荷的复

(a) 试验台全景

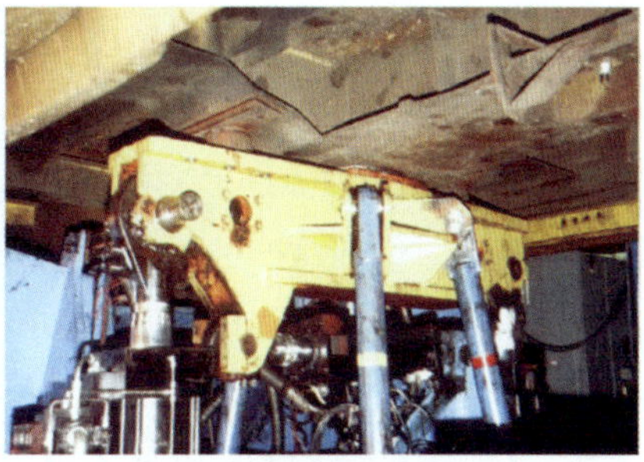

(b) 模拟摇枕加载

图 1-3　多通道货车车体结构线路模拟疲劳试验台

杂性、结构强度的离散性以及影响这些参数的外部和内部因素，在这些方面还有相当多的基础工作要做，比如车辆零部件疲劳数据库的建立、强度准则的推导、载荷谱和经验系数的积累等。室内线路模拟疲劳试验仍是进行结构可靠性评价的必备手段，而获取可靠的载荷谱是进行疲劳可靠性分析和试验的前提。

随着虚拟样机模拟技术的发展，结构的疲劳可靠性分析越来越方便和快捷。通过建立虚拟样机有限元模型、虚拟线路谱以及虚拟试验台模型，可以在软件上模拟虚拟样机运行和试验状况，得到各部件连接点上的载荷谱和结构各处的应力谱，最后应用疲劳损伤准则及 *S-N* 曲线，预测疲劳寿命。这种方法不仅能在早期的开发阶段实现疲劳可靠性评估，而且能够预测各种设计参数对疲劳寿命的影响，从而提升设计水平，大大缩短开发周期。

铁路车辆虚拟样机疲劳模拟技术借助于多柔性体系统动力学，将有限元分析方法与多体系统动力学理论有机地结合在一起，研究铁路货车承载部件动态响应、弹性振动、载荷谱和疲劳寿命等问题。该方法已成功应用于转 K2 型转向架交叉杆、转 K4 型转向架弹簧托板以及凹底平车大底架等的研究中。

2

铁路货车典型承载结构的载荷特性

铁路货车是运输货物的装备,其主要功能是将货物完好地运送到目的地。铁路货车在运用过程中有一定的速度,在受到线路、相邻车辆、环境因素和车辆自身的影响后,车辆各部件之间将产生相对运动,因此货车的运用过程是一个动态过程。

铁路货车在编组连挂、牵引、制动、运行、装卸作业和维护过程中,将受到多种形式的外部载荷和货车系统内部各部件之间的相互作用力的作用,这些载荷的大小、作用频率、作用方式不尽相同,有的工况是一种载荷起主导作用,有时是多种载荷组合作用,这些载荷或载荷组合对货车各部件的结构强度和疲劳寿命的影响各异,在对货车各部件结构进行结构可靠性研究时应重点考虑那些对部件起主导作用的载荷或载荷组合,特别是有一定幅值的循环载荷。

本章在简要介绍货车总体及转向架结构的基础上,分析了各主要部件的载荷情况,并对主要载荷的技术特征进行了阐述。

2.1 概　　述

铁路货车由车体、转向架、制动装置、车端连接装置等部件组成,如图 2-1 所示。在货车转向架和车钩缓冲器中设置弹性减振装置,即设置弹簧和减振器,以缓和和衰减由于外部激扰(包括位移激扰和外力激扰)所引起的车辆相对线路、相邻车辆之间以及车辆内部各部件之间的振动,因此货车系统是一个由各部件质量、悬挂装置弹簧、减振装置所组成的质量、弹簧和阻尼的多刚体系统。货车在运用中车辆相对于线路、相邻车辆之间以及车辆内部各部件之间将产生相对位移、速度和加速度,即相互之间将产生各种形式的作用力。

铁路货车转向架主要有三大件式转向架(图 2-2)和整体构架式转向架(图 2-3)两种。三大件式货车转向架主要由轮对、轴承、承载鞍、侧架、摇枕、中央悬挂装置、心盘、旁承和基础制动装置等部分组成。构架式货车转向架主要由轮对、轴承、轴箱悬挂装置、构架、心盘、旁承和基础制动装置等部分组成，也有一些特种货车的构架式转向架设置中央悬挂系统，相应地增加摇枕装置。

图 2-1　货车基本组成

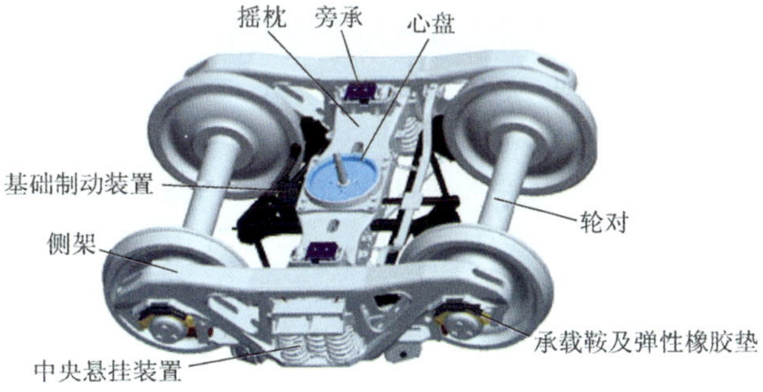

图 2-2　三大件式货车转向架

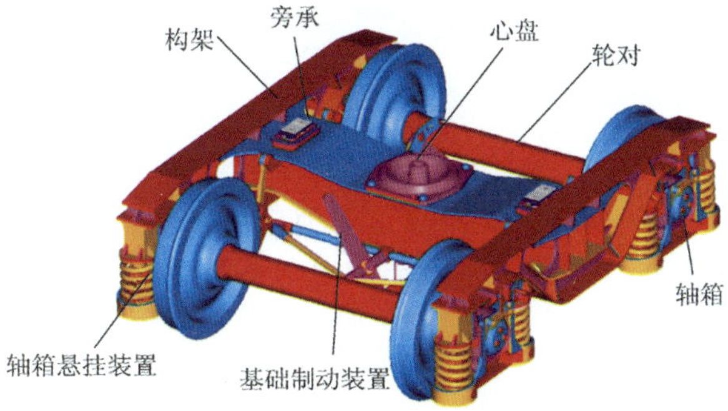

图 2-3　整体构架式货车转向架

货车转向架要求具有比较简单、合理的结构，一般仅在摇枕和侧架之间（三大件式转向架）或轮对轴箱和构架之间（构架式转向架）设置弹簧装置以及与弹簧装置串联设置的摩擦式减振器。由于货车的载重量较大，其转向架承受的静、动载荷都较大，货车转向架的基础制动装置一般采用结构简单的单侧闸瓦制动，也有部分货车转向架采用双侧闸瓦制动或其他形式的制动装置。

2.1.1 货车载荷分类

作用在货车上的载荷可以按其作用的方向、载荷的性质、对结构产生的影响等进行分类。

(1)按作用方向分：纵向载荷、横向载荷、垂向载荷。

对车辆系统分析计算时，一般采用空间笛卡尔坐标系。在该坐标系中，x 轴指向车辆运行前方，即纵向；y 轴与线路方向相垂直(与车轴平行)，即横向；z 轴垂直于轨道平面，即垂向。因此，作用方向与 x 轴同向的载荷，称为纵向载荷；作用方向与 y 轴同向的载荷，称为横向载荷；作用方向与 z 轴同向的载荷，称为垂向载荷。

(2)按载荷性质分：拉压载荷、剪切载荷、弯曲载荷、扭转载荷。

在货车作用载荷中，使结构产生拉压变形的载荷，称为拉压载荷；使结构产生剪切变形的载荷，称为剪切载荷；使结构产生弯曲变形的载荷，称为弯曲载荷；使结构产生扭转变形的载荷，称为扭转载荷。

(3)按对结构产生的响应分：静载荷、动载荷。

静载荷是指不随时间变化的载荷，如自重和载重产生的重力等；动载荷是指随时间变化、且能引起车辆结构产生动力响应的载荷，如冲击载荷、惯性载荷等。在货车中，除自重和载重产生的重力为静载荷外，其他载荷均为动载荷。

2.1.2 货车基本载荷

铁路货车在运用中将主要受到以下载荷的作用：

(1)自重和载重(静载荷)。

(2)纵向冲击载荷。

(3)垂向冲击载荷。

(4)牵引载荷。

(5)制动载荷。

(6)通过曲线时的未平衡离心力。

(7)由于扭曲线路所引起的扭曲载荷。

(8)轮轨相互作用力。

(9)振动惯性力。

(10)抬车或顶车载荷。

(11)风力，包括由气候条件变化产生的风力和列车交会时产生的空气压力波变化。

(12)装卸设备的作用载荷，如翻车机、叉车等作用载荷。

(13)货物对车体内壁的作用力，如罐车内压力、散装货物侧压力等。

2.2 货车的基本振型及自由度

2.2.1 货车的基本振型

铁路货车各部件的刚度较悬挂系统的刚度大很多，因此在货车动力学研究中，通常把这些部件近似地视作刚体。货车各基本部件之间有弹性约束或刚性约束，以限制车辆结构中各零部件之间的相对运动。车辆支持在弹性元件(弹簧)上的零部件称为簧上质量，车辆中与钢轨直接刚性接触的质量称簧下质量，通常有轮对、轴承、轴箱装置等。

根据刚体运动学可知，在空间内任何一个自由刚体均有 6 个自由度。车辆的各个刚体，一般也采用 6 个自由度，为了确定其位置，可用 6 个广义坐标来表示，如图 2-4 所示。通过刚体的质心作 3 个相互垂直的笛卡儿右手坐标系 $Oxyz$，每个刚体均可绕 x 轴、y 轴、z 轴作平行移动和回转运动。在车辆系统中，x 轴一般为前进方向，y 轴为水平方向，z 轴为垂直方向，通常将系统中刚体沿 x 轴、y 轴、z 轴的平行移动分别称为伸缩、横移和浮沉运动，绕 x 轴、y 轴、z 轴的回转运动分别称为侧滚、点头和摇头运动，其中横移和侧滚运动是相互耦合的，形成滚摆运动，频率较低、滚摆中心在刚体质心以下的滚摆运动称为下心滚摆，频率较高、滚摆中心在刚体质心以上的滚摆运动称为上心滚摆。

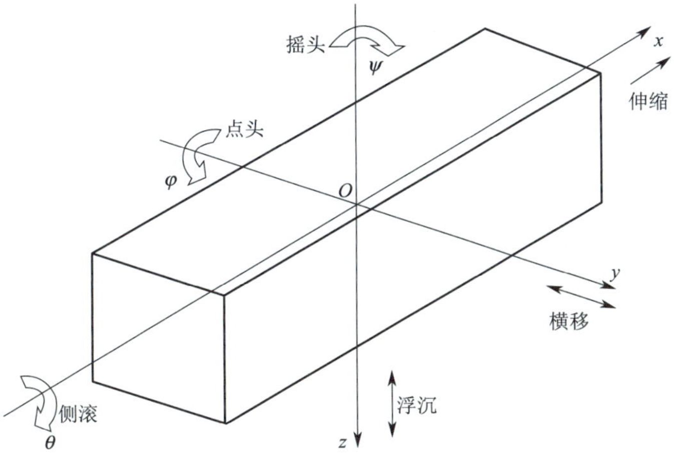

图 2-4　货车系统的坐标系和振型示意

2.2.2 货车的广义坐标及自由度

由于车辆系统是由刚体和弹性悬挂系统组成的，各刚体之间有相互约束关系，因此刚体的有些运动方式是独立的，有些运动方式是受约束的。如果整个车辆系统由 N 个刚体组成，它们之间存在 R 个约束条件，那么整个货车系统的自由度 DOF (Degree of Freedom)可表示为：

$$DOF = 6 \times N - R \tag{2-1}$$

式中：N——车辆主要零部件数目；

R——限制车辆零部件运动的约束数。

根据货车的结构特点，货车主要零部件的自由度列于表 2-1 中，由于构架式转向架和三大件转向架的结构不同，故分别列出其广义坐标。

表 2-1　货车系统各刚体的自由度

刚体		伸缩 x	横移 y	浮沉 z	侧滚 θ	点头 ϕ	摇头 ψ	备注
轮对			y_{wi}	z_{wi}	θ_{wi}	ϕ_{wi}	ψ_{wi}	$i=1\sim4$
构架式转向架	构架		y_{tj}	z_{tj}	θ_{tj}	ϕ_{tj}	ψ_{tj}	$j=1\sim2$
	摇枕*				θ_{bk}		ψ_{bk}	$k=1\sim2$
	轴箱					ϕ_{abm}		$m=1\sim8$
三大件式转向架	侧架	x_{sn}	y_{sn}	z_{sn}	θ_{sn}	ϕ_{sn}	ψ_{sn}	$n=1\sim4$
	摇枕				θ_{bk}		ψ_{bk}	$k=1\sim2$
车体		x_c	y_c	z_c	θ_c	ϕ_c	ψ_c	

* 指有中央悬挂和摇枕的构架式转向架。

2.3　货车基本载荷及组合

作用在货车上的载荷种类繁多，不同载荷对结构的影响不同，一些工况可能是一种载荷起主要作用，更多的是多种载荷同时作用于部件上，共同对结构的运动和受力产生影响。下面介绍铁路货车不同部件的主要载荷及组合工况。

2.3.1　轮对载荷及组合

作用于轮对上的主要载荷有作用于车轮上的轮轨作用力，作用于轴颈上的轴箱悬挂装置作用力，作用于车轮踏面上的制动作用力，作用于轮对上的未平衡离心力和重力等，主要载荷及组合见表 2-2。

表 2-2　轮对上的载荷及载荷组合

工况	主要载荷及载荷组合
运行工况	轮轨横向力、轮轨垂向力、轮轨纵向力、未平衡离心力、重力、惯性力
制动工况	轮轨横向力、轮轨垂向力、轮轨纵向力、闸瓦正压力、闸瓦与车轮间摩擦力、未平衡离心力、重力、惯性力

2.3.2　侧架载荷及组合

作用于侧架上的主要载荷有作用于侧架导框处的轴箱悬挂（或承载鞍）的支撑反力、作用于弹簧承台上的中央弹簧作用力、作用于中央方框立柱磨耗板上的斜楔正压力及摩擦阻力，作用于侧架上的重力及惯性力等，主要载荷及其组合见表 2-3。

表 2-3　侧架上的载荷及载荷组合

工况	主要载荷及载荷组合
运行工况	弹簧承台上的垂向力，方框立柱上的正压力、摩擦力、横向力，侧架质心上的重力、惯性力

2.3.3　摇枕载荷及组合

作用于摇枕上的主要载荷有作用于摇枕两端的中央弹簧支撑反力，作用于旁承座上的旁承正压力和纵向摩擦力，作用于心盘上面的垂向力、作用于心盘边缘的纵向力和横向力，作用于摇枕上的重力和惯性力等，主要载荷及其组合见表 2-4。

表 2-4　摇枕上的载荷及载荷组合

工况	主要载荷及载荷组合
运行工况	心盘垂向力和横向力、旁承垂向力和纵向力、重力、惯性力
冲击工况	心盘垂向力和纵向力、旁承垂向力和纵向力、重力、惯性力

2.3.4　构架载荷及组合

作用于转向架构架上的主要载荷有作用于侧梁两端的轴箱弹簧支撑反力，作用于旁承座上的旁承正压力和纵向摩擦力，作用于心盘上面的垂向力、作用于心盘边缘的纵向力和横向力，作用于构架上的重力和惯性力等，主要载荷及组合见表 2-5。

表 2-5　构架上的载荷及载荷组合

工况	主要载荷及载荷组合
运行工况	心盘垂向力和横向力、旁承垂向力和纵向力、线路扭曲载荷、重力、惯性力
冲击工况	心盘垂向力和纵向力、旁承垂向力和纵向力、重力、惯性力

2.3.5　车体载荷及组合

作用于车体上的主要载荷有作用于上心盘和上旁承处的支撑反力，作用于上旁承的纵向摩擦力，作用于前后从板座上的车钩纵向力，作用于车体上的横向力(包括为平衡的离心力、风力等)，作用于车体上的载重，货物对车体内部的作用力(如罐体内压力、散装货物侧压力等)，装卸机械作用力，作用于车体上的重力和惯性力等，主要载荷及组合见表 2-6。

表 2-6　车体上的载荷及载荷组合

工况	主要载荷及载荷组合
牵引运行工况	垂向力、横向力、旁承垂向力变化引起的扭曲载荷、纵向拉力、货物对车体内部作用力、重力、惯性力
制动运行工况	垂向力、横向力、旁承垂向力变化引起的扭曲载荷、纵向压力、货物对车体内部作用力、重力、惯性力

续上表

工况	主要载荷及载荷组合
连挂冲击工况	垂向力、纵向冲击压力、重力、惯性力(两端或单端)
抬车工况	自重及载重、抬车载荷
装卸作业工况	自重及载重、装卸机械作用载荷

2.3.6 车钩载荷及组合

作用于车钩上的主要载荷有在列车启动、制动、车辆连挂时所产生的纵向拉力和压力,纵向拉力作用在车体车钩钩舌内侧,纵向压力作用在车钩钩体上,同时在相邻车辆具有相互垂直运动时,作用在车钩上的还有垂向摩擦力。

2.4 车辆设备及结构附件连接点的作用载荷及组合

铁路货车在运行中各部件将产生 6 个自由度振动,同时在牵引、连挂、制动过程中会出现较大的纵向冲击,使货车上的设备受到较大的惯性力作用,这些惯性力对设备连接点的连接强度和可靠性具有较大的影响。车辆设备所受到垂向和横向载荷主要是由于车辆振动所产生的惯性力,纵向载荷是由于车辆受到冲击而产生的,所以车辆设备所受到的纵向载荷相对较大,垂向和横向载荷稍小。

车辆振动垂向和横向加速度的大小与转向架结构、悬挂装置特性、线路状态、运行情况等因素相关。纵向冲击加速度与列车编组长度、车辆自重、车钩缓冲装置特性、连挂编组速度等有关,因此,不同运营情况下、不同种类的车辆设备所受到的载荷不尽相同。

由于货车的工作特点,与客车及机车相比,在货车车体和转向架上的设备数量相对较少。在车体上的主要设备有空气制动装置、加固货物用的加固设备等,在转向架上的设备主要有基础制动装置的安装座及悬挂装置的安装座等。

2.4.1 转向架上设备的连接

货车转向架上的设备主要有制动和悬挂装置的安装座,利用螺栓、铆钉或焊接进行连接,在振动时设备质量将产生惯性力,这种惯性力将通过连接装置传递到转向架的构架或摇枕、侧架上,因此设备的连接装置或结构是传力的主要部件。

车辆运行中,设备将承受由于连挂和制动工况产生纵向加速度,承受由于线路不平顺等外部激扰所产生的横向和垂向加速度,因此转向架上设备连接部件不仅要承受设备的重量,还要承受设备质量所产生的惯性力。转向架上设备加速度的大小与设备安装在转向架上的位置相关,位于转向架中心附近的设备承受的加速度小于转向架端部设备承受的加速度。

2.4.2 车体上设备的连接

货车车体上的设备主要有空气制动装置、加固货物用的加固设备以及随车的装载设备，主要采用螺栓、铆钉或焊接进行连接，设备的质量在振动时产生的惯性力将通过连接装置或结构传递到车体主结构上，连接装置或结构是传力的主要部件。

在车辆使用中，车体上的设备承受由于连挂和制动工况产生纵向加速度，承受由于线路不平顺等外部激扰所产生的垂向和横向加速度，和转向架上设备连接部件一样，车体上的设备连接件也要承受设备的重量，同时还要承受设备质量所产生的惯性力。车体上设备的加速度大小和设备安装在车体上的位置相关，位于车体中心附近的设备承受的垂向及横向加速度小于转向架端部设备承受的垂向及横向加速度。

连接装置或结构可靠性考核时，应按照相关标准同时考虑纵向、垂向和横向加速度的影响。一般将惯性力的作用位置设在设备的质心上，然后以作用力和力矩的方式等效到相关连接部件上进行考核。

2.5 轮对载荷特性

2.5.1 轮对上的作用力

作用在轮对上的作用力有左、右侧车轮的轮轨法向力、蠕滑力及力矩，作用在轴颈位置的等效轴箱悬挂装置的悬挂力，还有未平衡的离心力及重力等，如图 2-5 所示。

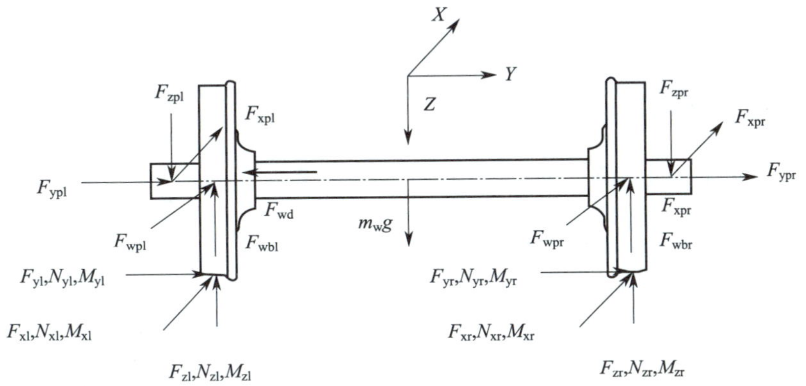

图 2-5 轮对受力分析

图 2-5 中：F_{xpl}、F_{xpr}——一系悬挂作用于轮对的左、右侧的纵向作用力；

F_{ypl}、F_{ypr}——一系悬挂作用于轮对的左、右侧的横向作用力；

F_{zpl}、F_{zpr}——一系悬挂作用于轮对的左、右侧的垂向作用力；

N_{xl}、N_{xr}——左、右侧车轮与轨道间法向力的纵向分量；
N_{yl}、N_{yr}——左、右侧车轮与轨道间法向力的横向分量；
N_{zl}、N_{zr}——左、右侧车轮与轨道间法向力的垂向分量；
F_{xl}、F_{xr}——左、右侧车轮与轨道间蠕滑力的纵向分量；
F_{yl}、F_{yr}——左、右侧车轮与轨道间蠕滑力的横向分量；
F_{zl}、F_{zr}——左、右侧车轮与轨道间蠕滑力的垂向分量；
M_{xl}、M_{xr}——左、右侧车轮与轨道间蠕滑力矩的纵向分量；
M_{yl}、M_{yr}——左、右侧车轮与轨道间蠕滑力矩的横向分量；
M_{zl}、M_{zr}——左、右侧车轮与轨道间蠕滑力矩的垂向分量；
F_{wpl}、F_{wpr}——闸瓦作用于左、右车轮的正压力；
F_{wbl}、F_{wbr}——左、右车轮与闸瓦间的摩擦力；
$m_w g$——轮对重力；
F_{wd}——作用于轮对上的未平衡离心力，可用式(2-2)求得；

$$F_{wd}=m_w\frac{v^2}{R}-m_w g\frac{h_{se}}{2b_R}=m_w g\left(\frac{v^2}{Rg}-\frac{h_{se}}{2b_R}\right)=mg\theta_D \tag{2-2}$$

其中 θ_D——欠超高角，$\theta_D=\frac{v^2}{Rg}-\frac{h_{se}}{2b_R}$；
v——车辆运行速度；
m_w——轮对质量；
R——曲线半径；
h_{se}——曲线外轨超高；
b_R——轮轨接触点横向跨距之半；
g——重力加速度，$g=9.81\ \text{m/s}^2$。

2.5.2 轮对作用力的特征

作用在轮对上的轮轨作用力可以简单地用轮轨垂向力 P、轮轨横向力 Q 和轮轨纵向力 N 来表示。垂向力 P 包括静态轮重 P_{st} 和轮轨间的动态冲击力 P_d，车辆在正常线路上运行时，车轮垂向动态作用力变化不大，但是，当线路有脉冲激扰时(如轨缝、车轮擦伤等)，车轮垂向作用力变化很大，且频率很高。

根据轮轨相互作用理论和实验研究结果表明，轮轨之间的垂向作用力可以用高频作用力 P_1(大于500 Hz)和中低频作用力 P_2(频率通常在30～100 Hz范围内)表示，图2-6为某一货车受到一个轨道脉冲激扰时的响应。

P_1力是车辆通过轨道接头等局部不平顺时簧下质量和钢轨质量之间发生高频接触振动而引起的垂向冲击力，由于其频率高、衰减快，因而来不及向车上及轨下传递，P_1力直接由车轮和钢轨承受，主要对车轮和钢轨产生强烈作用，对轮轨破损造成不利影响。P_2力是由 P_1力引起的簧下重量在轨道弹性中产生的低频响应力，P_2力持续时

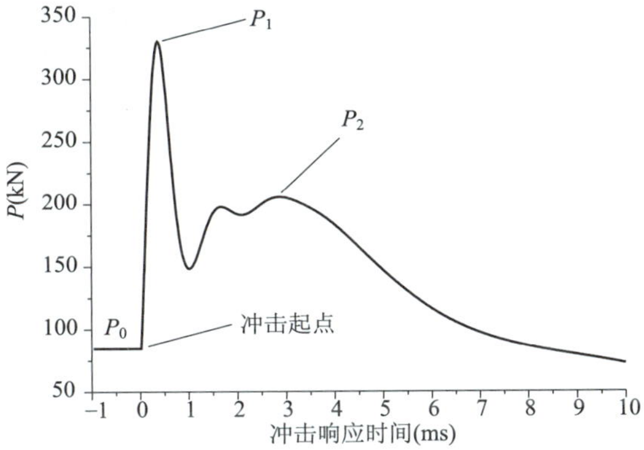

图 2-6 脉冲激扰下的轮轨垂向冲击力响应

间比 P_1 力长，能够充分地向轨道下部结构传播，对轨道变形及轨下基础结构的破坏起主要作用。

国外一些标准规定，在设计速度下，车轮通过总的结合角为 0.014 rad 的轨道接头时对轨道的低频垂直作用力 P_2 应不超过 230 kN，P_2 采用式(2-3)求得：

$$P_2 = P_0 + 2\alpha v \left[\frac{m_u}{m_u + m_t}\right]^{1/2} \times \left[1 - \frac{C_t \pi}{4[K_t(m_u + m_t)]^{1/2}}\right] \times [K_t m_u]^{1/2} \tag{2-3}$$

式中：P_0——车辆静轮重(kN)；

m_u——车辆每个车轮的簧下质量(kg)；

m_t——等效的轨道质量(kg)；

2α——总的结合角，$2\alpha = 0.014$(rad)；

v——车辆运行速度(m/s)；

K_t——等效轨道刚度(MN/m)；

C_t——等效轨道阻尼 (kN·s/m)。

轮轨横向作用力主要是由车轮法向力的横向分量和横向蠕滑力构成，因此和轮轨接触点位置相关。接触点位于车轮踏面时，轮轨横向力较小，当接触点位于轮缘位置时，轮轨横向力急剧加大，甚至大于轮轨垂向力。

轮轨纵向力主要指轮轨间的纵向黏着力，其最大值为车轮在钢轨顶面上滑动时的轮轨间滑动摩擦力。

轴箱悬挂装置的垂向悬挂力包括弹簧装置的静载荷和垂向振动的动载荷，横向力是弹簧装置产生横向变形时的弹簧反力，纵向力是弹簧装置产生纵向变形时的弹簧反力，因此轴箱悬挂装置横向力和纵向力均为动态作用力。由于轮对和侧架(或构架)间设有止挡，当弹簧变形量小于止挡间隙时，横向力和纵向力线性变化，当弹簧变形量等于止挡间隙时，轮对和侧架(或构架)件将产生刚性冲击，悬挂力急剧加大。

2.6 侧架载荷特性

2.6.1 侧架上的作用力

作用在侧架上的作用力有轴箱悬挂装置的支撑反力、弹簧承台上的中央弹簧作用力、作用于中央方框立柱磨耗板上的斜楔正压力及摩擦力等，如图 2-7 所示。

此外，交叉支撑转向架在侧架交叉支撑安装座上还有交叉拉杆的拉、压作用力。

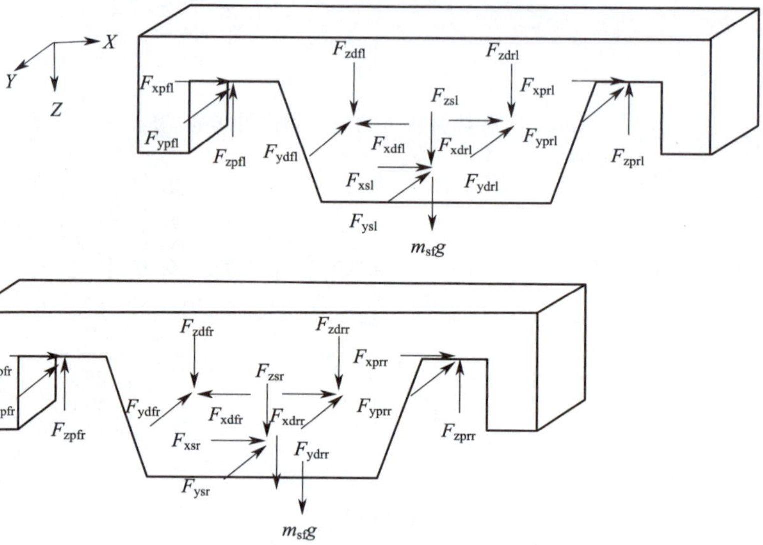

图 2-7 侧架上的作用力

图 2-7 中：F_{xpfl}、F_{xpfr}、F_{xprl}、F_{xprr}——一系悬挂装置纵向作用力；

F_{ypfl}、F_{ypfr}、F_{yprl}、F_{yprr}——一系悬挂装置横向作用力；

F_{zpfl}、F_{zpfr}、F_{zprl}、F_{zprr}——一系悬挂装置垂向支撑反力；

F_{xsl}、F_{ysl}、F_{zsl}——左侧侧架中央弹簧纵向、横向、垂向作用力；

F_{xsr}、F_{ysr}、F_{zsr}——右侧侧架中央弹簧纵向、横向、垂向作用力；

F_{xdfl}、F_{xdfr}、F_{xdrl}、F_{xdrr}——斜楔作用侧架立柱磨耗板上的正压力；

F_{ydfl}、F_{ydfr}、F_{ydrl}、F_{ydrr}——斜楔作用侧架立柱磨耗板上的横向摩擦减振力；

F_{zdfl}、F_{zdfr}、F_{zdrl}、F_{zdrr}——斜楔作用侧架立柱磨耗板上的横向摩擦减振力；

$m_{sf}g$——侧架重力。

2.6.2 侧架作用力的特征

作用在侧架弹簧承台上的作用力可以分为垂向、横向和纵向作用力。垂向作用力包括车体、摇枕和货物的重力及这些部件质量所产生的垂向动作用力，横向力为中央弹簧横向变形产生的作用力，中央弹簧纵向变形很小，因此纵向力很小。

作用于侧架中央方框立柱磨耗板上的斜楔正压力及摩擦力与减振弹簧的支撑反力、斜楔角度和摩擦副摩擦系数相关。货车转向架减振状装置的减振特性一般用相对摩擦系数用 φ 来表示，如果一个转向架中央弹簧上部的垂向载荷为 P_z，则每个立柱磨耗板上摩擦力 F_d 为：

$$F_d=\frac{\varphi P_z}{4} \tag{2-4}$$

立柱磨耗板上摩擦力 F_d 的作用方向与侧架相对于摇枕相对运动的速度方向相反，当侧架相对摇枕主要为横向运动时，摩擦力的横向分量占主导，当侧架相对摇枕主要为垂向运动时，摩擦力的垂向分量占主导。

2.7 摇枕载荷特性

2.7.1 摇枕上的作用力

作用在转向架摇枕上的作用力主要有中央弹簧的支撑反力、旁承正压力、旁承摩擦力、心盘垂向、横向和纵向作用力等，如图 2-8 所示。

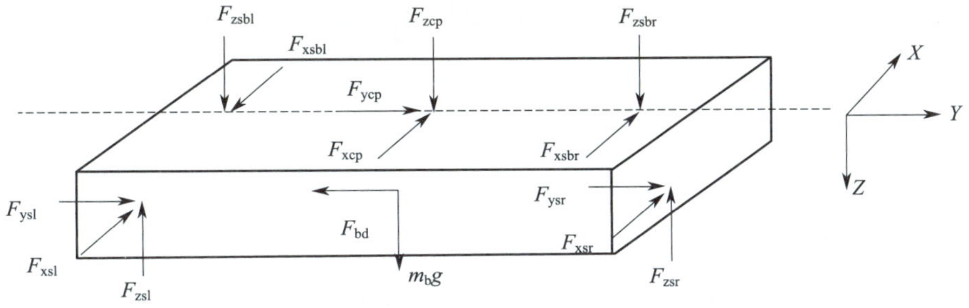

图 2-8　摇枕上的作用力

图 2-8 中：F_{xsl}、F_{ysl}、F_{zsl}——左侧二系悬挂悬挂装置支撑反力；
F_{xsr}、F_{ysr}、F_{zsr}——右侧二系悬挂悬挂装置支撑反力；
F_{zsbl}、F_{zsbr}——左右侧旁承正压力；
F_{xsbl}、F_{xsbr}——左右侧旁承摩擦力；
F_{xcp}、F_{ycp}、F_{zcp}——作用在心盘上的纵向、横向和垂向作用力；
F_{bd}——作用于摇枕上的未平衡离心力；
$m_b g$——摇枕重力。

2.7.2 摇枕作用力的特征

作用在摇枕心盘上的垂向作用力主要由车体的自重、货物重量及车体和货物质量所产生垂向静载荷和动作用力组成，心盘的动作用力与车体相对于摇枕的浮沉、点头和侧滚振动有关，心盘垂向作用力 F_{zcp} 均布在下心盘面上。当摇枕相对于车体有摇头运动时，心盘垂向力还将产生心盘摇头摩擦阻力矩 M_{cp}：

$$M_{cp}=-\operatorname{sgn}(\dot{\psi}_{s}-\dot{\psi}_{c})\frac{2}{3}F_{zcp}r_{cp}\mu_{cp} \tag{2-5}$$

式中：$\dot{\psi}_{s}$——摇枕摇头角速度；

$\dot{\psi}_{c}$——车体摇头角速度；

r_{cp}——心盘半径；

μ_{cp}——心盘摩擦副摩擦系数。

当摇枕相对于车体有摇头运动时，作用在旁承上的垂向作用力还将产生旁承摇头摩擦阻力矩 M_{sb}：

$$M_{sb}=-\operatorname{sgn}(\dot{\psi}_{s}-\dot{\psi}_{c})(F_{zsbl}+F_{zsbr})\mu_{sb}\cdot b_{sb} \tag{2-6}$$

式中：b_{sb}——旁承横向跨距之半；

μ_{sb}——旁承摩擦副摩擦系数。

2.8 交叉拉杆、弹簧托板、副构架等部件载荷特性

2.8.1 侧架交叉拉杆受力分析

交叉支撑转向架（如转 K2、转 K6、DZ1、DZ4 型转向架等）在左右侧架之间加装有交叉支撑装置，以增加三大件式转向架的抗菱刚度，改善车辆的运动稳定性，提高蛇行运动失稳的临界速度。侧架交叉拉杆通过两端的弹性连接装置连接在侧架的交叉支撑座上，因此在侧架产生菱形变位时，交叉拉杆将阻止其变形，所以侧架交叉拉杆将受到拉压载荷和剪切载荷的作用。

在三大件转向架的两侧架上安装交叉支撑后，侧架的菱形变形受到交叉支撑的约束。设右边侧架向前移动 Δx，左边侧架向后移动也为 Δx，如图 2-9 所示。由于侧架前后错动，两侧架变成菱形，其菱形角为 γ：

$$\gamma=\arctan\frac{\Delta x}{b} \tag{2-7}$$

式中：Δx——右侧架向前错动量；

$2b$——左右侧架中心线的跨距。

一般来说 Δx 相对 b 而言是一个不大的量，故可近似认为 $\gamma\approx\frac{\Delta x}{b}$。

当侧架向前错动时，交叉支撑两端的橡胶垫，产生变形，如图 2-9 的虚线所示。即一根交叉支撑拉伸，另一根交叉支撑缩短，其变形量可分解为沿支撑杆的伸缩变形 Δ_{T} 及剪切变形 Δ_{S}。

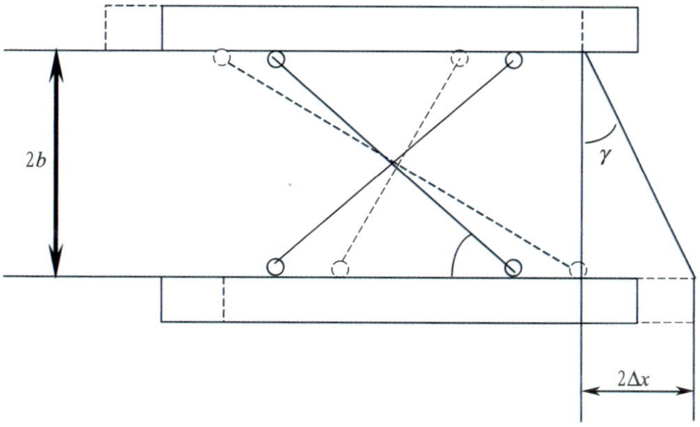

图 2-9 侧架交叉支撑转向架的菱形变形

$$\Delta_T = \Delta x \cos\alpha \tag{2-8}$$

$$\Delta_S = \Delta x \sin\alpha \tag{2-9}$$

式中：α——支撑杆与侧架中心线间夹角。

橡胶垫的伸缩变形力和剪切变形力分别为：

$$F_T = \Delta_T K_T \tag{2-10}$$

$$F_S = \Delta_S K_S \tag{2-11}$$

式中：K_T——交叉拉杆一端橡胶垫拉压刚度；

K_S——交叉拉杆一端橡胶垫的剪切刚度。

2.8.2 侧架摆动式转向架弹簧托板受力分析

摆动式转向架(如转 K4、转 K5、DZ2、DZ5 型转向架等)属于三大件式转向架，保留了三大件式转向架均载性能好的优点，由于具有独特的侧架横向摆动方特性，较之传统的三大件式转向架，其横向柔度和抗菱刚度大大增加，因此其运行速度大大提高，横向运行性能有较好的改善。

摆动式转向架在两侧架间增设了一个弹簧托板，摇枕弹簧安放在弹簧托板上，弹簧托板与摇动座相连，摇动座置于摇动座支承上，摇动座支承放在侧架内。弹簧托板受到摇枕弹簧的作用力、摇枕和弹簧托板横向止挡接触后的横向作用力、左右侧架纵向运动不同步时的纵向剪切力、左右侧架相互点头时的扭转载荷、左右侧架侧滚时的弯曲载荷等，弹簧托板的剪切变形如图 2-10 所示。

图 2-10 中：a——侧架错动量；

θ——菱形角；

$2L$——侧架中心线跨距。

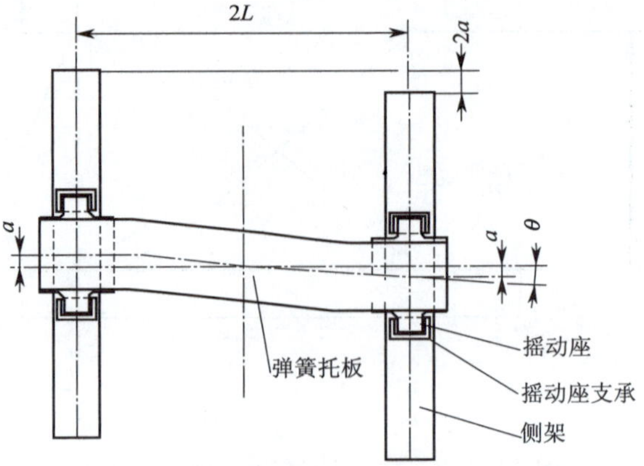

图 2-10　侧架摆动式转向架的菱形变形

2.8.3　副构架式转向架副构架装置受力分析

副构架转向架是在三大件转向架的基础上将同一个轮对的左右两个承载鞍用一个弓形梁相连，形成副构架。一个转向架的前后两个副构架通过交叉拉杆连接在一起，从而形成自导向机构，如图 2-11 所示。

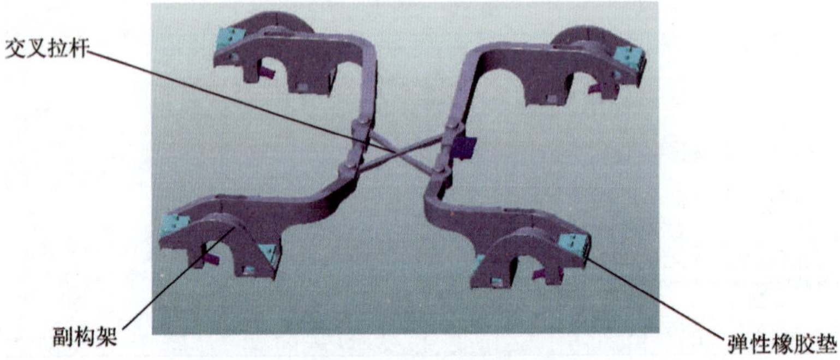

图 2-11　副构架组成

副构架装置中的交叉拉杆主要受拉压载荷的作用，其大小与轴重、轮轨间摩擦系数、轮轨外形、安装角度有关；副构架除受到交叉拉杆的拉压作用力外，还将受到一系橡胶垫的横向、垂向、纵向载荷的作用，以及在扭曲线路上运行时产生的扭曲载荷。

2.9　车钩缓冲器载荷特性

2.9.1　车钩上的作用力

列车在运行中的启动、加速、减速、制动，货车在编组场上进行编组作业，以及在意外事故中车辆或列车间的正面冲突时，都会对车辆产生纵向冲击力简称车钩力。车钩力分为拉钩力和压钩力。拉钩力是相邻车辆同向运动时而产生的，作用于车钩钩舌内侧；压钩力是相邻车辆反向相对运动而产生的，作用于车钩钩体上。

2.9.2　车钩作用力的特征

车钩冲击力的大小除了与缓冲器的性能及车体纵向刚度等因素有关外，还与组成列车的总重和车辆的数目。货车的最大纵向冲击力一般发生在调车溜放冲击工况。为了避免因溜放编组产生过大的冲击力对车辆结构产生破坏，需要限制列车溜放的速度。

一般说来，在货车进行编组作业时，车辆相互冲击有以下四种工况：一辆车冲一辆车；一辆车冲一组车；一组车冲一辆车；一组车冲一组车。当冲击发生时，首先两车的车钩相互接触，缓冲器被压缩，致使两车产生相对位移(相互接近)。相对速度由冲击时的最大值逐渐减少到零，两车达到一个共同的速度并一起运动，这时车钩力在一段时间内急剧增长，然后在一段时间内衰减至零，这即为列车冲击的第一个循环；接着由于缓冲器的复原反弹作用，使两车重心彼此相背而远离，相对速度随之增大，但由于这时两车已连挂在一起，从而产生拉伸冲击，形成拉钩力，同样经历车钩力的增长和衰减过程，在此之后如果两车仍存在相对速度，还会发生再一次的压缩冲击、拉伸冲击，如此继续交替发生压缩冲击和拉伸冲击，直至车钩力完全衰减消失、两车相对运动停止为止。

因此，车钩力是一种幅值很大的纵向循环作用载荷，对车钩、车体及设备部件连接件等将产生重要影响。

2.10　车体载荷特性

2.10.1　车体上的作用力

作用于车体上的主要载荷有转向架的支撑反力、作用于前后从板座上的车钩纵向力、作用于车体上的横向力(包括未平衡的离心力、风力等)、作用于车体上的载重、货物对车体内部的作用力(如罐体内压力、散装货物侧压力等)、装卸机械作用力，车体的重力等，如图 2-12 所示。

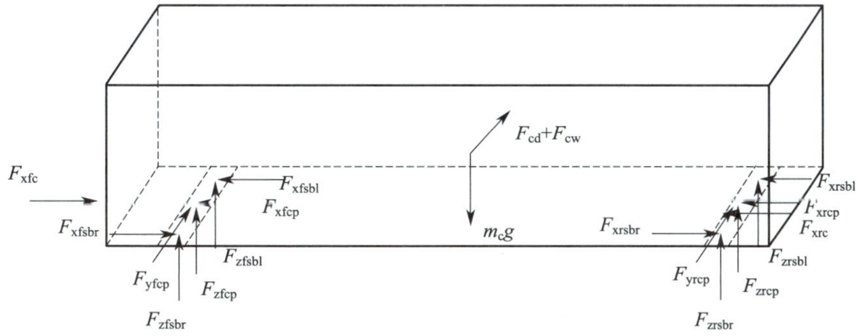

图 2-12　车体上的作用力

图 2-12 中：F_{zfsbl}、F_{zfsbr}、F_{zrsbl}、F_{zrsbr}——前后转向架左右旁承的支撑反力；
F_{xfsbl}、F_{xfsbr}、F_{xrsbl}、F_{xrsbr}——前后转向架左右旁承对车体的摩擦力；
F_{xfcp}、F_{yfcp}、F_{zfcp}——前转向架心盘对车体的纵向、横向和垂向作用力；
F_{xrcp}、F_{yrcp}、F_{zrcp}——后转向架心盘对车体的纵向、横向和垂向作用力；
F_{xfc}、F_{xrc}——前后牵引梁上的纵向作用力；
F_{cd}——作用于车体上的未平衡离心力；
F_{cw}——作用于车体上的风力；
$m_c g$——车体重力。

2.10.2 车体作用力的特征

货车车体结构承担了作用在车体上的各种载荷，具体如下：

垂向总载荷：包括车体自重、载重、整备重量以及由于轮轨冲击和簧上质量振动而产生的垂向动载荷。在大部分情况下，这些载荷是比较均匀地作用在地板面上的，对于某些货车（如敞车和平车），有时也要考虑装运成件货物而造成的集中载荷。

纵向力：在车辆之间以及机车和车辆之间所产生的纵向拉伸和压缩冲击力。纵向拉伸力通过车钩缓冲装置作用于车体底架牵引梁的前从板座上，纵向压缩力通过车钩缓冲装置作用于车体底架牵引梁的后从板座上。对货车车体而言，由于列车编组长度和总重量较大，纵向力的数值大，是货车车体的一种主要载荷。

横向力：包括风力及未平衡的离心惯性力，当货车内装运散粒货物时，还要应该考虑散粒货物对侧壁的压力。侧墙其单位面积上的压力按式(2-12)计算

$$p_{s1}=\frac{1}{2}\gamma h\sqrt{(1-K_v)^2+A_0^2}\times\sqrt{1+A_0^2}\times 9.81 \tag{2-12}$$

$$A_0=K_h-(1-K_v)\tan\theta$$

式中：p_{s1}——侧墙单位面积上的压力(Pa)；
γ——散粒货物容重(kg/m^3)；
h——散粒货物实际装载高度 (m)；
K_v——端墙上在车体重心高度处的垂向加速度与重力加速度的比值(一般可取 0.7)；
K_h——端墙上在车体重心高度处的纵向加速度与重力加速度的比值(一般可取 0.4)；
θ——散粒货物的自然坡角(°)。

扭转载荷：当车辆通过缓和曲线区段，或在具有三角坑的垂向不平坦线路上运行时，或车体被不均匀地顶起时，旁承载荷将发生变化，如果一组对角旁承垂向载荷增加 ΔP，则另一组对角旁承的垂向载荷将减小 ΔP，这样转向架左右旁承载荷的变化对车体产生纵向扭矩，作用在车体上扭矩 M_{cx} 的值为：

$$M_{cx}=2\Delta P\times b_{sb} \tag{2-13}$$

装运液体货物的罐车，其罐体承受着液体蒸发气体的内压力、液力冲击时所产生的压力及所装液体自重引起的静压力三部分之和。

液力冲击时产生的单位面积压力等于液体惯性力除以罐体端面的投影面积所得

的商。罐体内的蒸发气体压力依设计任务书规定的安全阀调整压力取值。

此外，货车车体钢结构上还承受着各种局部载荷，例如：采用翻车机卸散装货物时的载荷，叉车在车体内行走时产生的移动载荷，底架上悬挂的制动等装置引起的附加载荷等。

2.11 构架式转向架载荷特性

2.11.1 构架上的作用力

构架上的主要载荷有作用于侧梁两端的轴箱弹簧支撑反力，作用于旁承座上的旁承正压力和纵向摩擦力，作用于心盘上面的垂向力、作用于心盘边缘的纵向力和横向力，作用于构架质心上的重力等，如图 2-13 所示。

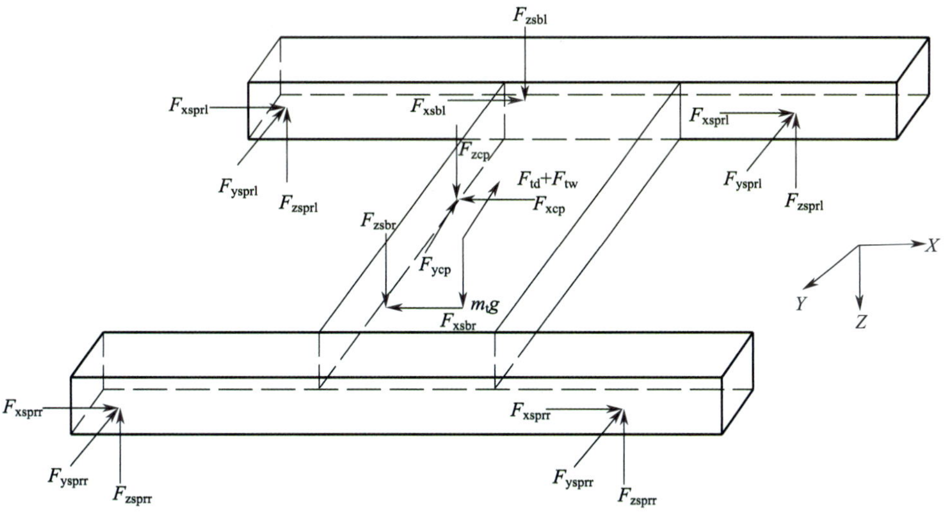

图 2-13 构架上的作用力

图 2-13 中：F_{zsbl}、F_{zsbr}——左右旁承正压力；

F_{xsbl}、F_{xsbr}——左右旁承摩擦力；

F_{xcp}、F_{ycp}、F_{zcp}——作用在心盘上的纵向、横向和垂向作用力；

F_{xspfl}、F_{yspfl}、F_{zspfl}——前轮对左侧一系悬挂对构架的纵向、横向、垂向作用力；

F_{xspfr}、F_{yspfr}、F_{zspfr}——前轮对右侧一系悬挂对构架的纵向、横向、垂向作用力；

F_{xsprl}、F_{ysprl}、F_{zsprl}——后轮对左侧一系悬挂对构架的纵向、横向、垂向作用力；

F_{xsprr}、F_{ysprr}、F_{zsprr}——后轮对右侧一系悬挂对构架的纵向、横向、垂向作用力；

F_{td}——作用于构架上的未平衡离心力；

F_{tw}——作用于构架上的风力；

$m_t g$——摇枕重力。

2.11.2 构架作用力的特征

构架上的心盘力和旁承载荷与摇枕上的类似载荷的特点相同，不再阐述。

鉴于构架式转向架的特点，作用于构架上的载荷还有一组垂向作用在构架轴箱部位的自相平衡的力系，称为垂向斜对称载荷，此力系对于构架的纵向和横向中心平面均呈反对称分布。由于构架式转向架采用轴箱悬挂，且构架是一个刚性较大的框架，当转向架在扭曲线路上（如缓和曲线、三角坑等）运行时，在垂向静载荷作用下，同一转向架中可能有一个轴箱下降或台起，造成该轴箱上弹簧的挠度发生变化，轴箱弹簧作用于构架上的支撑反力发生变化，引起其他三个轴箱弹簧的载荷发生变化，产生垂向斜对称载荷（构架扭曲载荷）。因此垂向斜对称载荷是与垂向静载荷同时存在的。

垂向斜对称载荷 F_T 可由式(2-14)求出：

$$F_T = K_{pz} \times \Delta z \times \frac{b_{sp}}{b_r} \tag{2-14}$$

式中：K_{sp}——每轴箱弹簧的垂向刚度；

Δz——车轮下降或抬升量；

b_{sp}——轴箱弹簧横向跨距之半；

b_r——轮轨接触点横向跨距之半。

由于构架垂向斜对称载荷 F_T 引起的构架扭转力矩 M_{Tx} 为

$$M_{Tx} = 2 \times F_T \times b_{sp} \tag{2-15}$$

有的构架式转向架采用盘形制动，在构架上设置制动装置吊座，当车辆制动时，在制动闸片上的摩擦力将传递到制动吊座上，在制动吊座上形成弯矩，使吊座产生弯曲变形，也是采用盘形制动装置的构架式转向架构架的主要作用载荷之一。

构架式快速货车转向架可能采用一系垂向、二系横向、甚至二系纵向（抗蛇行）液压减振器，一系垂向和二系横向液压减振器最大饱和力一般小于 10 kN，二系纵向（抗蛇行）液压减振器最大饱和力一般小于 20 kN，减振器载荷虽然幅值不是特别大，但为动态循环载荷，对连接件和构架局部结构将产生较大的动力响应，应引起足够重视。

2.11.3 轴箱载荷及其特征

构架式转向架的轴箱是连接轮对和构架的关键装置，也是安装轴箱悬挂装置的载体。轴箱体主要有弹簧承台、中部与轴承配合的筒体及各种安装座等组成，为铸造结构，如图 2-14 所示。

作用在轴箱上的载荷主要有：弹簧承台上的垂向载荷、筒体上的纵向载荷和横向载荷等，如果在轴箱和构架间设置有减振装置，还有减振力的作用。

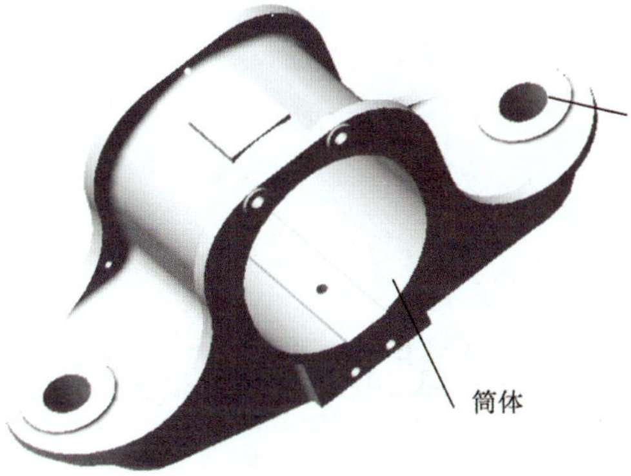

图 2-14 轴箱结构

3

铁路货车载荷谱测试原理及方法

3.1 概　　述

获得承载构件的载荷时间历程是铁路货车载荷谱编制的关键环节之一，通过统计分析和损伤一致性校准，编制最终的载荷谱。第二章铁路货车典型承载结构的载荷特性分析结果是载荷测试方法设计的基础。铁路货车载荷的测试方法一般可分为两类，一类是根据结构的受载特征，通过有限元分析，确定各载荷的响应敏感区域，选择合理的贴片、组桥方式，经载荷标定，将该受力部件制作成为测力传感器，进行载荷测试；另一类方法是根据结构的受载特征和载荷作用位置，通过对结构的局部改动将专用的测力传感器嵌入该结构，在不影响结构功能的同时完成对各载荷的测试。但无论哪种方法，最基本的测试原理均为电阻应变片方法，一般采用功率惠斯登电桥进行测量。

3.2 轮对载荷测试

轮对是铁路货车的关键零部件之一，是车辆系统中对疲劳可靠性要求最高的重要部件。轮对在运行中承受着复杂的纵向、垂向及横向等随机载荷，而轮轨接触状态与列车运行品质的好坏有密切关系，也是导致轮轨磨耗、损伤与破坏的主要原因。

在轮轨运行方式下，车轮和轨道构成了一对耦合体，货车轮对主要承受轮轨力，轮轨力指的是车轮与钢轨间的相互作用力。货车轮对载荷数据的获取则是通过货车轮对上布置的传感元件直接测量轮轨作用力，在车辆运行过程中获得轮轨力的时域信号，这种具备轮轨力检测功能的轮对被称为测力轮对。

测力轮对是一种特殊的传感器，它既有普通轮对的运行功能，又具有传感元件的测量功能，其本质是利用轮轨力在轮对特定部位所产生的应力(应变)变化关系实现测量。与一般传感器不同，测力轮对作为被试车辆走行部的一个基础部件，力的作用点沿着车轮圆周方向和踏面横向都处在不断变化之中，这就使得测力轮对技术较其他一般的传感器更为复杂。

测力轮对的制作主要为以下步骤：

(1)测力轮对方案设计：针对车辆所采用的轮对，利用有限元分析软件仿真计算找出对横向力和垂向力反应灵敏的应力点；

(2)测力轮对机加工：对车轮和车轴进行打孔(以便于布线)等操作，必要时在辐板上打孔便于布线；

(3)划线：在轮辋上刻线标示相关位置及尺寸，划线应具有足够的精度要求；

(4)测力轮对贴片组桥：按照设计要求，在测力轮对上贴应变片，完成相关组桥；

(5)测力轮对标定：使用标定台、采集系统等对测力轮对进行标定；

(6)测力轮对封装：对测力轮对贴片及布线涂保护层，保证线路的稳定性，并可延长测力轮对的使用寿命。

目前，按技术方案不同测力轮对通常分为间断测量法和连续测量法两大类。

间断测量法是将应变片布置在车轮上有限的几条对称均布的径向线上，组成测量电桥，如图 3-1 所示。当某一布片线通过轮轨力作用点时，桥路输出灵敏度将达到一个极值，而一旦偏离此位置，信号输出电平将大幅度降低。因此随着车轮旋转，桥路输出灵敏度呈现周期性脉冲形态，形成峰谷值。在测力轮对投入使用之前，必须对这些峰谷值位置进行标定，获得这些特殊点的灵敏系数、干扰系数等技术参数。在实际测试时，截取输出信号中各个脉冲的峰谷值，利用标定系数进行换算，获取轮轨力的有效测量数据。这就意味着在车轮旋转一周范围之内，只在轮轨接触点到达几个特定的角度位置时才能获得有效的测试信号，而在其他位置均无法获得检测数据，因此称之为“间断测试法”。间断测量法虽然存在固有的缺陷，但具有技术和设备简单、整备过程短、系统简洁、成本低廉、可靠性高等特点，因此迄今仍然具有一定的使用价值。

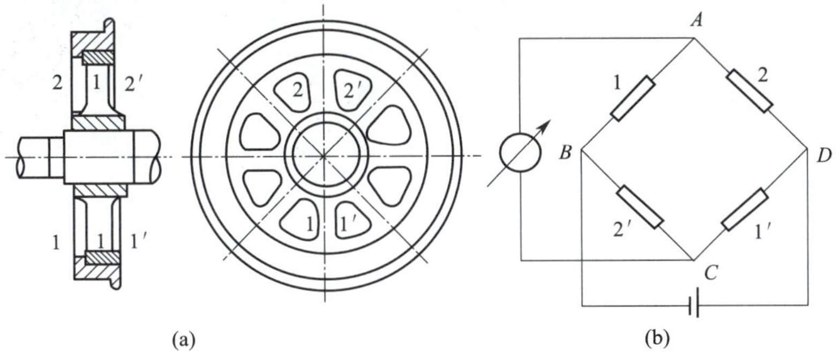

图 3-1　间断测量法测量电桥示意

轮轨力连续测量法能够实现在车轮旋转的整周范围内任何角度位置都能获得有效测量数据。为此必须在整个车轮上对称布置数量可观的应变片，并且构成多个测量电桥，这些电桥的输出灵敏度被设计成特殊的波形，以便经相互迭加合成之后获得恒定的轮轨力测量灵敏度。国外投入使用的连续测量法测力轮对主要有德国的轴测法轮对,英国的多辐条轮对,美国的辐板轮对,日本的辐板轮对等。目前,国内研制的连续测量法测力轮对也已在铁路车辆线路载荷测试中成功应用。

3.3 侧架载荷测试

侧架载荷的测试通过布置传感器与侧架标定相结合的方法进行。将承载鞍制作成测力传感器用以测量来自轮对的垂向载荷,侧架横向载荷和纵向载荷的识别,则是把侧架当做弹性元件,通过标定来实现,侧架的受力状态如图 3-2 所示。

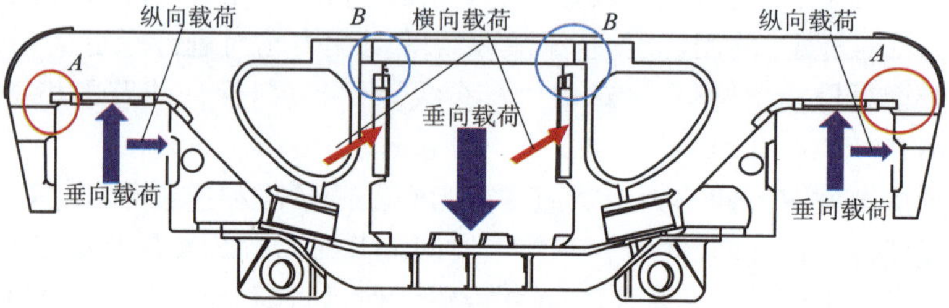

图 3-2 侧架受力状态

承载鞍测力传感器制作时,先根据有限元分析结果将承载鞍进行局部结构修改,在保证强度和刚度的条件下,并有足够的灵敏度以测试来自轮对的垂向载荷;然后通过贴片、组桥,消除载荷偏心、温度等不利因素的影响。图 3-3 为转 K6 型转向架承载鞍有限元分析和结构局部修改的情况。

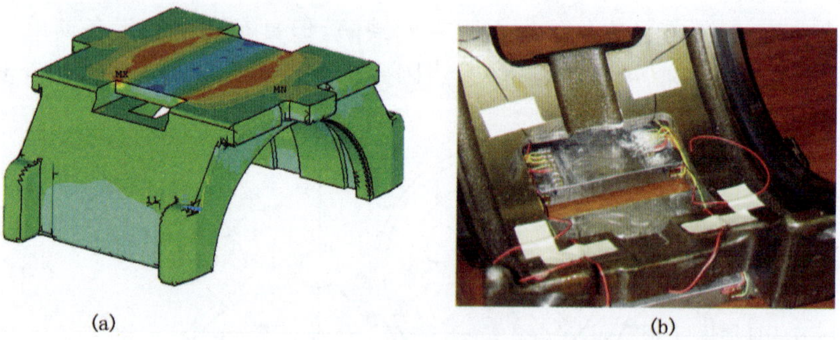

图 3-3 承载鞍有限元分析和局部修改

侧架横向和纵向载荷的测试是以有限元分析为基础,确定侧架本体上的应力响应敏感区域,在该区域中贴片、组桥,实现侧架的横向和纵向载荷的解耦测试。标定时,将载荷分成若干等级逐级加、卸载,数据处理后获得载荷的平均校正系数。通过有限元分析发现,图 3-2 中的 A 部位可以测试侧架纵向载荷,B 部位可以测试侧架横向载荷。在 A 部位两侧分别对称粘贴 4 个应变片识别纵向载荷,在 2 个 B 部位分别粘贴 2 个对称布置的应变片识别横向载荷。贴片及组桥方式如图 3-4 所示。

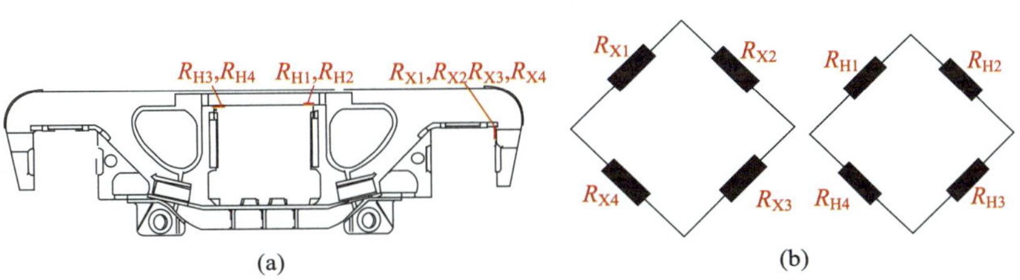

图 3-4 侧架纵向及横向载荷测试方案

3.4 摇枕载荷测试

摇枕的受载方式如图 3-5 所示，等效受载方式如图 3-6 所示。摇枕载荷可以通过标定后的测力摇枕进行测试，也可以根据摇枕结构的受载特征和载荷作用位置，通过对摇枕结构的局部改动，在不影响摇枕功能的基础上将专用的心盘测力传感器和旁承测力传感器嵌入到修改了结构的摇枕内进行测试。

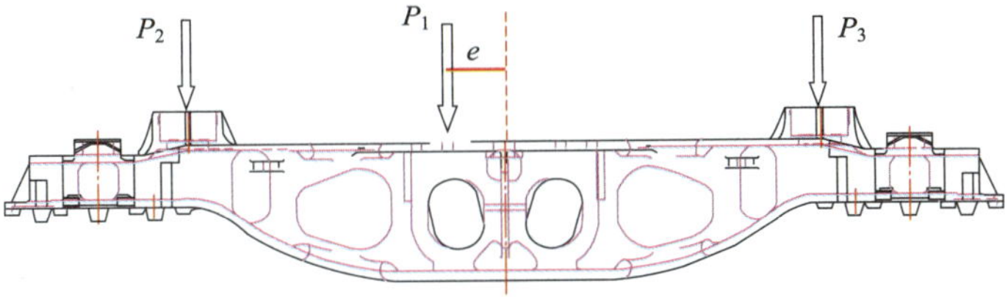

图 3-5 摇枕受载方式

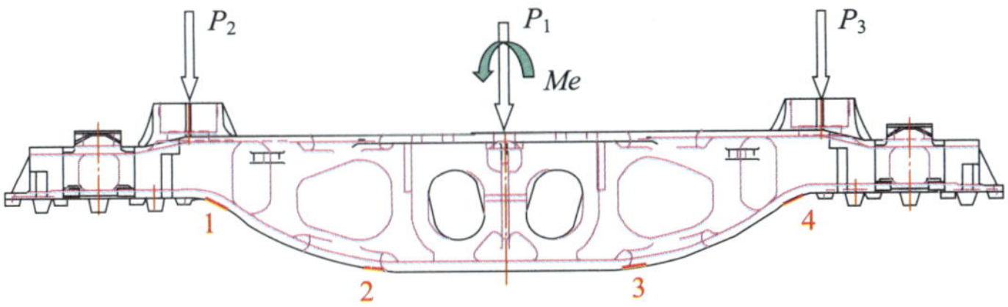

图 3-6 摇枕的等效受载方式

在应力较大的 1、2、3、4 部位贴片，通过标定可以测试出摇枕的心盘载荷 P_1、旁承载荷 P_2、P_3 以及偏心距 e。载荷识别原理如下。

标定时分别在心盘和两个旁承处加载：

(1)在心盘中心处加 P_1 的载荷，在 1、2、3、4 处的应力测试值分别为 σ_{11}，σ_{12}，σ_{13}，σ_{14}。

(2)在左旁承处加 P_2 的载荷，在 1、2、3、4 处的应力测试值分别为 σ_{21}，σ_{22}，σ_{23}，σ_{24}。

(3)在右旁承处加 P_3 的载荷，在 1、2、3、4 处的应力测试值分别为 σ_{31}，σ_{32}，σ_{33}，σ_{34}。

(4)在心盘中心偏 e 处加 P_1 的载荷，在 1、2、3、4 处的应力测试值分别为 σ_{11e}，σ_{12e}，σ_{13e}，σ_{14e}。

将第 3 步的结果减去第 1 步的结果，得到单纯弯矩 Me 作用时的输出量，即

$$\sigma_{e1}=\sigma_{11e}-\sigma_{11},\sigma_{e2}=\sigma_{12e}-\sigma_{12},\sigma_{e3}=\sigma_{13e}-\sigma_{13},\sigma_{e4}=\sigma_{14e}-\sigma_{14},$$

在车辆运行中，在 1、2、3、4 处的应力实测值分别为 $\sigma_1,\sigma_2,\sigma_3,\sigma_4$；

设心盘和两个旁承处的实际载荷分别为 P_{P1},P_{P2},P_{P3}，

心盘载荷实际偏心距为 e，根据叠加原理有：

$$\begin{cases}\dfrac{\sigma_{11}}{P_1}P_{P1}+\dfrac{\sigma_{21}}{P_2}P_{P2}+\dfrac{\sigma_{31}}{P_3}P_{P3}+\dfrac{\sigma_{11e}-\sigma_{11}}{Me}M_{Me}=\sigma_1\\ \dfrac{\sigma_{12}}{P_1}P_{P1}+\dfrac{\sigma_{22}}{P_2}P_{P2}+\dfrac{\sigma_{32}}{P_3}P_{P3}+\dfrac{\sigma_{12e}-\sigma_{12}}{Me}M_{Me}=\sigma_2\\ \dfrac{\sigma_{13}}{P_1}P_{P1}+\dfrac{\sigma_{23}}{P_2}P_{P2}+\dfrac{\sigma_{33}}{P_3}P_{P3}+\dfrac{\sigma_{13e}-\sigma_{13}}{Me}M_{Me}=\sigma_3\\ \dfrac{\sigma_{14}}{P_1}P_{P1}+\dfrac{\sigma_{24}}{P_2}P_{P2}+\dfrac{\sigma_{34}}{P_3}P_{P3}+\dfrac{\sigma_{14e}-\sigma_{14}}{Me}M_{Me}=\sigma_4\end{cases}\tag{3-1}$$

偏心量为：

$$e=\frac{M_{Me}}{P_1}\tag{3-2}$$

通过标定值、实测值和公式(3-1)，(3-2)可以得到心盘和两个旁承处的实际载荷 P_{P1},P_{P2},P_{P3} 以及心盘载荷实际偏心距 e。

也可将摇枕加以改变，在不影响摇枕功能、不改变接口尺寸的条件下嵌入测力传感器。图 3-7 为对摇枕心盘和旁承处局部结构进行了改进，图 3-8 为测力传感器的放置情况。

心盘和旁承传感器均采用柱式测力传感器为基本测力单元。制作时考虑了测力元件对抗横向干扰力的敏感性以及测试精度和动态特性。旁承传感器由均布三个柱式测力元件构成，而心盘载荷存在偏载，因而采用了对称布置八个测力单元，可同时测出载荷及载荷偏心距。图 3-9 为心盘传感器的外形和内部结构。

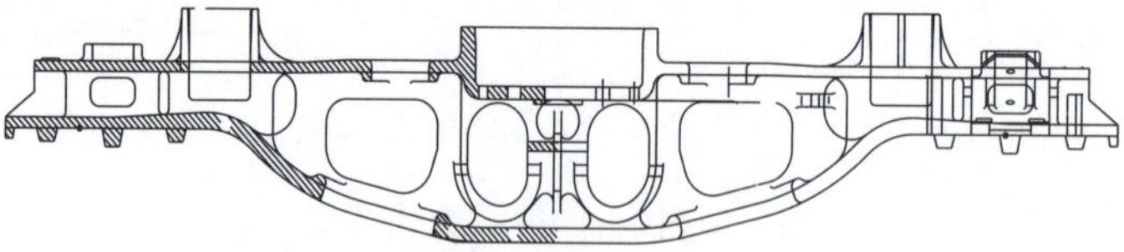

图 3-7　改造后的摇枕

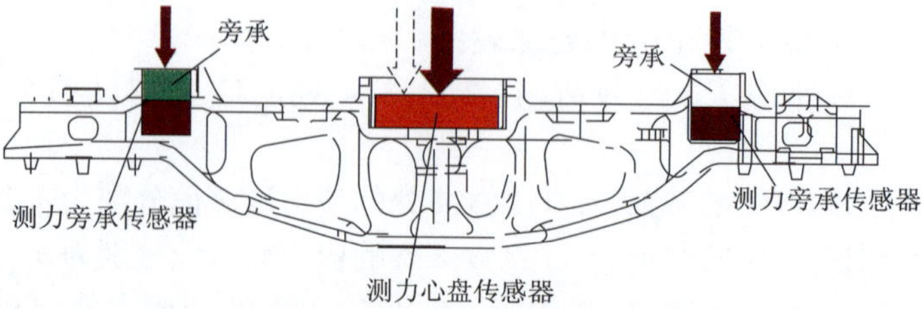

图 3-8　测力传感器的放置

(a)　　(b)

图 3-9　心盘测力传感器

3.5　钩缓载荷测试

在货车载荷谱需要测试列车运行过程中纵向的动态作用力或冲击力。车辆纵向动态作用力的测量可以通过在其纵向力的传递环节中设置特殊的力传感器实现，这样测试纵向力的精度较高，但是由于受到车辆结构的限制，难以实现。如果把车钩本身作为弹性元件，将车钩制作成为测力车钩，然后安装于被测车辆，就能够方便地测量出车辆的纵向载荷。

车钩在运行过程中车钩头部所受的载荷如图 3-10 所示。制作高精度测力车钩的重点是正确选择和确定粘贴应变片的截面和位置，一般贴片截面选择在钩身部分的前部，贴片时要考虑车钩在车辆运行过程中的纵向伸缩位移和横向偏转位移，保证应变片在极限位移状态下不被损坏。另一方面，为保证纵向载荷的测试精度，需要尽量减小垂向和横向弯矩对纵向力测试的影响。

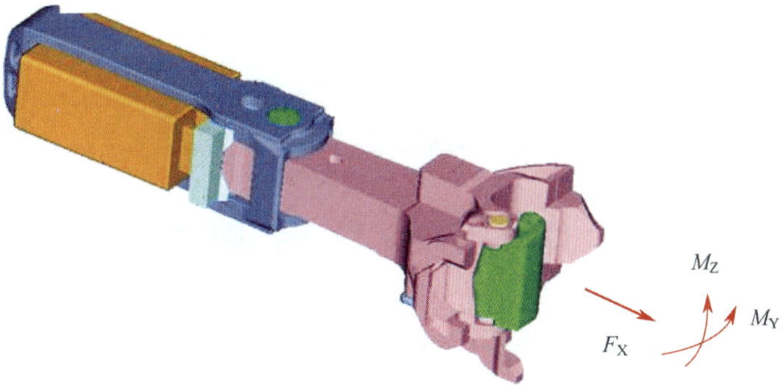

图 3-10　车钩钩头受力示意

由于车钩铸造的误差，垂向弯曲和横向弯曲的中性层实际上并不处在钩身断面的几何中心，而且每侧也不相同，需通过试验标定获得，中性层获取方法如图 3-11 所示。

通过三向精细标定获得垂向弯曲和横向弯曲的中性层，在贴片时，为消除垂向弯曲和横向弯曲以及载荷偏心、温度等不利因素的影响，一般在钩身两个侧面粘贴 8 个应变片并组桥，如图 3-12 所示。

(a)　　(b)

图 3-11　中性层获取试验

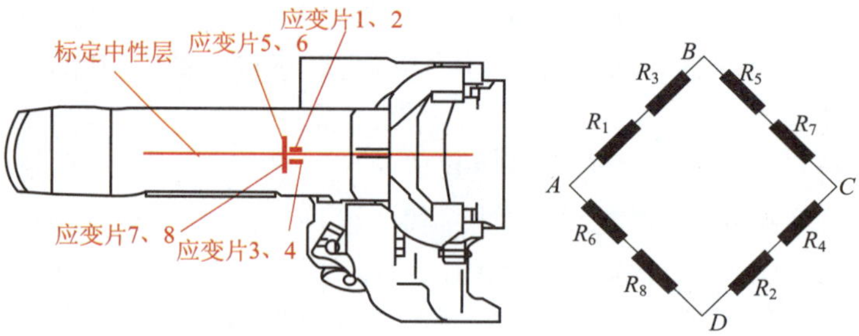

(a)　　(b)

图 3-12　测力车钩贴片示意

将制作好的测力车钩进行加载标定，标定前，先将车钩进行 120％额定载荷的加载，然后回零，反复三次以上，以减少机械滞后的影响。标定时将载荷分成若干等级，逐级加载、卸载，数据处理后，获得车钩纵向载荷的平均校正系数。

3.6　车体载荷测试

车体在线路上运行时，由于受侧向力等原因而发生侧滚时，车体一侧旁承增载，另一侧旁承减载，旁承增减载差值反映出侧滚载荷的大小。另外，车辆制造的几何误差、线路不平顺等使车体发生扭转，车体受扭转载荷作用时反对称位置上的旁承同时增减载，如图 3-13 中 1、4 位置旁承增载则 2、3 位置旁承减载。

每车旁承所在 1、2、3、4 处设置测力传感器，测得旁承载荷分别为：F_1、F_2、F_3、F_4，则侧滚载荷及扭转载荷的旁承力为：

侧滚(旁承)载荷　　$$F=\frac{1}{2}[F_1+F_3-(F_2+F_4)] \tag{3-3}$$

扭转(旁承)载荷　　$$F=\frac{1}{2}[F_1+F_4-(F_2+F_3)] \tag{3-4}$$

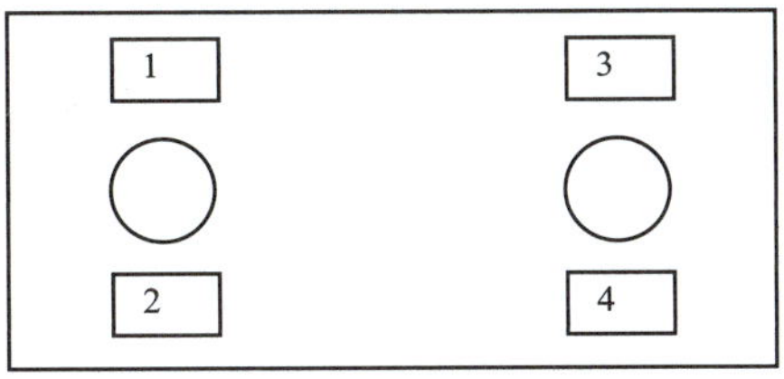

图 3-13 车体俯视图

在得出扭转旁承载荷后，代入公式(3-5)可得出扭矩：

$$T=l\times F \tag{3-5}$$

公式(3-5)中，l 为单个旁承到其所在摇枕上心盘的中心距离。

计算结果为正时，表示车体的 1、3 位旁承一侧处于增载侧滚状态，或是逆时针扭转状态(在车体端部观察)；结果为负时，表示车体的 1、3 位旁承一侧处于减载侧滚状态，或是顺时针扭转状态(在车体端部观察)。

由此，就可以将测得的同一车上 4 个旁承的载荷时间历程带入计算，得出侧滚载荷和扭矩的时间历程。

车体纵向力就是车钩所受的纵向载荷，可由测力车钩即获得，车体受到的垂向、侧滚和扭转载荷分别可以由测力摇枕所获得的心盘载荷和旁承载荷获得。

4

载荷数据处理及载荷谱编制

4.1 概　　述

原始的载荷时间历程数据在工程中难以直接应用,通常需要对原始数据进行去除干扰、循环计数、统计推断、工况合成等处理,然后根据实际情况编制所需的载荷谱,同时也可以对数据进行频谱分析研究载荷的规律性研究。

4.2 载荷谱数据处理流程

载荷谱数据处理基本流程如图 4-1 所示,包括数据格式转换、零点漂移处理、数字滤波、峰谷值挑选、无效幅值处理、载荷循环技术、载荷谱编制。此外,为了得到中间数

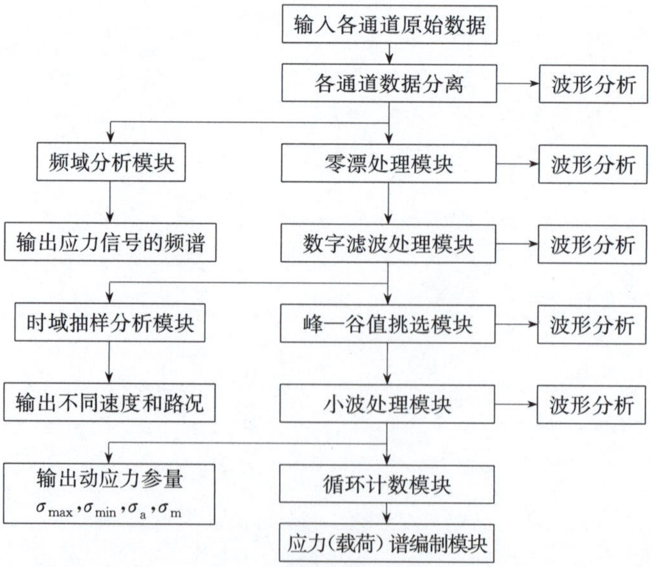

图 4-1　数据处理流程

据并对处理结果实时跟踪，数据处理软件中一般还有波形显示、频谱分析、时域信号抽样分析等。

4.2.1 数据格式转换

数据格式转换是把不同设备采集的数据，转换成统一格式。

4.2.2 零点漂移处理

每次测试前（如在列车启动前）需要进行动态应变仪的调平衡处理，从理论上讲，若试验前动态应变仪的输出是零，在停车后动态应变仪的输出信号也应当回零。事实上，由于电子设备的发热以及各种外界因素的影响，动应力信号相对零线有一个明显的偏移，这就是零点漂移现象（简称“零漂”，下同）。

在长距离货车载荷测试后，可以采用分段线性零漂假设对信号的零漂处理，其基本思想是：假设信号的零漂在较短时间内是线性变化的，并将较长的载荷时间历程分成若干段，认为各段内的零漂是线性的，这样整个载荷时间历程的零漂连起来是一条折线（参见图 4-2 中折线 $ABCDEFG$），用实测信号幅值逐点减去这条折线所对应的值，便可得到所需要消除零漂影响的应力信号。

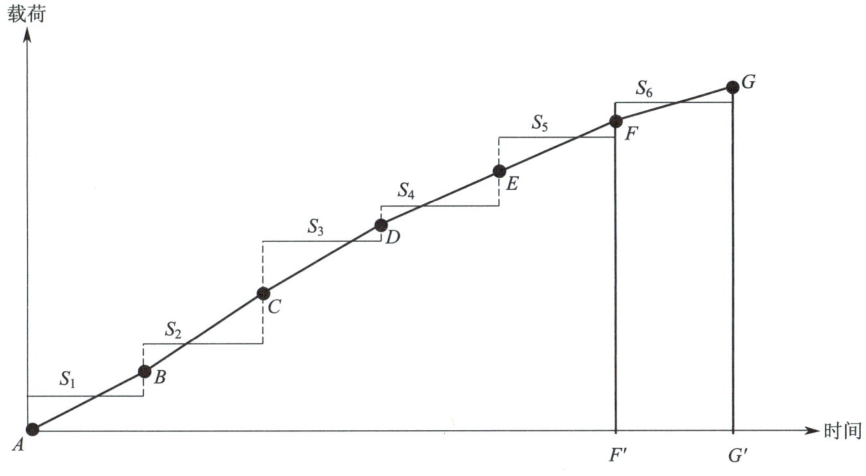

图 4-2 分段线性零漂处理的原理（$N=6$）

在确定这条折线时首先根据实测信号求各段的信号均值，设为 $S_1, S_2, \cdots, S_N$（其中 N 为零漂分析段数），如图 4-2 所示，假设开始采集数据即列车启动时没有零漂，因此折线的起点为零（A）；后续各段则考虑折线的连续性，在交界处的折线端点分别取两段均值的平均值（$B, C, \cdots, F$），对于最后一段折线，其左端点可由连续性来确定，其右端点可由折线 FG 为斜边的梯形面积 $FGF'G'$ 与均值线 S_6 所围成的矩形面积 $S_6F'G'$ 相等来确定。如果每段的信号样点数为 M，以横坐标表示信号样点数，纵坐标表示信号值的大小，以图 4-2 所示 $N=6$ 为例，则零漂折线各点的坐标计算公式如下：

$$A(0,0)、B\left(M,\frac{S_1+S_2}{2}\right)、C\left(2M,\frac{S_2+S_3}{2}\right)、D\left(3M,\frac{S_3+S_4}{2}\right)$$

$$E\left(4M,\frac{S_4+S_5}{2}\right)、F\left(5M,\frac{S_5+S_6}{2}\right)、G\left(6M,S_6+\frac{S_6-S_5}{2}\right)$$

需要指出，在进行零漂处理时，选择零漂分析段数比较关键，每段的信号样点数太少，会对比较典型的信号造成较大的失真，因为机车车辆转向架在过道岔或弯道时可能出现某一段应力水平整体大幅度提高的情况；每段的信号样点数太多，信号的漂移就不能认为是线性的，实际上可能是二次的或者更复杂的非线性。实践表明，在一般情况下，每 10～15 min 作为一段，分段线性零漂假设能够较好地反映实测信号零点漂移的真实状况。

4.2.3　数字滤波处理

在动应力的现车实测过程中，有个别通道的信号可能会出现大的干扰，对于这种情况，只要干扰是有规律的，可以通过频谱分析，找出信号的主要干扰频带，然后用数字滤波器将这些干扰成分滤掉。

数字滤波器是指完成信号滤波处理功能、用有限精度算法实现的离散时间线性非时变系统。其输入是一组由模拟信号取样和量化的数字量，其输出是经过变换的另一组数字量。数字滤波是用数字方法来增强信号、压低干扰、把信号和干扰分开，从而提取所需的有效信息，保证信息能可靠地传输和交换，在实际工程领域应用广泛。但由于干扰信号可能与有效信号叠加，因此实际处理时往往采用带阻数字滤波，当这个带的宽度很小时，可以认为是点阻滤波，以尽可能大地衰减干扰信号，同时尽可能小地衰减有效信号。从数字滤波的通用性出发，需要采用低通、高通、带通、带阻四种频率数字滤波器，以对受干扰信号进行有效的数字滤波处理。

4.2.4　载荷时间历程峰谷值

在疲劳损伤研究中，通常关心的是载荷时间历程中的极大、极小值点（即应力峰谷值点），而并不关心介于峰、谷值点之间的过渡数据样点，因此必须把这些过渡数据样点加以过滤，这一数据处理过程即是挑选载荷时间历程的峰谷值。

挑选载荷时间历程峰谷值的方法是：先从输入数据中读取两个应力值，将第一点写入输出数据文件，再比较第一个应力值与第二个应力值的大小。如果第一个应力值小于第二个应力值，则认为第一个应力值为应力谷值点，然后通过应力峰值点寻找模块找到应力峰值点，再通过应力谷值点寻找模块找到下一个应力谷值点，如此循环往复直至输入数据读完为止；如果第一个应力值大于第二个应力值，则认为第一个应力值为应力峰值点，然后通过应力谷值点寻找模块找到应力谷值点，再通过应力峰值点模块寻找下一个应力峰值点，如此循环往复直至输入数据读完为止。图 4-3 为某型转向架构架某测点的载荷时间历程峰谷值挑选前后的波形比较。

4.2.5　无效幅值处理技术

在载荷时间历程的测试过程中，还有一些干扰信号很难被消除掉，比如，列车停在

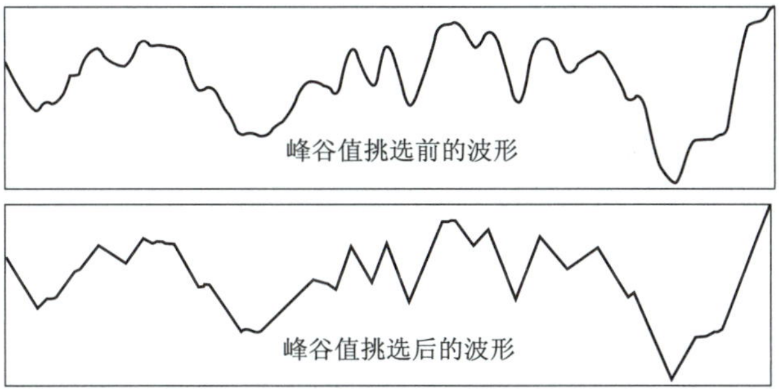

图 4-3 某型转向架实测载荷时间历程峰谷值挑选前后的波形比较

不同车站时采集的应变信号的微小波动(通称无效幅值波),这些干扰信号将以很小的幅值叠加到真实信号上,虽然往往只有几十毫伏(相当于几个 MPa 的应力),但在编制载荷谱时它们却构成数量相当多的小循环,影响了载荷谱的真实分布。为此,需要编制无效幅值处理软件以消除这些干扰信号。

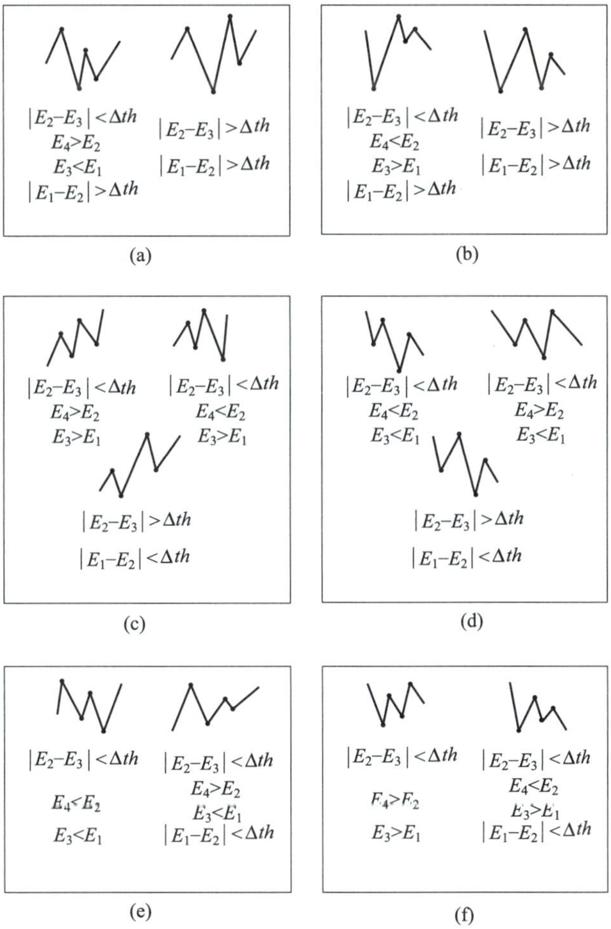

图 4-4 由“四峰谷值点穷举法”得到的十四种信号状况

载荷时间历程无效幅值处理的算法一般采用“四峰谷值点穷举法”。首先设定一个去除无效幅值的门槛值 Δth，然后顺序读取应力文件中的四个应力峰谷值数据样点（E_1，E_2，E_3，E_4）；根据四个数据样点中第一点为峰值点和第一点为谷值点分成两个大的处理模块，每一大模块中再分别按照四个应力峰谷值数据样点可能出现的各种构成状态（如图 4-4 所示，共 14 种情况），采取穷举的办法进行一一处理并采用相应的三种专用处理模块将有用的数据保存到新的数据文件中。

4.2.6 载荷循环计数处理

载荷循环处理按照穿级计数法和雨流计数法原理，进行载荷循环计数。

4.2.7 编谱方法

载荷时间历程经循环计数处理之后得到的输出数据是整个历程中各次循环的均值和幅值，不仅数据量大，而且是随机变量，因此有必要将这些数据加以整理，编制出一维谱和二维谱，以便于寿命估算和疲劳试验时应用。

对于应力谱而言，一维应力谱就是采用国内外广泛应用的“波动中心”法，将应力谱简化为一元随机变量，并以波动中心作为应力循环的静应力分量，幅值作为应力循环的动应力分量，将幅值叠加于波动中心之上。在编制一维应力谱时，先将输入数据（即应力循环的均值、幅值数据）进行一次扫描，找到应力幅值的最大值和最小值，再按式(4-1)进行分组处理：

$$D=\frac{\sigma_{\mathrm{amax}}-\sigma_{\mathrm{amin}}}{N} \tag{4-1}$$

式中，D 为组间距；σ_{amax}、σ_{amin} 分别为应力幅值的最大值和最小值；N 为应力幅值组级数，通常取 8 级、16 级、32 级。这样，各级应力幅值组的上、下限值可以分别计算：

$$\begin{cases} D_{i上}=\sigma_{\mathrm{amin}}+i\times D \\ D_{i下}=\sigma_{\mathrm{amin}}+(i-1)\times D \end{cases} \quad (i=1,2,\cdots,N) \tag{4-2}$$

应力幅值分级后，进行一维应力谱的编制：先设定 N 个统计应力幅值发生频数的变量 C_i($i=1,2,\cdots,N$)并赋初值为零，然后顺序读取原循环计数结果数据文件，按应力幅值的 N 个区间逐个判断新读入的应力幅值 σ_{a} 属于哪一级范围之内，若 $D_{i下}\leqslant\sigma_{\mathrm{a}}\leqslant D_{i上}$，则对 C_i 进行加 1 处理；如此循环直至输入数据读完为止。

为了描述上的方便，各级应力幅值组采用其组中值来表示，组中值按式(4-3)计算：

$$\sigma_{\mathrm{a}i}=\frac{D_{i上}+D_{i下}}{2} \quad (i=1,2,\cdots,N) \tag{4-3}$$

式中，$\sigma_{\mathrm{a}i}$ 为第 i 级的组中值；$D_{i上}$ 和 $D_{i下}$ 分别为第 i 级的组上限值和组下限值。

定义每一组内应力幅值循环出现的次数为频数（或频次），频数除以总的循环次数称为频率，所有频率自下而上依次相加为累积频率。

4.3 计 数 法

4.3.1 穿级计数法原理

穿级计数法是一种单参数计数法，它把整个区域分成若干水平级(一般取等间距)，然后统计沿正斜率(上升)或者沿负斜率(下降)穿越给定水平级的载荷数。

其原理如图 4-5 所示，设置 4 级应力水平，分别按照正斜率统计出穿越给定应力水平数，列于表中。

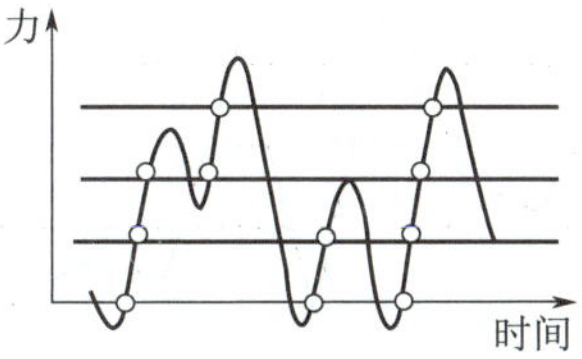

水平级	穿越数
4	2
3	3
2	3
1	3

图 4-5 穿级法计数

穿级计数法将整个应力范围分成等间距的若干个级，随机载荷穿过某级的极大、极小值被记录下来。根据 UIC OREB12 专业委员会的建议，抽取若干长度为 1 km 运行区段的载荷(应力)—时间历程子样，对其进行 0.5 Hz 的高通滤波处理，排除各个测点在某些运行工况下出现的静态、准静态载荷(如车辆在通过曲线或制动工况时)，从而得到其均值为 0 的载荷信号，进行穿级计数。

具体做法是：在信号相邻的两次穿越均值点之间，若在这两点之间的应力信号全部在均值线上方，则寻找该段信号的最大值，记为一个 σ_H；若这两点之间的应力信号全部在均值线下方，则寻找该段信号的最小值，记为一个 σ_L。

如图 4-6 所示，A、C、E、G、I 和 K 表示穿越均值线的点，B、D、F、H、J 和 L 表示相邻两次穿越之间的有效计数点。

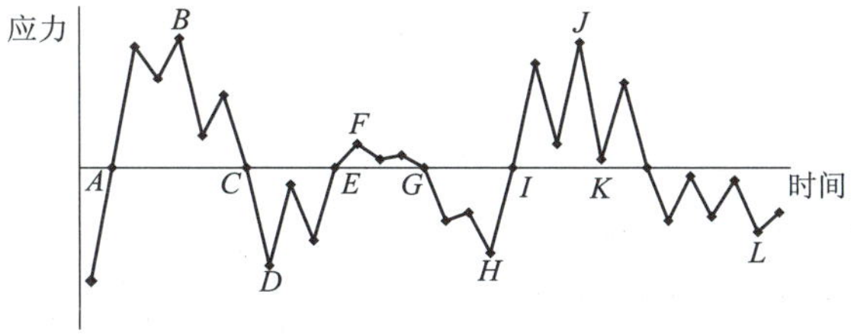

图 4-6 应力—时间历程穿级计数

4.3.2 穿级计数实现

根据穿级计数原理，其软件实现步骤如下：

(1)将实测应力—时间历程数据文件读入程序；

(2)确定进行一公里计数还是全程计数；

(3)若选择一公里计数，将全程分成若干个一公里(步长为每个一公里的十分之一)，分别寻找每个一公里的最大值与最小值，选择最大值与最小值之差最大的一公里进入循环计数；

(4)计算全程均值，根据输入的小波处理门槛值，形成一带状计数截止环；

(5)如图 4-7 所示，凡落入此带状区域的峰谷值均不参与计数，即 B、C、G、H 和 I 点不参与穿级计数，只有 A、D、E、F、J、K、L 和 M 点参与穿级计数；

(6)将穿级计数得到的峰谷值写入数据文件。

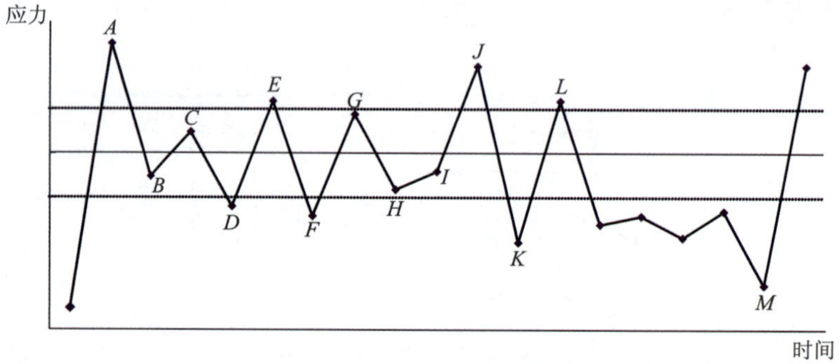

图 4-7　应力—时间历程带状计数

4.3.3　雨流计数法原理

雨流计数法是由 Matsuiski 和 Endo 等人根据材料应力—应变间的非线性行为而提出的一种计数法，认为塑性的存在是疲劳损伤的必要条件，并且其塑性性质表现为应力—应变迟滞回线。雨流计数的优点是，在计数原则上有一定的力学基础，以双参数为基础，考虑了动强度(幅值)和静强度(均值)两个变量，符合疲劳载荷本身固有的特性。

图 4-8(a)所示为应变—时间历程，及其对应的应力—应变曲线示于图 4-8(b)。由图 4-8 见，两个小循环 2-3-2′、5-6-5′和一个大循环 1-4-7 分别构成了两个小的和一

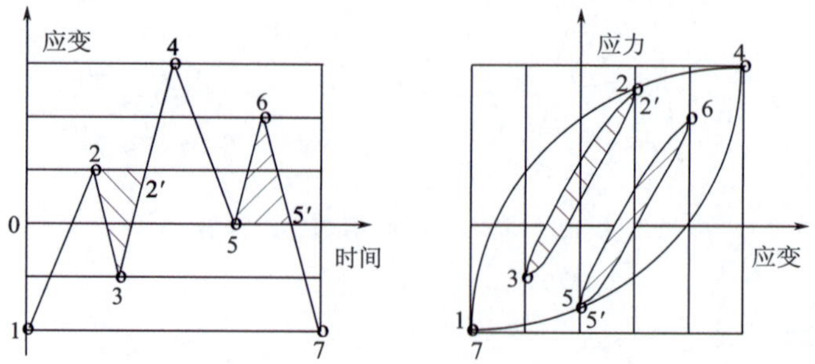

(a) 应变—时间历程　　(b) 应力—应变迟滞回线

图 4-8　雨流计数法的力学依据

个大的迟滞回线。

如果疲劳损伤以此为标志，并且假定一个大变程所引起的损伤不受一个小的迟滞回线截断的影响，则可以逐次将构成较小迟滞回线的较小循环从整个应变—时间历程中提取出来，重新加以组合。

这样，图 4-8(a)所示的应变—时间历程将简化为图 4-9 所示的情形，而认为两者对材料引起的疲劳损伤是等效的。

雨流计数法就是基于上述原理进行循环计数的。如图 4-10 所示，取时间为纵坐标，垂直向下，应力为横坐标，水平向右，载荷时间历程形如一宝塔屋顶。设想雨滴以峰、谷为起点向下流动，根据雨滴流动的迹线确定应力循环，雨流计数法的名称即由此得来。

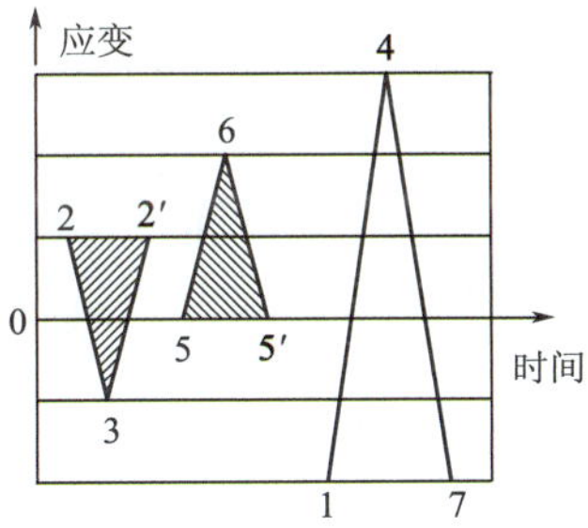

图 4-9　简化的等效应变—时间历程

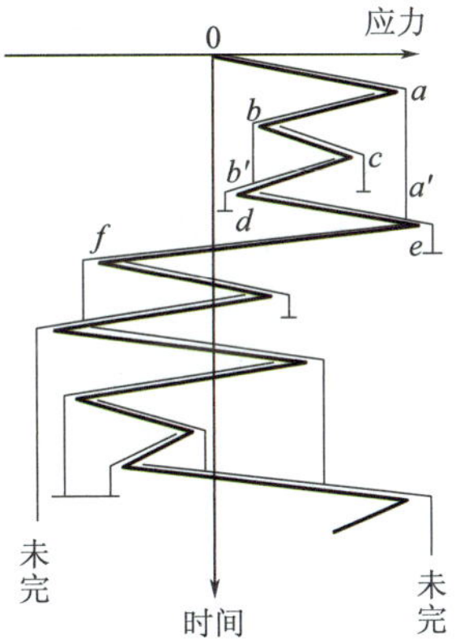

图 4-10　雨流计数法的原理

为实现其计数原理，规定雨滴从峰谷值的内侧往下流，凡起始于波谷的雨流遇到比它更低的谷值(代数值)便停止，例如起始于波谷 0 的雨流止于波谷 f 的水平线，因为波谷 f 的谷值比波谷 0 的谷值要低。

凡起始于波峰的雨流遇到比它更高的峰值便停止，例如起始于波峰 a 的雨流止于波峰 e 的水平线。另外，在雨滴流动过程中，凡遇到上面流下来的雨滴时也就停止，例如起始于波峰 c 的雨流止于 b'；起始于波谷 d 的雨流止于 a'。这样，根据雨滴流动的起点和终点，可以勾画出一个个完整的应力循环，如 b-c-b' 和 a-d-a' 等。

雨流计数中，半循环发生在应力的最大值和最小值之间。在整个载荷时间历程的最大值和最小值会计数为一个半循环。如图 4-11 所示，在峰 7 和谷 8 之间将会计数一个半循环。

如果应力的最大值发生在应力的最小值之前，那么对于从起始到最大值之间的应力—时间历程，在应力最大值发生前的最小值和此最小值之前的最大值之间可以计数为一个半循环，而在这个最大值和这个最大值前的最小值之间又可以计数为一个半循环，这样直到应力—时间历程的起始时刻，如图 4-11 所示在谷 6 和峰 5 之间将被计数

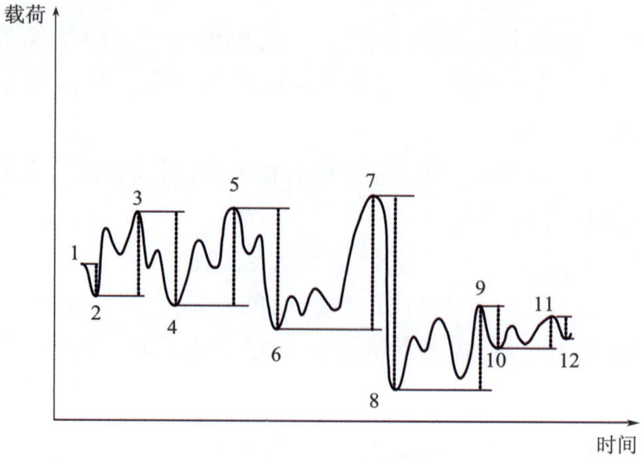

图 4-11　雨流计数法中的半循环

为一个半循环，在峰 5 和谷 4 之间将被计数为一个半循环直到载荷时间历程的开始。

而对于从应力最小值到载荷时间历程的结束时刻，在应力最小值和最小值发生之后的最大值之间可以计数为一个半循环，而在这个最大值和这个最大值之后的最小值之间又可以计数为一个半循环，如图 4-11 所示在谷 8 和峰 9 之间将被计数为一个半循环，在峰 9 和谷 10 之间将被计数为一个半循环直到载荷时间历程的结束。

如果应力的最大值发生在应力的最小值之后，那么对于从起始到最小值之间的应力—时间历程，在应力最小值和最小值发生之前的最大值之间可以计数为一个半循环，而在这个最大值和这个最大值之前的最小值之间又可以计数为一个半循环。而对于从应力最大值到载荷时间历程的结束时刻，在最大值发生之后的最小值和此最小值之后的最大值之间可以计数为一个半循环，而在这个最大值和这个最大值之后的最小值之间又可以计数为一个半循环，直到应力—时间历程的最后。

对于图 4-10 中计数的应力—时间历程，还有“未完”的雨流，再按上述原则，继续进行雨流计数，最终得到的是图 4-12 所示的发散收敛波。按雨流计数法则，此种波形无法再形成完整的应力循环，因此需要采取其他的措施。一种简便可行的办法是：在最高波峰 b 或最低波谷 a 处将波形截成两段，使左段起点与右段终点相连接，构成图 4-13 所示的收敛发散波。此时，雨流计数法则可以继续使用，直至计数统计完毕为止。

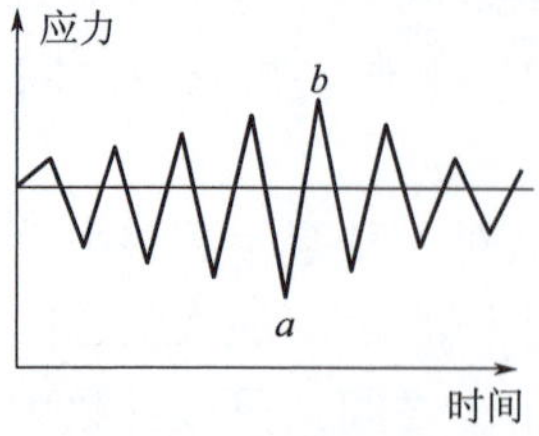

图 4-12　发散收敛波

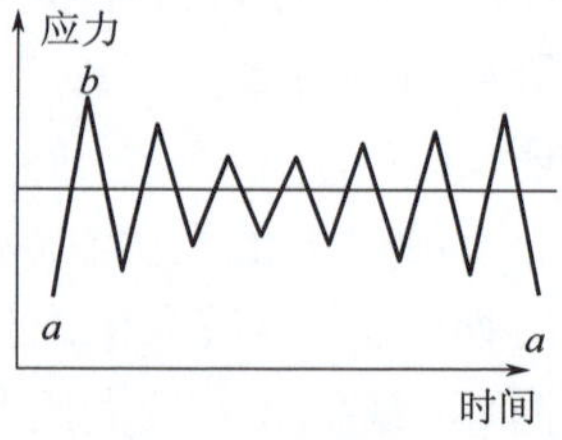

图 4-13　收敛发散波

4.3.4 雨流计数法算法

目前雨流计数法常用的两种计数模型，分别是全封闭式计数模型和雨流法实时计数模型，根据货车载荷谱测试特点，本节重点介绍改进的雨流法实时计数模型。

4.3.4.1 改进的雨流法实时计数模型

雨流法实时计数模型能大大地提高数据处理效率，但它在第二阶段处理过程中并没有考虑如何将收敛波和发散波对接，这将可能产生漏点甚至会得出错误结果。因此，必须在第二阶段处理前可靠进行数据对接处理，这样才能保证结果正确。现将数据对接处理介绍如下：

如果雨流法实时计数模型形成的新的发散收敛波数据文件在标志位前至少有一个点，那么假设新的发散收敛波最后的两个峰谷值数据点是 V_{N-1}、V_N，新的发散收敛波开始的两个峰谷值数据点是 F_1、F_2。这四个峰谷值点之间的关系一共有 8 种情况，如图 4-14 所示。

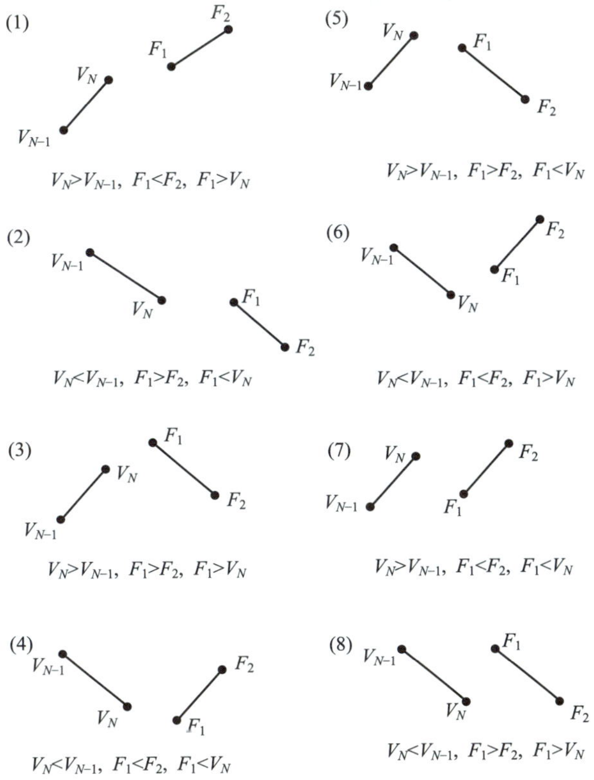

图 4-14 发散收敛波对接前的 8 种

这 8 种情况可以合并成四种情况来处理：

对于(1)、(2)两种情况，要去掉 V_N 和 F_1 点；

对于(3)、(4)两种情况，要去掉 V_N 点；

对于(5)、(6)两种情况，要去掉 F_1 点；

对于(7)、(8)两种情况，不用去点。

同理，如果雨流法实时计数模型形成的新发散收敛波数据文件在标志位前没有遗留点，此时只需读取标志位所在的点，这个数据点是整个文件中最大的峰值或者最小的谷值。

此时可能出现的四种情况是：

$V_N > V_{N-1}$，$F_1 > V_N$，去掉 V_N 点；

$V_N > V_{N-1}$，$F_1 < V_N$，不去点；

$V_N < V_{N-1}$，$F_1 < V_N$，去掉 V_N 点；

$V_N < V_{N-1}$，$F_1 > V_N$，不去点。

4.3.4.2　雨流计数法程序实现流程

按照上述原理编制的改进雨流法实时计数模型分为 3 个模块，分别实现标志位 S 前没有遗留点的“峰谷值处理模块”、有遗留点的“发散收敛波峰谷值点连接处理模块”以及“改进雨流法实时计数流程”，如图 4-15～图 4-17 所示。

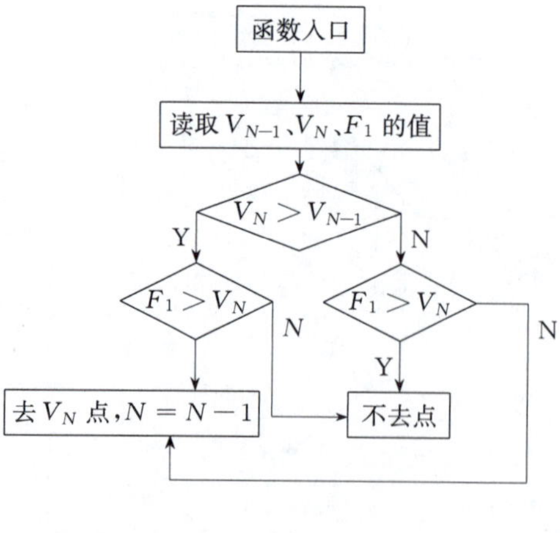

图 4-15　标志位前没有遗留点峰谷值处理流程

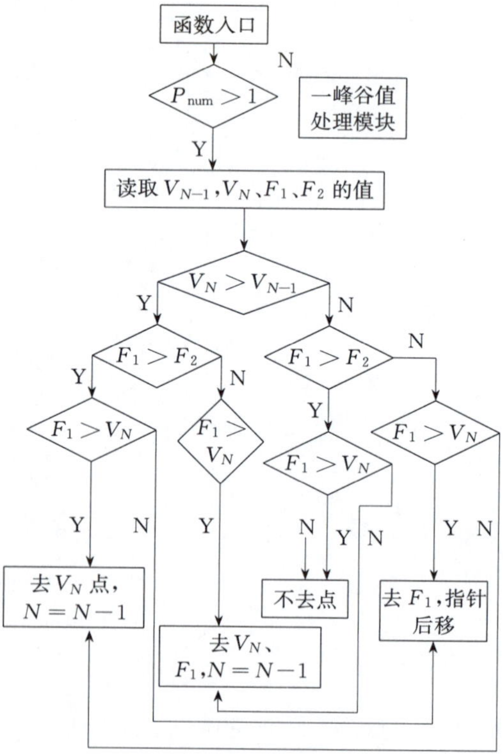

图 4-16　发散收敛波峰谷值点连接处理流程

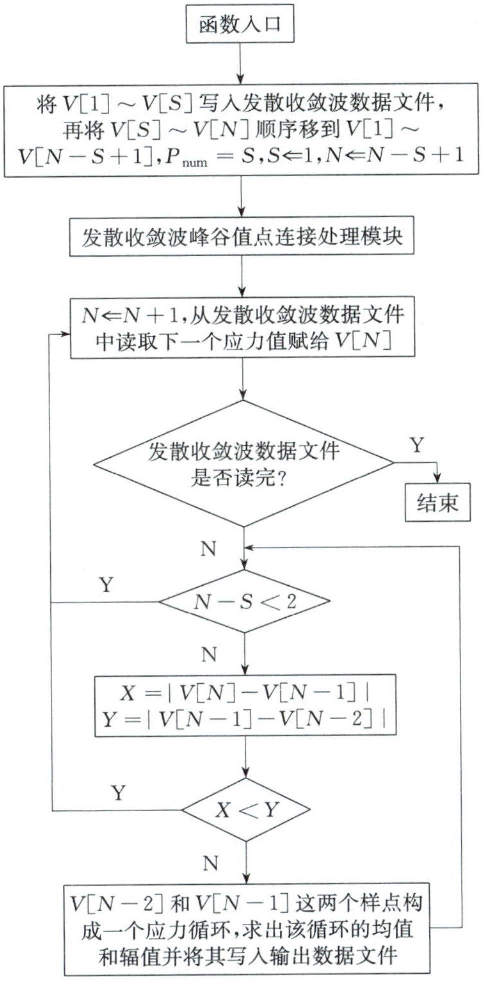

图 4-17 改进的雨流法实时计数模型流程

4.4 载荷谱编制的基本原则

4.4.1 随机载荷的统计分布

4.4.1.1 均幅值矩阵与概率密度函数

通过雨流计数法计数，可以将复杂的载荷—时间历程简化为对损伤具有等效影响的均值幅值二维雨流矩阵，简称均幅值矩阵，由均幅值矩阵，推断载荷分布的母体，可建立二维概率密度函数，如图 4-18 所示。在 XOY 平面上，分别把幅值 x 和均值 y 分割为若干块小面积，在此小面积上积分，计算其理论频次：

$$E_{ij} = \int_{x_i}^{x_{i+1}} \int_{y_j}^{y_{j+1}} f(x, y) \mathrm{d}x \mathrm{d}y \cdot n_0 \tag{4-4}$$

式中：$f(x,y)$——二维概率密度函数；

x_{i+1},x_i——幅值的积分上、下限；

y_{j+1},y_j——均值的积分上、下限；

n_0——实测总频数。

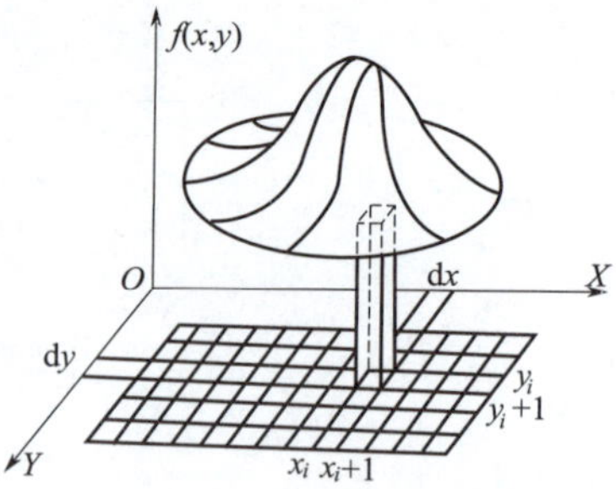

图 4-18　二维概率密度函数

4.4.1.2　常均值载荷谱与变均值载荷谱

统计结果表明，铁路货车载荷的均值和幅值通常服从于某种理论分布，除轮对载荷是典型的对称载荷均值为零外，其他承载部件所受的均值载荷一般是随机变化。

研究表明平均载荷虽然对累积损伤有较大影响，但是，在许多情况下可以按等效损伤原则，将变均值简化为常均值或零均值处理，即把复杂的二维分布问题转化为一维分布问题。这样在合理的精度范围内，能使工程应用大为简化。

由此，编制的载荷谱可分为常均值载荷谱和变均值载荷谱。

常均值载荷谱，忽略了均值的影响，在编制载荷谱时，只对载荷幅值进行统计推断，将简化后的多级阶梯载荷水平直接叠加在波动中心之上，得到以波动中心为常值的载荷谱。

如果载荷谱均值的变化比较大，对于非对称型载荷—时间历程，应考虑载荷均值的变化，更为准确的分析是将载荷谱循环的均值和幅值视为二元随机变量，这就是二维载荷谱，即变均值载荷谱。与一维载荷谱相类似，在二维载荷谱中，先按均值谱、幅值谱的级数分别将应力循环的均值、幅值进行分组处理，再进行发生频数的统计计数。为统计描述上的方便，各载荷均值组、载荷幅值组都用组中值来表示。二维载荷谱编制的算法和一维谱类似。

4.4.2　统计推断理论

4.4.2.1　统计推断的意义

在数理统计中，把研究对象的全体称为总体（母体），把组成总体的每个基本单元称为个体，把抽样观测时被抽到的 n 个个体的集合称为总体的一个样本。总体的分布函数也叫理论分布函数，利用样本来估计和推断总体的分布函数是数理统计要解决的重要问题，样本分布的表达形式通常有三种形式，频率与频数分布，经验分布函数和直方图。将所有组的频数都用图形面积示出。这样做出的图形称作“频数分布直方图”。从频数分布直方图可以清楚地看出观测数据的波动情况。因此频数分布直方图在统计学中应用十分广泛。

通过线路实测得到的载荷数据都是在一定线路长度内获得的，一般是个有限长的子样，如果把载荷数据的幅值和均值看作随机变量，它们与频次之间的对应关系看作频数分布，则可以由样本的频数分布来估计和推断总体的分布函数。根据以往经验，铁路货车承载构件的载荷幅值一般服从三参数威布尔分布，载荷均值一般服从正态分布，且载荷幅值与载荷均值相互独立。

统计推断的意义是根据一个子样或几个子样推断总体的情况。统计推断一般包括统计假设的检验和母体参数的估计两类问题。利用统计理论来处理所获得的载荷数据，并对载荷幅值和均值的分布形式进行统计推断是载荷谱编制的重要一环。

4.4.2.2　威布尔分布

威布尔分布函数为：

$$F_{\mathrm{w}}(SA)=1-\mathrm{e}^{-\left(\frac{SA-SA_0}{SA_{\mathrm{a}}}\right)^b} \tag{4-5}$$

$$SA_0<SA<+\infty$$

式中，SA_0、SA_{a}、b 为威布尔三参数，SA_{a}为位置参数，b 为形状参数，SA_0为最小参数。

威布尔分布的概率密度函数为：

$$f_{\mathrm{w}}(SA)=\frac{b}{SA_{\mathrm{a}}}\left(\frac{SA-SA_0}{SA_{\mathrm{a}}}\right)^{b-1}\mathrm{e}^{-\left(\frac{SA-SA_0}{SA_{\mathrm{a}}}\right)^b} \tag{4-6}$$

$$SA_0<SA<+\infty$$

对于第 i 组中威布尔分布的频率计算值 FW_i，可用式(4-7)表示

$$FW_i=F_{\mathrm{w}}\times\left(SA_i+\frac{\Delta SA}{2}\right)-F_{\mathrm{w}}\times\left(SA_i-\frac{\Delta SA}{2}\right) \tag{4-7}$$

威布尔分布的均值 μ 和方差 σ^2

$$FW_i=F_{\mathrm{w}}\times\left(SA_i+\frac{\Delta SA}{2}\right)-F_{\mathrm{w}}\times\left(SA_i-\frac{\Delta SA}{2}\right) \tag{4-8}$$

$$\sigma^2=\left[\frac{\gamma\left(\frac{2}{b}+1\right)}{\gamma\left(\frac{1}{b}+1\right)^2}-1\right]\times(\mu-SA_0)^2 \tag{4-9}$$

威布尔分布母体的均值 μ 和方差 σ^2 可由子样的$\overline{SA}$和方差 S^2 来估计。

威布尔分布三参数的求解方法很多，早期多采用概率纸法来求解三参数，误差比较大。运用计算机可以通过线性拟合法和试凑参数解析法来求解，也可用商用软件解得，如 Weibull++7.0。

4.4.2.3　正态分布

若随机变量 SA 的概率密度函数为：

$$f_n(SA)=\frac{1}{\sigma\sqrt{2\pi}}\mathrm{e}^{-\frac{(SA-\mu)^2}{2\sigma^2}} \tag{4-10}$$

式中，μ 为母体，σ 为母体均方差。则称随机变量 SA 服从与正态分布。由式(4-10)可给出正态分布函数为：

$$F_n(SA)=\int_{-SA}^{SA} f_n(x)\mathrm{d}x=\int_{-SA}^{SA}\frac{1}{\sigma\sqrt{2\pi}}\mathrm{e}^{-\frac{(x-\mu)^2}{2\sigma^2}}\mathrm{d}x \tag{4-11}$$

设正态分布第 i 组的频率为 FN_i，名义值为 SA_i 落在区间$\left(\frac{SA_i-\Delta SA}{2},\frac{SA_i+\Delta SA}{2}\right)$中的概率为 P_{ni}。当 N 很大时，FN_i 近似为 P_{ni}，即：

$$FN_i=P_{ni}=F_n\left(SA_i+\frac{\Delta SA}{2}\right)-F_n\left(SA_i-\frac{\Delta SA}{2}\right) \tag{4-12}$$

4.4.2.4　分布假设检验

统计推断是用样本的信息来推断母体性能的一种方法，它包含两类问题，即分布参数估计和分布假设检验，实际应用中，一般的问题是在获得一批数据后，对母体的某些参数进行估计或者检验。因此，参数估计是假设检验过程的第一步，没有参数的估计，也就无法完成假设的检验。按照以上方法得到估计的参数后，应该对所得参数进行假设检验。

假设检验亦称“显著性检验”，是数理统计学中按照一定假设条件用样本推断总体的一种方法。常用的相关假设检验方法有 Z 检验(正态检验)、t 检验、F 检验、χ^2 检验等。

4.4.3　各工况合成后的载荷分布

铁路货车是在多种工况下运用的，这些工况包括：车辆装载情况(空车、重车)、运行线路(直线、曲线、道岔区段及线路等级、环境等)、运行速度、开行方式(编组、牵引等)，车辆在不同工况下的承载情况有不同的规律，因此，往往需要针对不同工况采样，并对所采子样按工况做统计拟合，一般是采用先合成后扩展的方法，求出各工况合成后的载荷分布，然后，编制多工况合成的载荷谱，应注意消除合成过程中产生的计数误差。

各工况合成后，引出载荷累积频次分布概念——载荷幅值的总和累积频次概率密度函数。

设车辆承受 k 种工况载荷，k 种工况下的载荷幅值概率密度为：

$$p_i(SA)=f_i(SA),(i=1,2,\cdots,k) \tag{4-13}$$

概率分布为：

$$P_i(SA)=\int_{SA}^{\infty}p_i\mathrm{d}x=\int_{SA}^{\infty}f_i(x)\mathrm{d}x \tag{4-14}$$

设第 i 工况的作业时间比例(时间权)为 T_i，第 i 工况的平均幅值变化频率(频率权)为 F_i(单位时间内载荷平均变化次数),频率权反映了不同工况载荷循环变化的快慢程度。

在 j 工况下,每次载荷循环,载荷幅值大于等于 SA 的概率为 $P_j(SA)$。在合成累积频次扩展到 10^6 次时,j 工况下所占的载荷循环总次数为 $k_j \times 10^6$,k_j 是 j 工况在合成工况中所占的次数的比例系数,可由式(4-15)表示:

$$k_j = \frac{F_j T_j}{\sum_{i=1}^{k}(F_i T_i)} \tag{4-15}$$

j 工况经总次数为 $k_j \times 10^6$ 循环次,其幅值大于等于 SA 的次数为 $N_j(SA)$,由式(4-16)求出:

$$N_j(SA) = 10^6 \times \frac{P_j(SA) F_j T_j}{\sum_{i=1}^{k}(F_i T_i)} = 10^6 \times k_j \times P_j(SA) \tag{4-16}$$

当合成总频次扩展到 10^6 时,所有 k 种工况载荷幅值大于等于 SA 的发生总次数 $N(SA)$ 由式(4-17)给出:

$$N(SA) = \sum_{j=1}^{k} N_j(SA) = \frac{10^6}{\sum_{i=1}^{k}(F_i T_i)} [P_1(SA) F_1 T_1 + \cdots + P_i(SA) F_i T_i + \cdots + P_k(SA) F_k T_k] \tag{4-17}$$

所以

$$N(SA) = 10^6 \times \frac{\sum_{i=1}^{k}[P_i(SA) F_i T_i]}{\sum_{i=1}^{k}(F_i T_i)} \tag{4-18}$$

令

$$P(SA) = \frac{N(SA)}{10^6}$$

则有载荷幅值的总累积频次概率分布函数为:

$$P(SA) = \frac{\sum_{i=1}^{k}[P_i(SA) F_i T_i]}{\sum_{i=1}^{k}(F_i T_i)} \tag{4-19}$$

当 SA 连续变化时,(4-19)式一般绘出一条连续曲线,就是总和累积频次概率分布曲线。对于每一个 $P_i(SA)$ 函数,都有一个 $p_i(SA)$ 函数与之对应,于是便有总和累积频次概率密度函数 $p(SA)$ 为:

$$p(SA)=\frac{\sum_{i=1}^{k}[p_i(SA)F_iT_i]}{\sum_{i=1}^{k}(F_iT_i)} \tag{4-20}$$

合成以后 SA 的分布不再属于原来的分布形态了。

4.4.4 最大载荷的推断

一般参加统计的载荷时间历程只是被试车辆承载构件整个使用过程受载历史的很小一部分，在这较短的历程中，通常不会出现实际使用中有可能发生的少数大载荷，所以必须推断实际使用中有可能产生的最大载荷值及其发生概率。

推断最大载荷常用两种方法。

一种方法是先确定最大载荷值，由概率函数计算其发生概率。最大载荷值可通过模拟极限工况实测，或计算得到。但是，极限工况最大载荷值模拟实测具有随机性，数据存在离散性。这种方法只在铁路货车特殊的装载和运输工况中应用。

另一种方法是先确定最大载荷的出现概率，再由概率函数推断最大载荷值。通常认为，10^6 次载荷循环可以包括全部载荷中很少发生的最严重情况，因此将 10^{-6} 定为最大载荷的发生概率，并由载荷总和累积频次曲线的总频次扩展为 10^6 次得到。由于工作载荷谱的获得常采用先合成后扩展到 10^6 次的方法，所以最大载荷值的推断可用曲线板外推，当然曲线板外推存在一定的人工误差。

根据概率统计知识，可导出适用于任意工况合成的最大载荷值推算公式。

设合成的最大载荷值应为 $SA_{\max}$，在单一工况 j 工况下，每一次载荷循环，其发生概率为 $P_j(SA_{\max})$，合成时，合成工况每一次载荷循环，j 工况 $SA_{\max}$ 的发生概率为 $k_j\times P_j(SA_{\max})$，这里 k_j 意义同前。由于各工况发生最大载荷值 $SA_{\max}$ 一事件是相互独立的，所以合成工况每一次载荷循环，发生最大载荷值 $SA_{\max}$ 的概率等于各工况发生概率之和，即为 $\sum_{j=1}^{k}k_j\times P_j(SA_{\max})$，前已假设 10^6 次载荷循环足以代表所有载荷循环，取最大载荷值发生概率为 10^{-6}，因此，合成工况平均每 10^6 次循环中，就发生一次最大载荷值，所以有式(4-21)

$$10^{-6}\times\sum_{j=1}^{k}k_j\times P_j(SA_{\max})=1 \tag{4-21}$$

或

$$\sum_{j=1}^{k}k_j\times P_j(SA_{\max})=10^{-6} \tag{4-22}$$

其中

$$k_j=\frac{F_jT_j}{\sum_{i=1}^{k}(F_iT_i)} \tag{4-23}$$

这就是最大载荷值的推算式，它适用于任意分布形态载荷分布的各工况的合成。

4.4.5 分级程序载荷谱

为便于模拟加载试验，一般用八级程序谱取代原来的连续的工作载荷谱，采用八级载荷等级可以较好地代表连续载荷累积频数曲线。八级程序谱各级载荷大小的划分有等间隔法和幅值比（某级载荷值与最大载荷值之比）系数法（非等间隔法）。对于铁路货车而言，由于较大的载荷幅值对疲劳寿命影响较大，因而分级时把较大幅值分得密些，通常使用幅值比系数法，其幅值比系数分别取为 1，0.95，0.85，0.725，0.575，0.425，0.275，0.125。

用幅值比系数法确定各载荷级量值之后，需要求出各载荷级频次，继而形成分级程序载荷谱。

4.4.6 小载荷的取舍

随机疲劳载荷历程中的小载荷取舍的唯一标准，就是舍掉小载荷前后对材料或零构件造成的损伤是等效的。

目前确定小载荷取舍标准的方法有两种：一是按随机载荷历程中最大载荷幅值的百分比，一般取随机载荷历程的极差（最大载荷幅与最小载荷幅差）的 3%～5%，以舍去小载荷；另一是按材料疲劳极限的百分比取舍小载荷，有试验表明，低于材料疲劳极限 50%的小载荷对试样的损伤可以忽略不计。

上述两种小载荷取舍方法都是依据经验确定的，且舍去的比例系数为常数。实践证明，材料疲劳极限以下的小载荷对金属材料或零构件仍能造成损伤，其损伤大小与材料本身微观结构、载荷谱的类型有关。实际的工程零构件承受的随机载荷有不同分布类型，载荷顺序及相互作用的效应也不相同，因此应该用能代表载荷谱的总体损伤特征量为依据，建立小载荷取舍标准。

通过小载荷的取舍后，当量历程的载荷谱实际循环频次将得到减少，这将有效提高疲劳试验的效率。

4.4.7 疲劳试验载荷谱

在进行模拟疲劳加载试验时，需要用于加载的试验谱。疲劳试验谱必须能再现实际作业载荷，又能控制模拟加载装置。试验谱的来源为经过处理的线路试验实测的载荷时间历程。线路试验实测载荷时间历程的处理和简化，对于货车车辆模拟疲劳加载试验是非常重要的。因为货车车辆在线路上实际运行时，能引起货车车辆各部位结构疲劳损伤的大载荷是相对较少的，对货车车辆疲劳损伤贡献不大或无损伤的小载荷占了绝大部分时间。因此，如果直接将线路测试获得的试验数据直接用于室内试验台加载，不仅会产生大量的无效试验时间，也会增加不必要的试验成本。

铁路货车疲劳试验载荷谱包括转向架及其主要承载构件、车体、车钩等的疲劳试验载荷谱。目前,美国、欧洲的铁路货车疲劳试验载荷谱比较完善,并已标准化。疲劳试验载荷谱的基础是八级程序载荷谱,随着铁路试验手段的不断升级,和疲劳试验研究的发展,我国铁路货车疲劳试验已开始与国际接轨。

疲劳试验载荷谱确定应以检验承载构件的疲劳特性为目的,在载荷谱的基础上进一步简化加载程序,努力提高疲劳试验的效率。为在可以接受的时间内完成疲劳试验,确定试验载荷谱时,还需要对载荷时间历程进行简化和浓缩。

5

典型部件载荷谱

5.1 概　　述

为了对货车典型部件进行可靠性设计和试验评价，中国铁道科学研究院、北京交通大学、中车青岛四方车辆研究所有限公司、中车齐齐哈尔交通装备有限公司、中车长江车辆有限公司、中车眉山车辆有限公司等单位对交叉支撑转向架、摆动式转向架和副构架式转向架的各个典型部件进行了多次线路测试，编制了这些典型部件的载荷，以及相应的载荷谱。

5.2 轮对载荷谱

以提速货车 120 km/h 环行线试验为例对轮对载荷的典型特征进行介绍。

提速货车 120 km/h 环行线可靠性试验是在尽可能模拟现场运用条件和实际运行操作方式的条件下，我国主型提速货车完成的运用速度 120 km/h、35 万 km 线路最大运用速度下长时间运行可靠性试验。试验于 2003 年 12 月 18 日正式启动，至 2007 年 11 月 20 日结束。参试车辆包括我国货车通用车型：如敞车、棚车、平车、罐车，转 K2 型转向架改造车、23 t 轴重 70 t 货车、双层集装箱车、PB 代用棚车、转 8B 和转 8AB 型转向架车辆（NX_{17T}、C_{64T}、P_{64AT}、G_{70T}），上环运行的试验车辆总数达到 68 辆，几乎覆盖了我国所有的提速车辆。整个试验总运行里程为 352 248.5 km，其中 120 km/h 的总运行里程为 236 410.5 km，占总运行里程的 67.15%。

完成可靠性试验车辆又进行了线路动力学性能试验，试验于 2007 年 8 月至 11 月间进行，所有参试车辆分十二组，一般情况下为机车牵引 6～7 辆货车和 1 辆试验车。为全面分析试验车辆的动力学性能，动力学试验均在实际的运营线路上进行。试验线路为京承线（双桥—洞庙河）、京秦线（双桥—丰润或唐山）。在京承线上主要进行曲线

(R300、R600、R800)及道岔等工况的试验,京承线总运行里程约 160 km,在京秦线上主要进行直线、高速试验(100 km/h~135 km/h),京秦线总运行里程约 120 km。

京承线的线路条件为:碎石道床,混凝土轨枕(部分小半径曲线为木枕),双桥至小唐庄为无缝线路,小唐庄至洞庙河为有缝线路,轨型为 60 kg/m。最小曲线半径为 250 m,曲线最大超高 125 mm。R250 m 曲线最大超高 120 mm,R300 m 曲线最大超高 125 mm。京秦线为客货共线的客车提速线路,线路状态良好,有足够的直线进行 100 km/h 及以上速度级的测试。

试验采用间断式测力轮对测试轮轨垂向力、轮轨横向力,间断式测力轮对在车轮旋转一周范围之内,可以获得两个轮轨数据,每辆车可以获得超过 10 万个数据。利用测试的轮轨垂向力、轮轨横向力,可以计算轮轴垂向力(左轮与右轮轨垂向力之和)、轮轴横向力(左轮与右轮轮轨横向力之差)。后面将主要对这四个轮对载荷进行分析。

为了便于不同车辆统计结果的比较分析,对以上四个轮对载荷分别用平均轮重(左轮或右轮轮轨垂向力平均值)、平均轴重(左右轮平均轮重之和)进行无量纲处理。无量纲处理只影响轮对载荷的分布参数,不影响分布规律。

相对轮轨垂向力=轮轨垂向力/平均轮重
相对轮轨横向力=轮轨横向力/平均轮重
相对轮轴垂向力=轮轴垂向力/平均轴重
相对轮轨横向力=轮轴横向力/平均轴重

5.2.1 轮对载荷分布示例

以试验中的 C_{62BK}-4623687 车为例进行介绍,该车试验时为重车,装载沙袋,按标记载重装载。

该车轮轨垂向力的分布如图 5-1 所示,图中横坐标为相对轮轨垂向力,它给出了

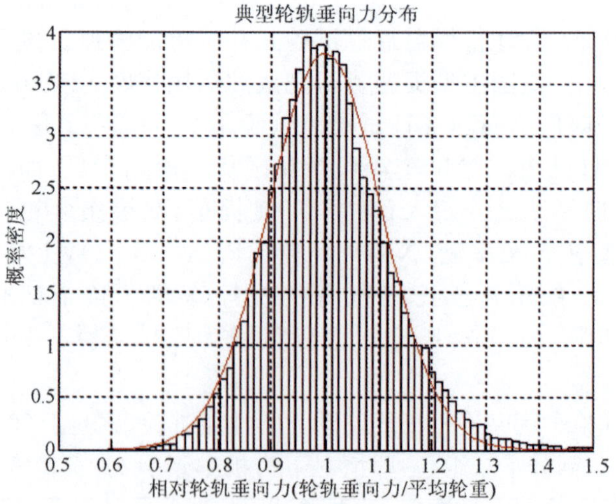

图 5-1 轮轨垂向力分布

根据实测轮轨垂向力数据做出的分布直方图和用正态分布估计的分布密度函数，一般轮轨垂向力的分布与该图类似。可以看出，轮轨垂向力的分布与正态分布比较接近，轮轨垂向力分布左右对称，偏度接近 0。换言之，即列车运行过程中，动态轮轨垂向力基本上游离在静态平均轮重附近，有发生增、减载的情况。

相对轮轴垂向力的分布如图 5-2 所示，图中横坐标为相对轮轴垂向力，该车轮轴垂向力的分布也与正态分布比较接近，即在运动过程中，相对轮轴垂向力的变化符合正态分布。

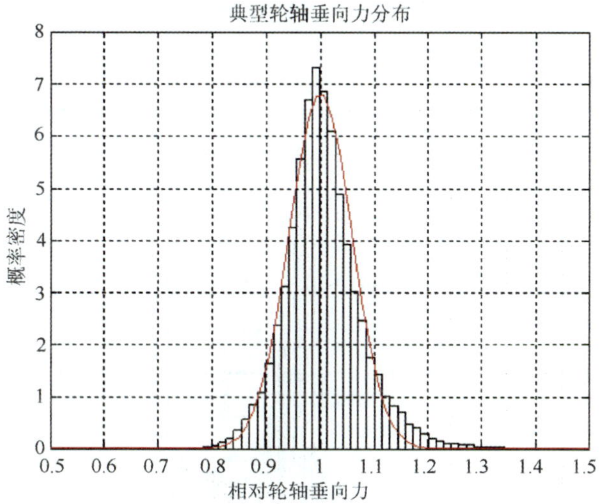

图 5-2　轮轴垂向力分布

相对轮轨横向力的分布在直线段和小曲线段有不同的结果。

直线段相对轮轨横向力分布如图 5-3 所示，图中横坐标为相对轮轨横向力，直线

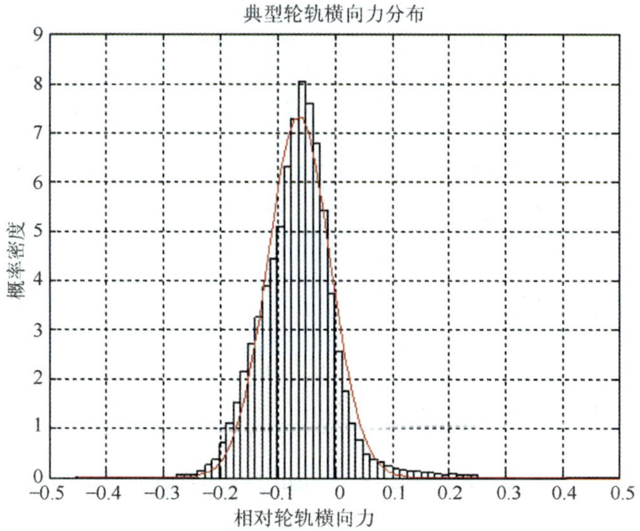

图 5-3　直线段轮轨横向力分布

段相对轮轨横向力的分布与正态分布比较接近，即在运动过程中，相对轮轨横向力的变化符合正态分布。

小曲线段相对轮轨横向力分布如图 5-4 所示，曲线段相对轮轨横向力的分布不是正态分布，而是包含两个峰，近似为两个分布的数据合成后的情况，两个峰中较小的一个均值在零附近，较大的一个均值为正。两个峰分别表示一点接触和两点接触的情况，当一点接触时轮轨横向力是横向蠕滑力，相对轮轨横向力近似满足正态分布，其均值在零附近；当两点接触时轮缘处受到正的轮轨横向力，相对轮轨横向力均值大于零。

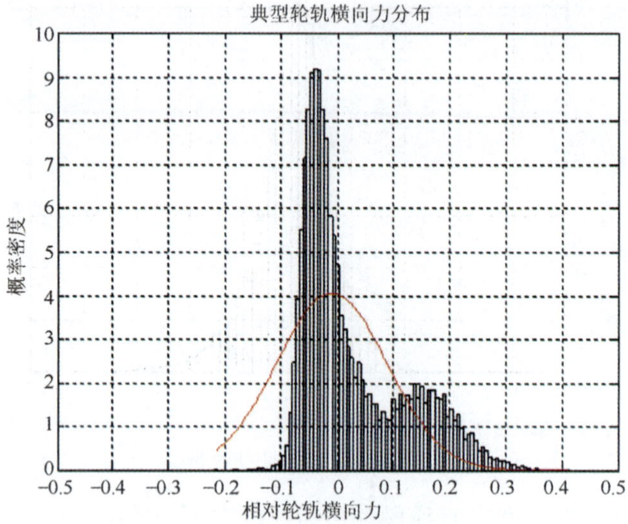

图 5-4　小曲线段轮轨横向力分布

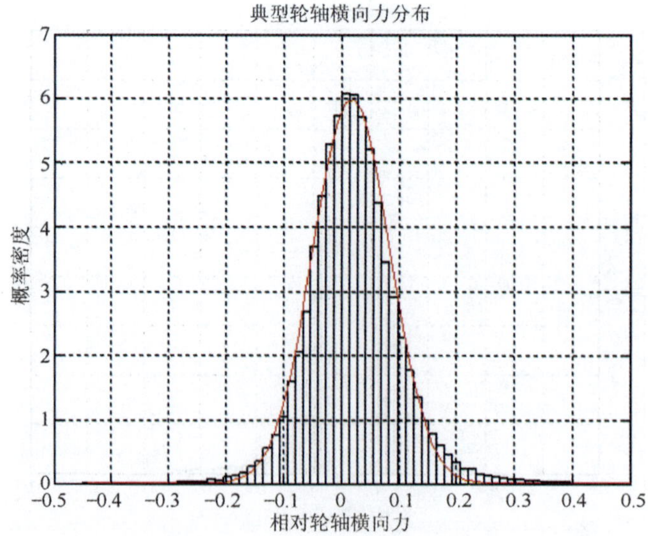

图 5-5　轮轴横向力分布

相对轮轴横向力的分布如图 5-5 所示，图中横坐标为相对轮轴横向力，相对轮轴横向力的分布也与正态分布比较接近，即在运动过程中，相对轮轴横向力的变化符合正态分布。

5.2.2 轮对载荷统计值示例

下面根据实际情况对轮轨作用力的数值进行分析。

除小曲线等特殊工况的轮轨横向力外，轮轨作用力均接近正态分布。正态分布包含两个重要参数，均值 μ 和方差 σ^2（或者标准差 σ）。从图 5-1～图 5-5 可以看出，相对轮轨垂向力和相对轮轴垂向力的均值均为 1 左右，相对轮轴横向力的均值在 0 左右，因此，均值只对相对轮轨横向力有必要进行统计。图 5-6 给出了相对轮轨横向力均值散点图，图中横坐标表示不同车辆，图 5-6(a)为空车、图 5-6(b)为重车，每辆车均分直线和 $R300$ 曲线半径两种情况进行统计。

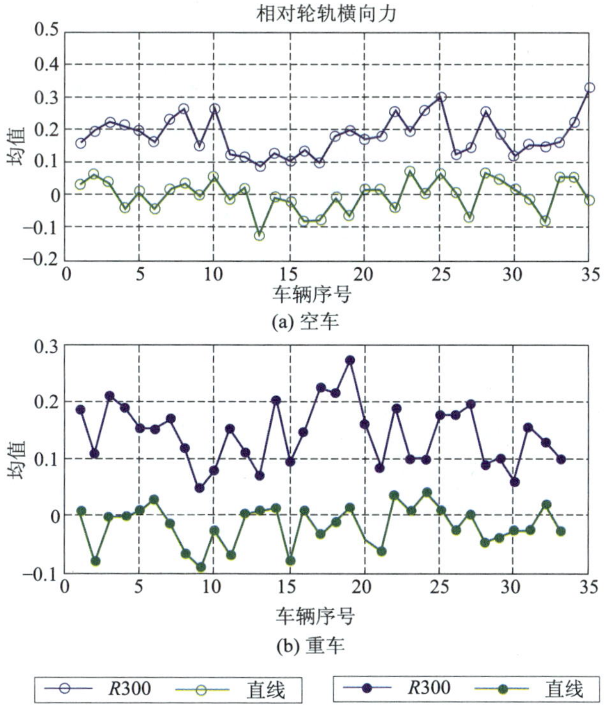

图 5-6　相对轮轨横向力均值散点图

根据图 5-6 给定的相对轮轨横向力均值散点图，在直线工况，不论空车、重车，相对轮轨横向力均值一般不为零，而是在－0.1～0.1 之间，相对轮轨横向力均值的大小是由车辆的状态和两侧车轮的踏面状态决定的，各车均值不尽相同，但同一辆车均值大小将保持比较稳定。

图 5-7 给出了相对轮轨垂向力标准差散点图，图中横坐标表示不同车辆，图 5-7(a)为空车、图 5-7(b)为重车，每辆车均分直线和 $R300$ 曲线半径进行统计。

直线工况，相对轮轨垂向力标准差 σ 空车约为 0.08～0.16，重车约为 0.08～0.12。小曲线工况，因为过欠超高的存在，标准差大于直线工况。

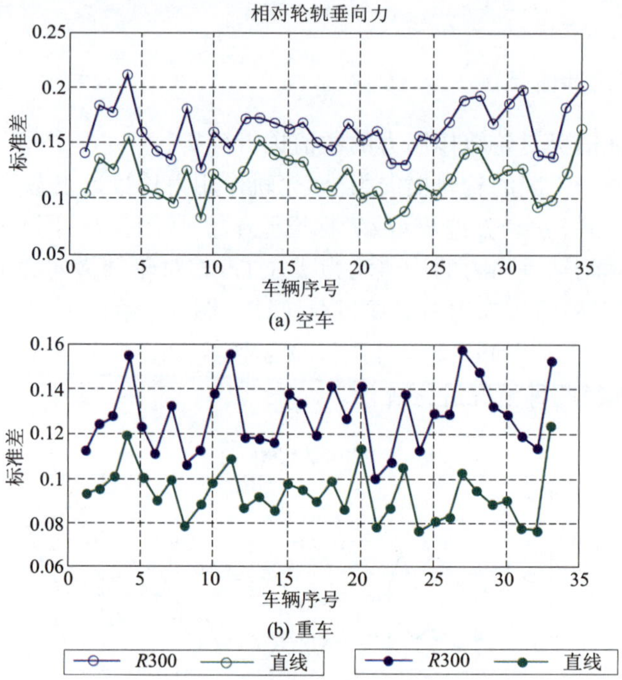

图 5-7　相对轮轨垂向力标准差散点图

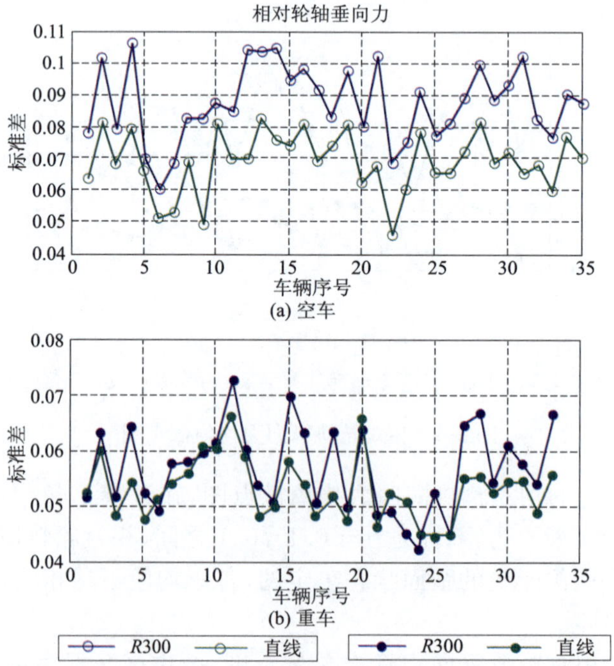

图 5-8　相对轮轴垂向力标准差散点图

图 5-8 给出了多辆车的相对轮轴垂向力标准差散点图，图中横坐标表示不同车辆，图 5-8(a)为空车、图 5-8(b)为重车，每辆车均分直线和 R300 曲线半径进行统计。

直线工况，相对轮轨垂向力标准差 σ 空车约为 0.04～0.08，重车约为 0.04～0.06。相同车辆的相对轮轴垂向力，约为相对轮轨垂向力的一半。也即虽然平均轮轴垂向力约是平均轮轨垂向力的两倍，但轮轴垂向力的变化幅度与轮轨垂向力的变化幅度基本相当。这是因为轮轨垂向力受车辆浮沉和侧滚等各个运动的影响，而侧滚等运动对轮轴力的影响较小，因此相对轮轴垂向力小于相对轮轨垂向力。

图 5-9 给出了多辆车的相对轮轨横向力(直线工况)标准差散点图，图中横坐标表示不同车辆，图 5-9(a)为空车、图 5-9(b)为重车。直线工况，相对轮轨横向力标准差 σ 空车约为 0.04～0.1，重车约为 0.03～0.07。

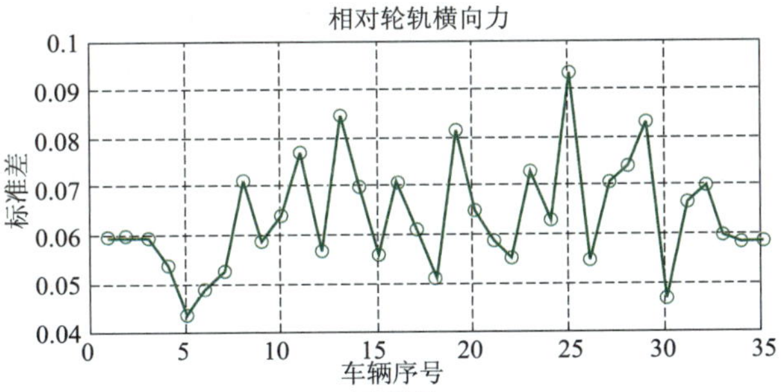

(a) 空车

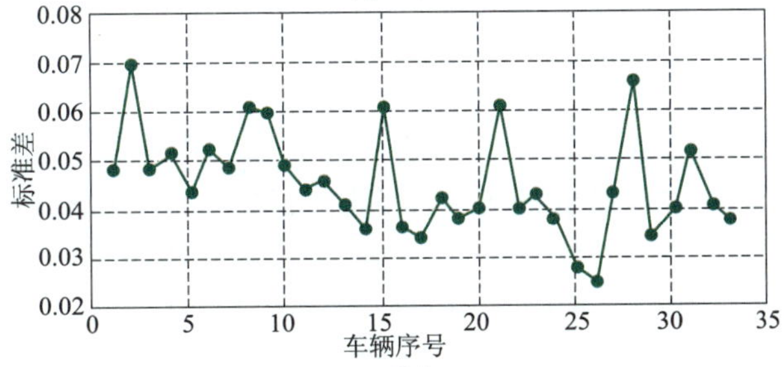

(b) 重车

图 5-9　相对轮轨横向力标准差散点图

图 5-10 给出了多辆车的相对轮轴横向力标准差散点图，图中横坐标表示不同车辆，图 5-10(a)为空车、图 5-10(b)为重车，每辆车均分直线和 R300 曲线半径进行统计。

直线工况，相对轮轴横向力标准差 σ 空车约为 0.05～0.15，重车约为 0.04～0.10。小曲线上，轮轴横向力将明显大于直线工况，实测结果为相对轮轴横向力约是直线工况的两倍。

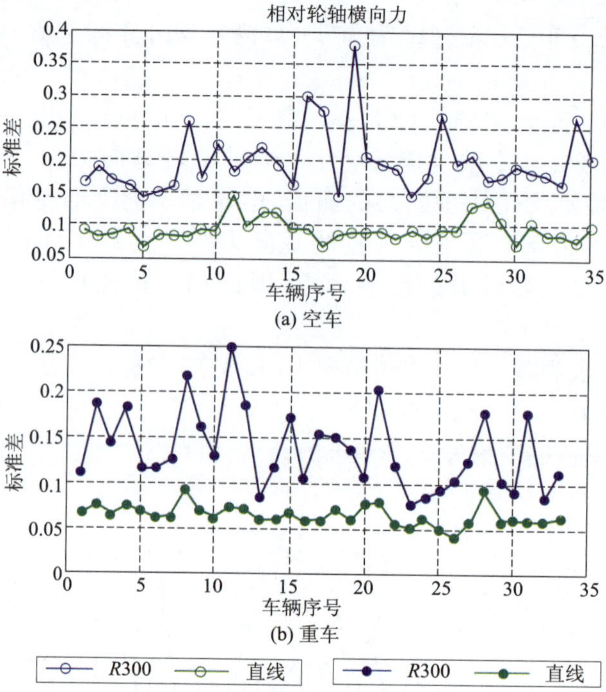

图 5-10　相对轮轴横向力标准差散点图

5.3　侧架载荷谱

5.3.1　试验车辆、线路及编组

侧架的垂向载荷通过承载鞍测得，试验车为在运用的 C_{80} 型敞车。将试验列车 C_{80} 车组编组于万吨列车中，试验列车装测力摇枕和测力承载鞍并在摇枕和侧架上贴片，其中应力测试转向架为一位端转向架，测试载荷传感器分布于测试车的两个转向架。试验线路选取 C_{80} 型敞车集中运用的神朔—朔黄线为试验线路。

C_{80} 型敞车在装煤点装煤时采用 2+0 牵引模式；由神木/神池南为上坡道，装载完毕后列车在神木重新编组成 2+2 的牵引模式；神池南/黄骅港为下坡道，列车在神池南重新编组成 1+1 牵引模式；列车在黄骅港重新编组成 2+0 牵引模式，测试车所在万吨列车车辆编组顺序不变空车回送至神木北。测试期间测试车分别在全列车中的机后 114 位、56 位和 32 位。

5.3.2　承载鞍传递载荷

侧架同时承受承载鞍的支反力作用，如图 5-11 所示。考虑到侧架两端承载鞍在载荷时间历程上的相位滞后，载荷最大值点不在同一精确的点，因此，若直接将两承载鞍的载荷相加，会导致载荷最大值点变小，因此数据处理办法是将其中最大的承载鞍载荷乘以 2 求得，即 $2P_c$。

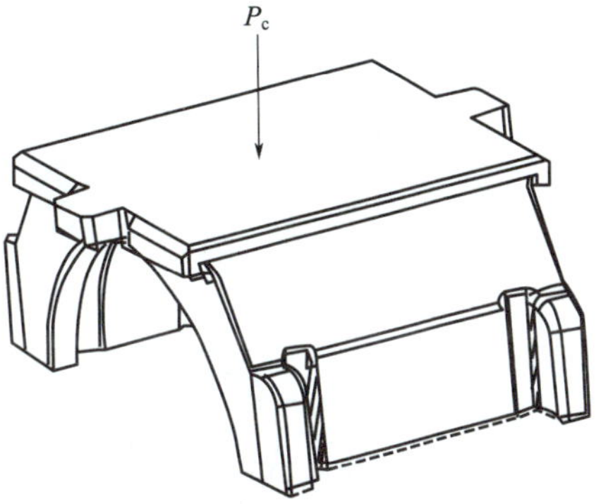

图 5-11　承载鞍载荷示意

5.3.3　典型工况下的载荷时间历程

(1)装煤作业工况

装煤地点为大柳塔，装煤过程是“2+0”牵引编组，整列装煤时间为3 h，装煤时列车以很低的速度运行，测试车的装煤时间为 1～2 min。装煤时各载荷—时间历程如图 5-12 所示。

所有承载鞍载荷在装煤工况时均有逐渐增大的趋势。不同部位的承载鞍传感器载荷变化的范围有差异，结合旁承载荷分析，这是由于装煤时发生的偏载导致。另外，分析承载鞍垂向载荷从稳恒载荷到达 A 和 B 的时间，2 位端承载鞍载荷比 1 位端承载鞍载荷变化的快，提前达到最大值。

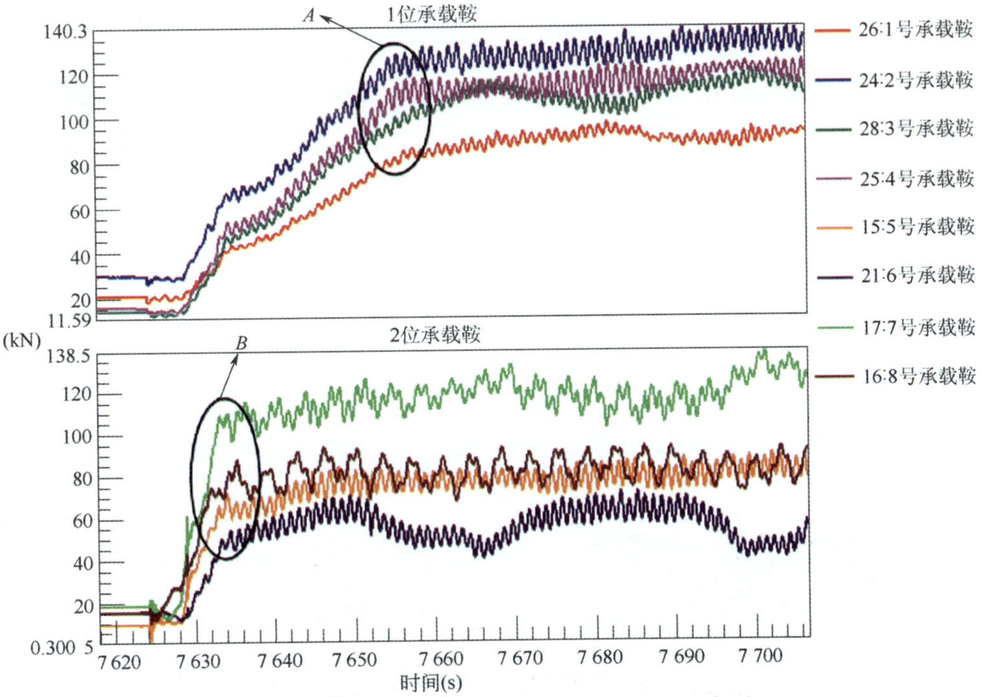

图 5-12　装煤作业工况承载鞍垂向载荷—时间历程

(2)翻车机作业工况

翻车机作业的工作原理是当车辆准确定位在翻车机的托车梁上之后，压车臂下落并且压头压住车辆上侧梁，靠板振动器在液压缸的推动下靠向车辆一侧，当压头压住、靠板靠上、重车调车机已驶出翻车位后，翻车机以正常速度翻卸。翻车机作业时的承载鞍垂向载荷—时间历程如图 5-13 所示。

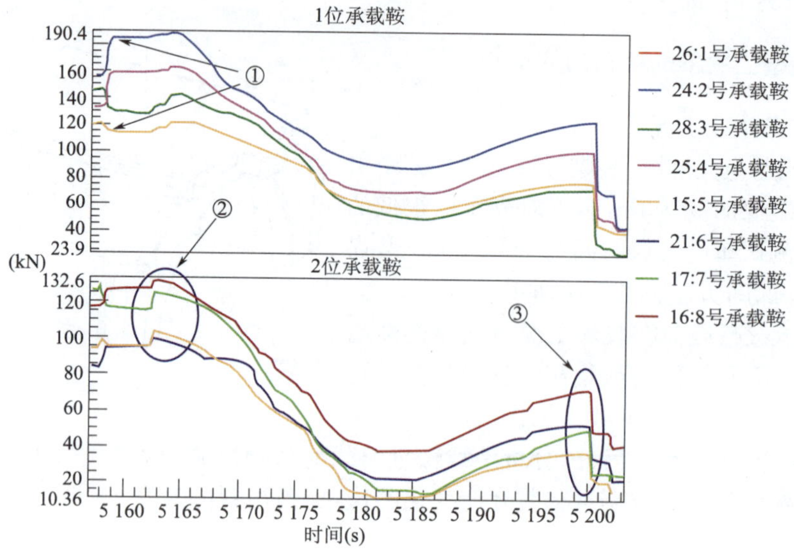

图 5-13　翻车机作业工况各承载鞍垂向载荷—时间历程

承载鞍载荷总体变化趋势与心盘载荷的变化趋势一样。如图 5-13 中①所示为同轴异侧载荷的变化趋势，可以看出两承载鞍载荷相反的变化趋势。当夹紧力达到最大时，整车载荷都变大，此时增大的趋势超过减小的趋势，如图 5-13 中②所示。卸载压车臂载荷时，如图 5-13 中③所示。

(3)下坡工况

测试线路中有各种上坡及下坡路段，选取其中的一段上下坡进行载荷分析，其中上坡路段轨道坡度为 11.2‰，下坡路段轨道坡度为 12.0‰，如图 5-14 所示。上下坡工况的承载鞍垂向载荷—时间历程如图 5-15 所示。

图 5-14　上下坡地图显示

(4)启动工况

列车启动加速时承载鞍垂向载荷—时间历程如图 5-16 所示。

列车启动时，各载荷均由静止状态的恒定载荷逐渐产生波动。

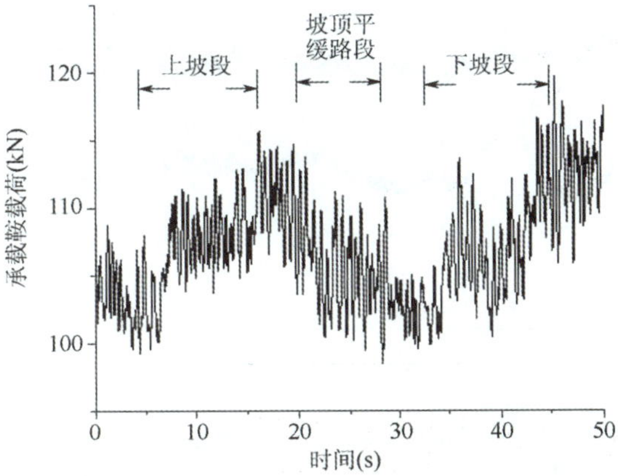

图 5-15　上下坡工况下承载鞍垂直载荷—时间历程

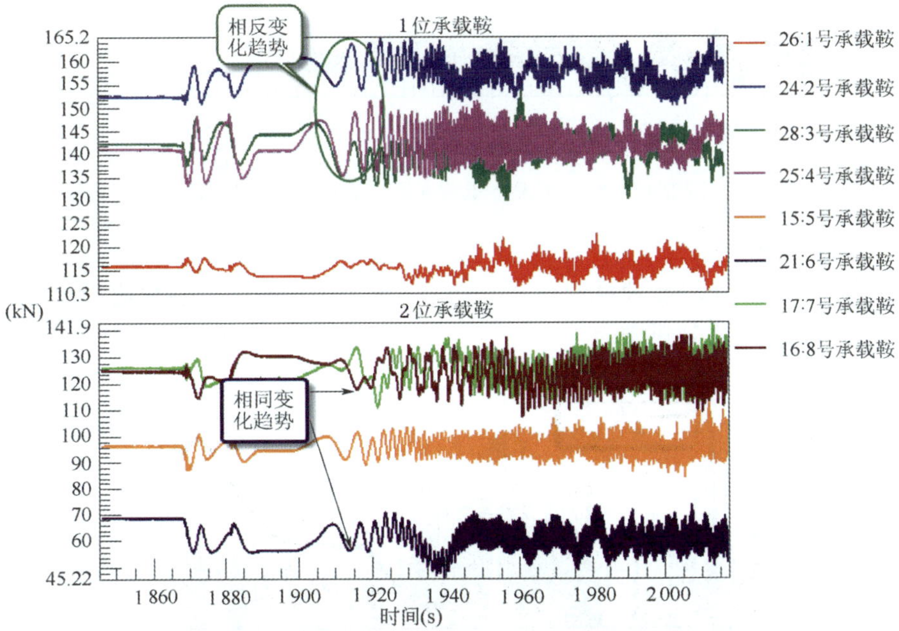

图 5-16　启动工况下承载鞍垂向载荷—时间历程

1 位端左侧承载鞍载荷相对比右侧承载鞍载荷大，承载鞍载荷发生左右偏载；2 位端承载鞍载荷反映出 1 轴端载荷比 2 轴端载荷大。从各承载鞍载荷可以看出，承载鞍承受载荷与其所处的位置有很大关系。位置不同，承载鞍垂直载荷的大小也有很大差异。同侧承载鞍可能承受相同变化趋势的载荷，也可能承受相反变化趋势的载荷。

(5)制动工况

车辆制动减速时承载鞍垂向载荷—时间历程如图 5-17 所示。

从承载鞍载荷来看，各个承载鞍载荷的变化较复杂。2 位 1 轴的 5 号和 6 号承载鞍载荷变化频率与 2 轴的 7 号和 8 号承载鞍载荷的变化频率不一样，1 轴的变化速度更快。同时 2 位承载鞍载荷幅值同 1 位相比，变化剧烈，主要是因为 2 位更接近牵引机车。

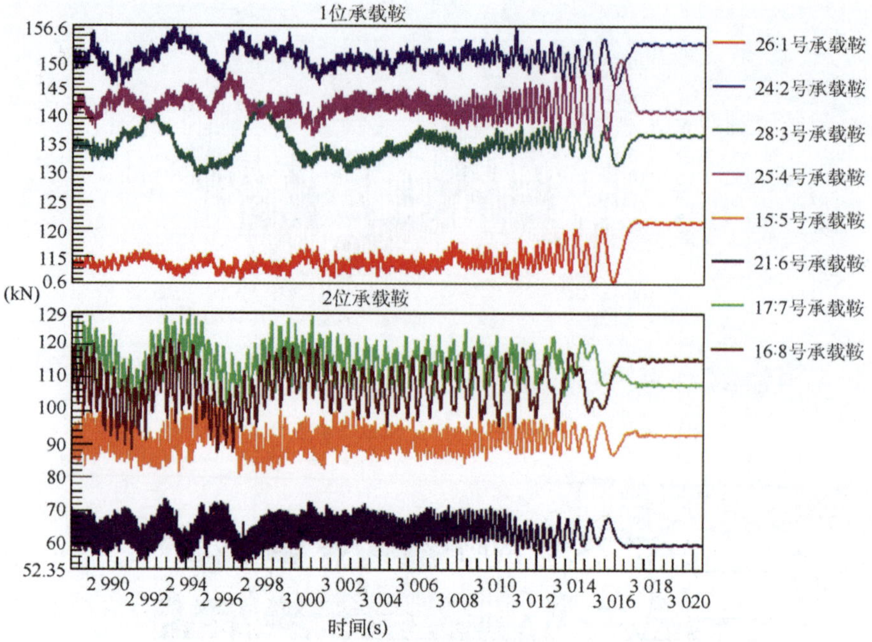

图 5-17　制动工况下承载鞍垂向载荷—时间历程

(6)不同工况对比

①图 5-18 显示了列车速度变化对垂向载荷的影响，比较车辆加速、匀速工况，得出如图 5-18 所示对比分析图。

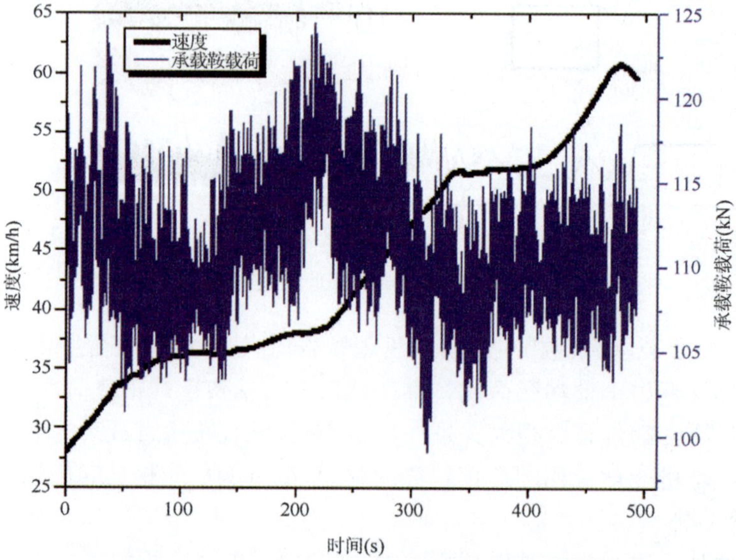

图 5-18　加速、匀速工况承载鞍载荷—时间历程

加速阶段，载荷的变化趋势最明显，匀速阶段载荷的变化范围相对稳定。加速时的加速度显著影响载荷的大小，加速度越大，载荷变化越明显。

②列车加前制动时承载鞍垂向载荷—时间历程如图 5-19 所示，速度发生变化，载荷的波动范围随之发生明显的变化，载荷波动范围变大。

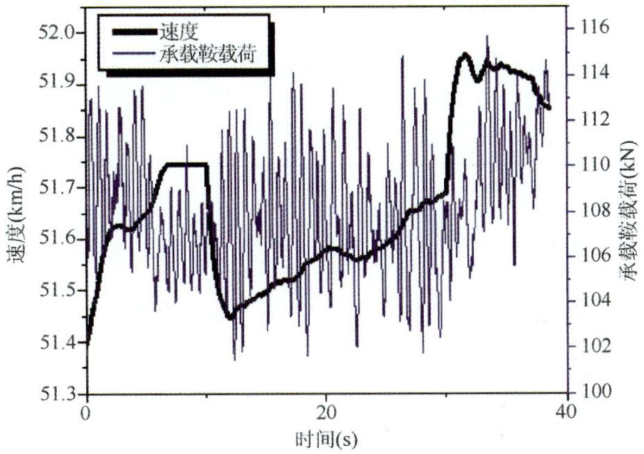

图 5-19 加前制动承载鞍载荷—速度关系

车辆突然加前制动，对载荷的变化影响很大，载荷变化剧烈。说明加制动的操作方式，亦即制动的平缓与否对载荷的变化影响颇大。好的机车操纵方式对载荷的影响较小，载荷变化平缓，幅值较小，因此转向架各零部件的寿命可以明显延长。

5.3.4 典型工况下的频谱分析

(1)自功率谱

通过信号分析软件将时域信号变换为自功率谱密度的频谱图。频谱图可以直观地反映载荷频率特征。选取试验速度为 50 km/h 的侧架动应力测试数据，各载荷信号的自功率谱如图 5-20 所示。

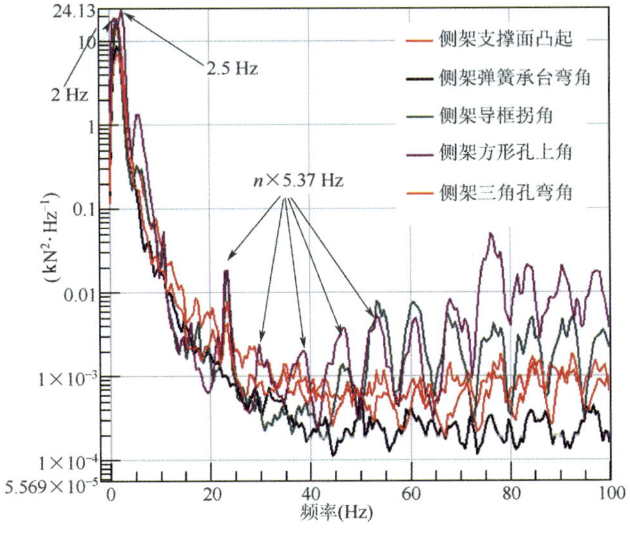

图 5-20 50 km/h 侧架测点应力频谱

分析侧架的频率可知，侧架支撑面凸起，侧架三角孔弯角，侧架弹簧承台弯角以及侧架导框拐角的主频是一致的，方形孔上角的主频有一定差异。

(2)互功率谱

转向架不同部位分别的载荷—时间历程进行互相关函数的傅里叶变换并绘制互功率谱如图 5-21 所示。

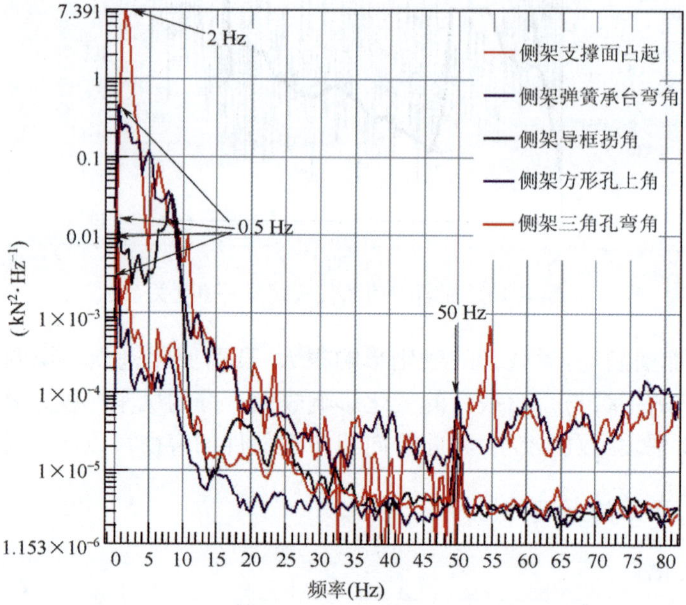

图 5-21　侧架测点应力和承载鞍载荷的互功率谱

互功率谱所有测点的主频都很相关，且都有 5.37 Hz 的倍频。侧架支撑面突起处都有 2 Hz 的主频以及比较接近 5.37 Hz 的倍频。其余四点，侧架弹簧承台弯角、侧架导框拐角、侧架方形孔上角以及三角孔弯角处均有 0.5 Hz 的主频。且侧架上所有测点在 50～55 Hz 附近均有能量的累积。

5.3.5　不同速度下的频谱分析

研究不同速度下的频谱图，从线路实测数据中获得尽可能多的信息，为研究车辆特性及车辆激励特性提供了全面的视角，这也是速度—频谱分析的一个优点。选取一段平稳加速过程进行速度—频谱分析，该段的速度从 0 增加到 35 km/h。

(1)0.5 Hz，1.5 Hz 主频分析

图 5-22 为侧架弹簧承台弯角的速度—频谱图，图 5-23 为侧架支撑面凸起的速度—频谱图。

从图 5-22、图 5-23 中可以看出，虽然功率最大值均在 1.5 Hz 附近，但是 0.5 Hz 的主频一直存在且不随速度的变化而变化。1.5 Hz 的主频功率在速度最大时达到最大，也即 1.5 Hz 的主频能量随着速度的增加而增加。

(2)倍频分析

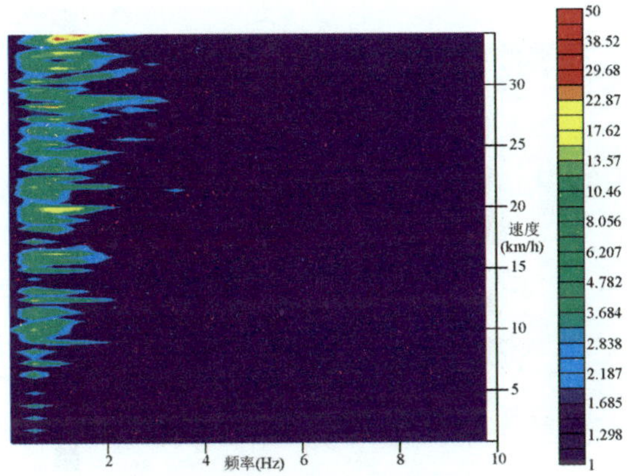

图 5-22 侧架弹簧承台弯角速度—频谱

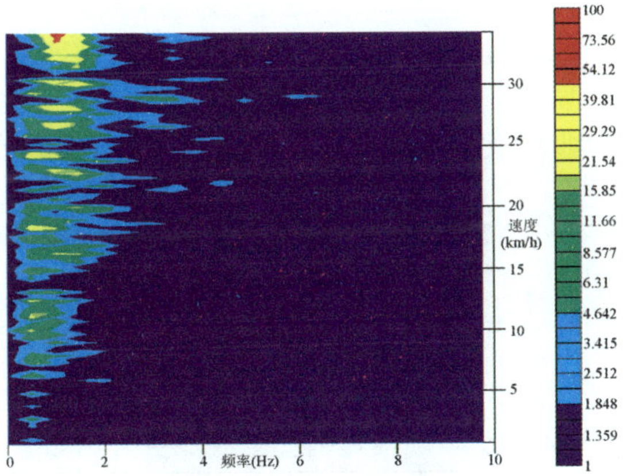

图 5-23 侧架支撑面凸起处速度—频谱

选取速度从 0 平稳加速到 35 km/h 的时间历程以及速运平稳从 75 km/h 减速到 54 km/h 的时间历程进行分析。图 5-24 为加速工况下侧架支撑面凸起速度—频谱图，图 5-25 为加速工况下承载鞍载荷速度—频谱图。

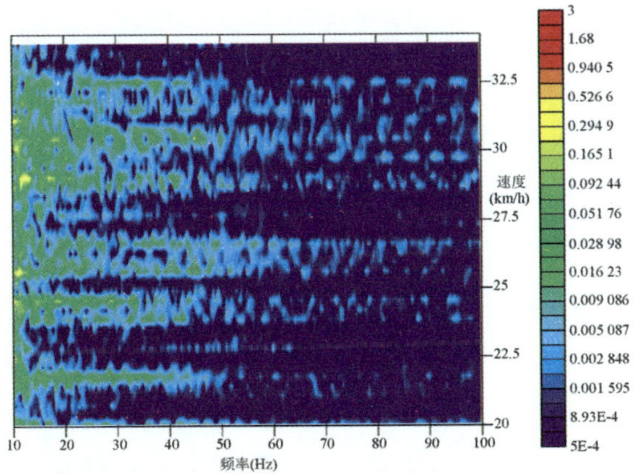

图 5-24 加速工况下侧架支撑面凸起速度—频谱

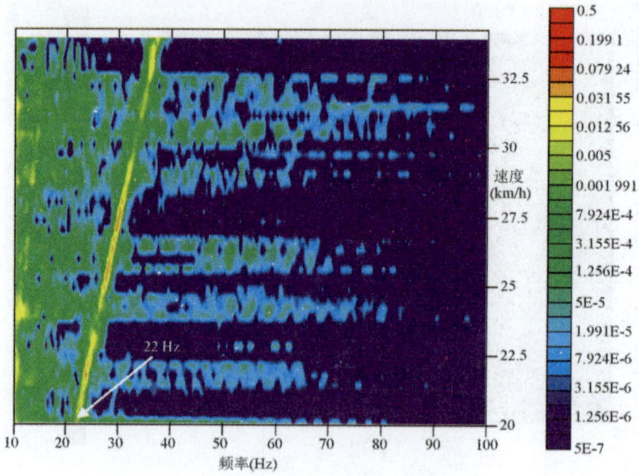

图 5-25　加速工况下承载鞍载荷速度—频谱

从图中可以看出，在加速段承载鞍载荷有随着速度线性变化的频率。22 Hz 的频率随着速度的变化最为明显。在不同速度等级下，随着速度变化的能量会有大有小，这与该速度下发生的共振有关。承载鞍全部频率的速度—频谱如图 5-26 所示。

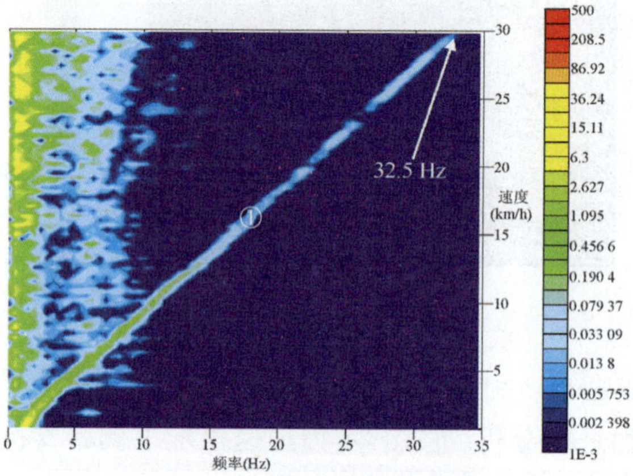

图 5-26　承载鞍速度—频谱

从图中可以计算出，在速度为 30 km/h，频率为 32.5 Hz 时，对应的波长为 256 mm。这样的波长在测试的 8 个承载鞍中均存在，初步分析是货车车轮的多边形波长。当货车车轮为正圆时，轮周长为 $L=\pi D$，计算得 $L=2.64$ m，$f=3.16$ Hz。而实际运用中的车轮往往会出现多边形化，为方便探讨，假设车轮此时为 N 边形，则在一定速度等级下，车轮不圆顺引起的振动频率为 $f=Nv/\pi D$。其中，v 为车速，D 为车轮直径。计算出在图中的 32.5 Hz 处，$N=10$。也就是此车轮近似为 10 边形的振动频率。

5.3.6　幅值载荷谱

表 5-1 为重车工况时测试车位于机后 32 位 2 位承载鞍垂向载荷的一维载荷谱，测试里程为 800 km。

表 5-1 重车承载鞍垂向载荷幅值载荷谱(测试里程 800 km)

承载鞍		承载鞍	
幅值	K_n	幅值	K_n
5.8	441 900	27.16	19
7.135	137 400	28.495	14
8.47	63 820	29.83	12
9.805	34 940	31.165	3
11.14	21 160	32.5	6
12.475	11 700	33.835	3
13.81	5 926	35.17	1
15.145	2 611	36.505	4
16.48	1 320	37.84	0
17.815	630	39.175	1
19.15	349	40.51	1
20.485	201	41.845	0
21.82	108	43.18	1
23.155	77	44.515	0
24.49	52	45.85	0
25.825	23	47.185	1

5.3.7 空重车载荷谱

图 5-27 为承载鞍空重车载荷谱。由图 5-27 可知,承载鞍的空重车载荷谱受车辆载重影响很大,因此,编制线路载荷谱时需要考虑空重比。

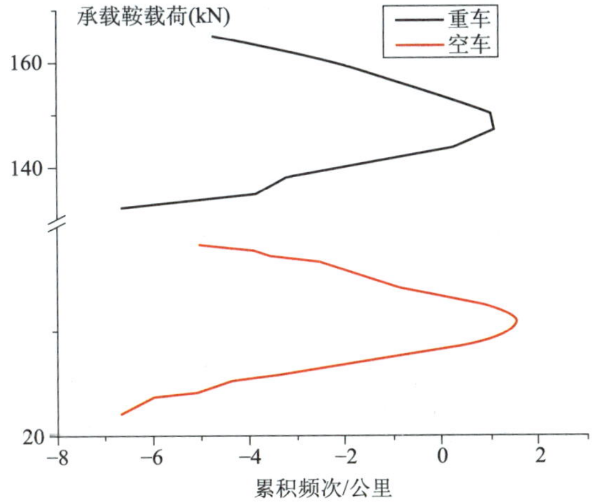

图 5-27 承载鞍空重车载荷谱

5.3.8 偏载因素对载荷谱的影响

重车在装煤工况时，会有偏载状况的发生，图 5-28 为 1 位端和 2 位端转向架承载鞍垂向载荷谱。可以看出，承载鞍的位置不同，载荷也有很大差异，因此编制侧架垂向载荷谱需要考虑承载鞍载荷差异性。

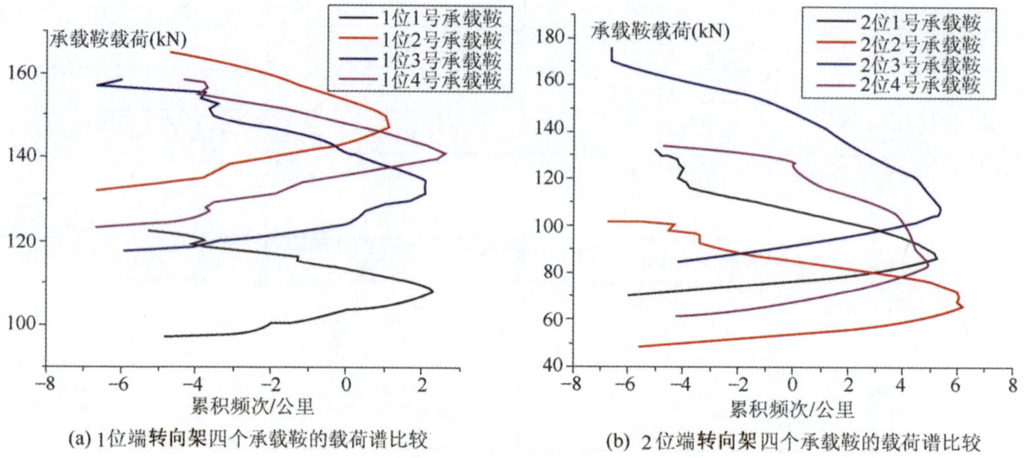

图 5-28 偏载因素对承载鞍载荷谱的影响

5.4 摇枕载荷谱

摇枕除承受自重和载重外，运行中还承受浮沉、纵向、扭转和侧滚等多个动态载荷的作用，这些载荷采用专门开发的高精度测力摇枕进行测试。例如通过改变转 K6 型转向架摇枕心盘和旁承座局部结构制作专用测力摇枕，这种局部变化并不改变摇枕的接口尺寸，也不影响转向架动力学性能和强度。

车体在惯性力作用下的横向运动和滚摆运动，导致旁承载荷不同程度的增减。如果车体同侧的两个旁承载荷同时增加或者减少，则表征车体发生了侧滚；如果同侧的两个旁承载荷一个增载另一个减载，则表征车体发生了扭转(图5-29)。为从旁承载荷

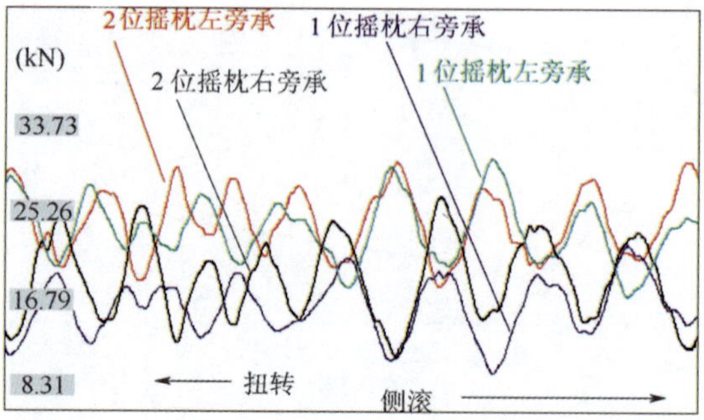

图 5-29 车体扭转和侧滚时旁承载荷—时间历程

中分离出侧滚载荷和扭转载荷，必须把同一车体的 4 个旁承测力传感器得到的载荷联系起来并通过一定的算法加以识别。一侧两旁承力信号之和减去另侧两旁承力信号之和再除以 2，即得到侧滚载荷谱对应的旁承增减载的信号；而扭转载荷谱对应的旁承增减载的信号则可由对角两旁承力信号之和减去另一对角两旁承力信号之和再除以 2 得到。

近年来已在一些典型线路上进行过载荷谱线路实测并获得了一定数量的数据样本，通过数据分析可以找出影响载荷谱的主要因素。

选择两条路况差别很大的线路测试数据进行分析，其中一条是线路路况良好的京九线丰台西—衡水段(273 km)，最高运行速度为 120 km/h；另一条是线路路况较差的双桥—洞庙河段(166 km)，该段车站密集、弯道繁多，最高运行速度为 100 km/h。同一车的测试结果表明，这两条线上心盘浮沉载荷谱的差别很大，双桥—洞庙河段远较丰台西—衡水段的恶劣，如图 5-30 所示。

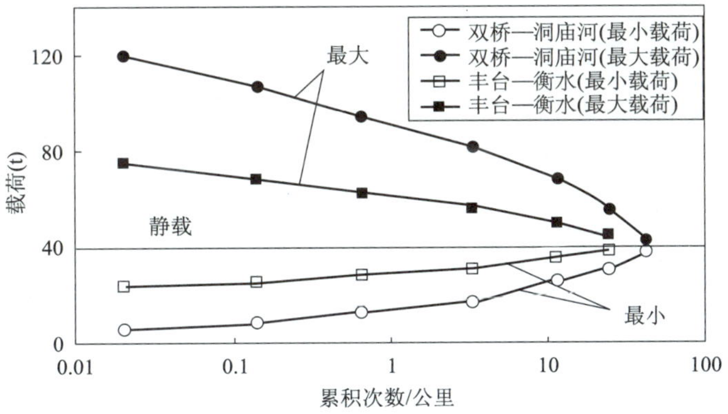

图 5-30　C_{70}(K6-75542)重车心盘载荷累积频次
(丰台西站—衡水区段与双桥—洞庙河区段的比较)

双桥—洞庙河依次通过 20 个车站，曲线和道岔多，图 5-31 为速度与载荷极值关系，直观地说明了速度、通过道岔和通过曲线对载荷的影响。说明：心盘垂向载荷的极值随速度的提高而增加，随连续通过道岔的数量的增多而增大[图 5-31(a)]；侧滚载荷和扭转载荷的极值同样随着速度的增加而增加，通过 S 形曲线的侧滚载荷和扭转比单侧曲线更大[图 5-31(b)]。

上述结果反映出：车辆连续通过道岔时，楔块式摩擦减振器尚未对动载荷能量完全消耗，再次通过道岔，使心盘垂向载荷增加；由于侧线道岔的缓和曲线半径更小并且侧线处超高明显，使离心力比正线上大，导致车体侧滚和扭转加剧。

对双桥—洞庙河区段上多个 C_{70} 测试样本(转 K5 型和转 K6 型测力摇枕各 4 个)分析结果表明，被试车辆个体差异对载荷谱的影响较大，如图 5-32 所示。图中结果显示，4 个转 K5 型和 4 个转 K6 型转向架心盘的载荷谱离散性均较大，总体而言旧转向架心盘浮沉载荷谱较新转向架要大，这可能与旧转向架减振系统性能劣化而导致的垂

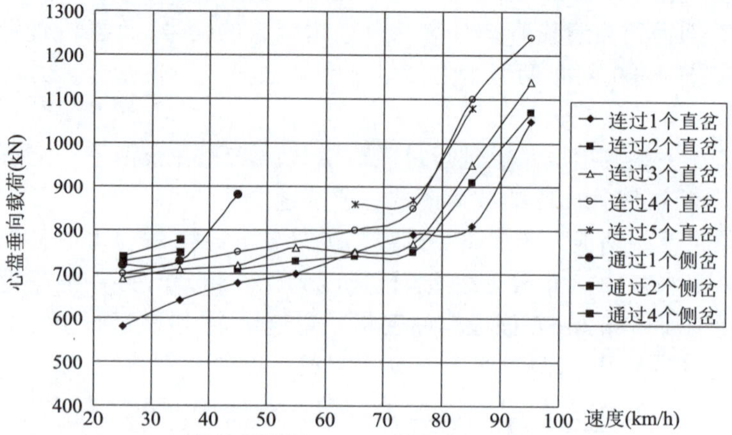

(a) 连续过道岔与心盘垂向载荷极值的关系

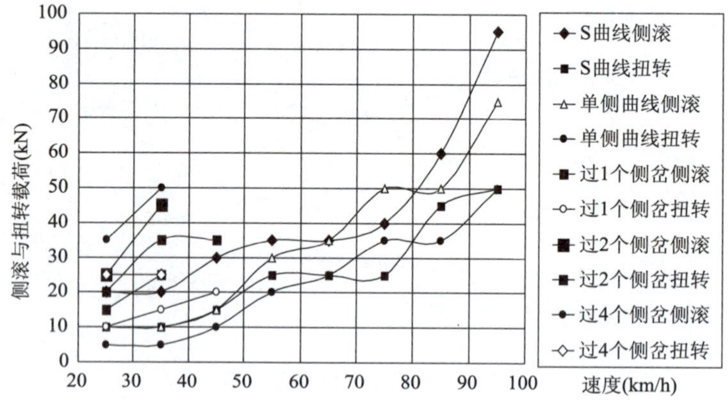

(b) 通过曲线与侧滚、扭转载荷极值的关系

图 5-31　通过道岔和通过曲线对载荷极值的影响

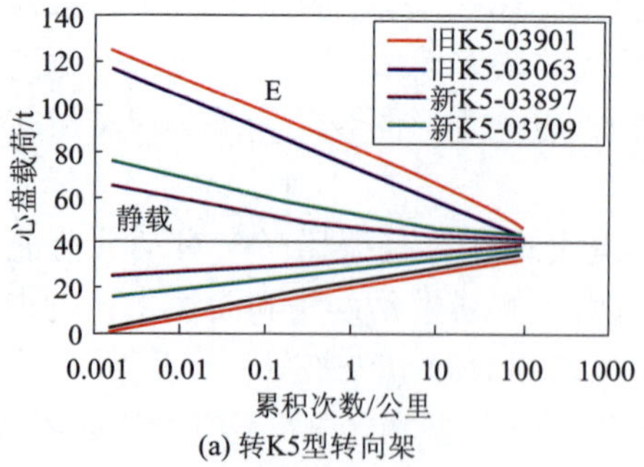

(a) 转K5型转向架

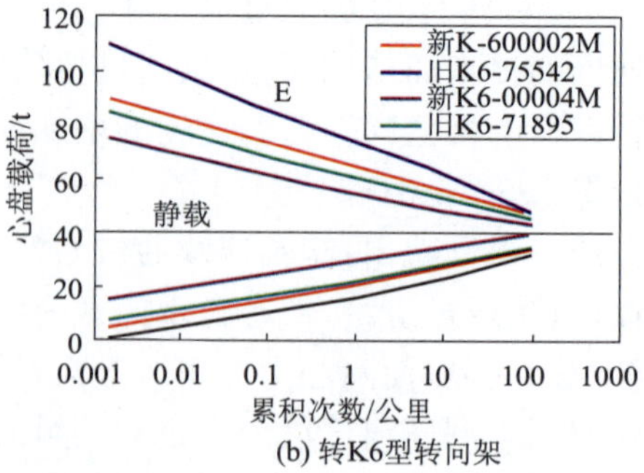

(b) 转K6型转向架

图 5-32　重车心盘载荷累积频次(双桥—洞庙河区段 2 个往返统计结果)

向振动加剧有关。

5.5 交叉支撑装置载荷谱

作为交叉支撑转向架核心部件的交叉杆其疲劳可靠性将直接影响车辆的运行品质。随着 120 km/h 提速货车的开行并日益扩大，交叉杆安全可靠性室内疲劳试验加载条件与指定疲劳加载次数匹配性，以及室内疲劳试验的加载次数与使用寿命的对应关系，已成为迫切需要研究解决的技术课题。

2004 年 3 月在齐齐哈尔—漠河区段(往返运行为 1 812 km)的试验。线路等级为《铁路技术管理规程》规定的Ⅰ级和Ⅱ级，线路最小曲线半径 R350 m，坡道最大坡度 14‰，最高运行速度 132 km/h。根据转 K2 型转向架交叉杆线路运行中动应力的实测结果，以及在齐车公司实验室进行转 K2 型交叉杆室内疲劳加载试验的结果，确定 500 万 km 运行里程的疲劳试验加载条件。

5.5.1 关键部位动应力测试

为制定铁路货车交叉杆试验载荷谱，需要交叉杆在线路上的实测应力。动应力测试布点位置则根据交叉杆强度仿真分析结果确定，如图 5-33 所示。

表 5-2 转 K2 型交叉杆动应力测点位置

车号	序号	测点	位置说明	车号	序号	测点	位置说明
重车 C_{64}K4947594	1	A11	AⅠ断面载荷识别上测点	重车 C_{64}K4947579	21	C5	B 杆左侧断焊缝
	2	A12	AⅠ断面载荷识别下测点		22	C6	B 杆左侧断焊缝
	3	A13	AⅠ断面载荷识别左测点		23	C7	B 杆右侧断焊缝
	4	A14	AⅠ断面载荷识别右测点		24	C8	B 杆右侧断焊缝
	5	A15	AⅡ断面载荷识别上测点		25	A21	AⅠ断面载荷识别上测点
	6	A16	AⅡ断面载荷识别下测点		26	A22	AⅠ断面载荷识别下测点
	7	A17	AⅡ断面载荷识别左测点		27	A23	AⅠ断面载荷识别左测点
	8	A18	AⅡ断面载荷识别右测点		28	A24	AⅠ断面载荷识别右测点
	9	B11	BⅠ断面载荷识别上测点		29	A25	AⅡ断面载荷识别上测点
	10	B12	BⅠ断面载荷识别下测点		30	A26	AⅡ断面载荷识别下测点
	11	B13	BⅠ断面载荷识别左测点		31	A27	AⅡ断面载荷识别左测点
	12	B14	BⅠ断面载荷识别右测点		32	A28	AⅡ断面载荷识别右测点
	13	B15	BⅡ断面载荷识别上测点		33	B21	BⅠ断面载荷识别上测点
	14	B16	BⅡ断面载荷识别下测点		34	B22	BⅠ断面载荷识别下测点
	15	B17	BⅡ断面载荷识别左测点		35	B23	BⅠ断面载荷识别左测点
	16	B18	BⅡ断面载荷识别右测点		36	B24	BⅠ断面载荷识别右测点
	17	C1	A 杆左侧断焊缝		37	B25	BⅡ断面载荷识别上测点
	18	C2	A 杆左侧断焊缝		38	B26	BⅡ断面载荷识别下测点
	19	C3	A 杆右侧断焊缝		39	B27	BⅡ断面载荷识别左测点
	20	C4	A 杆右侧断焊缝		40	B28	BⅡ断面载荷识别右测点

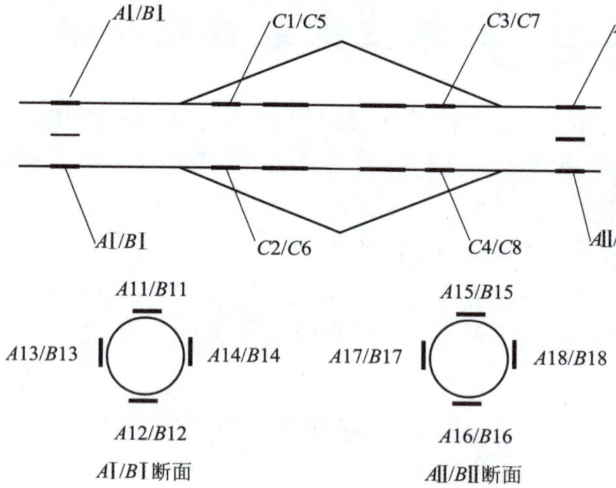

图 5-33　交叉杆动应力测点布置

5.5.2　载荷谱编制

根据材料力学，用四个应变片便可识别出圆管断面交叉杆上的轴向力 R_x、垂向力 P_z，具体计算如下：

轴向力 R_x：
$$R_x=\frac{\pi}{4}(D^2-d^2)\left(\frac{\sigma_上+\sigma_下+\sigma_左+\sigma_右}{4}\right)$$

垂向力 P_z：
$$P_z=\frac{W_弯}{L}\left(\frac{\sigma_上-\sigma_下}{2}\right)$$

式中，交叉杆外径 $D=48$ mm，内径 $d=38$ mm；$L=800$ mm。

将上述计算参数和各测点的实测应变—时间历程代入载荷计算公式，即可得到交叉杆轴向力和垂向力的载荷—时间历程。

由交叉杆结构 A、B 杆的轴向力可以计算交叉杆的水平力 N。如图 5-34 所示：水平力 N 是 A、B 杆上轴向力($A\cdot R_x$)与($B\cdot R_x$)的向量和，它们之间的夹角为 50°。

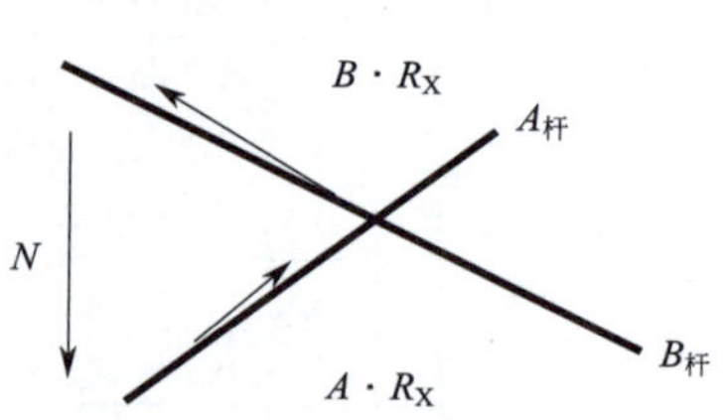

图 5-34　A、B 杆水平力计算

即
$$N=\sqrt{(A\cdot R_X)^2+(B\cdot R_X)^2-2(A\cdot R_X)(B\cdot R_X)\cos 50^\circ} \tag{5-1}$$

将 A、B 杆轴向力的时间历程代入式(5-1)，得到水平力的时间历程。对在齐齐哈尔—漠河区段往返运行 1 732 km 中测试的载荷—时间历程进行循环计数处理，各载荷识别断面的一维载荷谱(八级谱)列于表 5-3～表 5-10。

表 5-3 A11～A14 断面识别的轴力谱和垂向力谱

轴力(kN)	频数	累积频数	垂向力(N)	频数	累积频数
5	154 785	213 015	61	245 999	290 682
9	35 053	58 230	101	35 974	44 683
12	13 956	23 177	141	7 085	8 709
15	6 629	9 221	181	1 367	1 624
19	2 240	2 592	221	208	257
22	319	352	261	37	49
26	29	33	301	9	12
29	4	4	341	3	3

表 5-4 *B*11～*B*14 断面识别的轴力谱和垂向力谱

轴力(kN)	频数	累积频数	垂向力(N)	频数	累积频数
5	196 510	257 365	65	290 094	316 886
9	37 558	60 855	112	23 326	26 792
13	14 287	23 297	160	2 922	3 466
17	6 777	9 010	207	421	544
21	1 967	2 233	254	91	123
25	243	266	301	25	32
28	20	23	349	5	7
32	3	3	396	2	2

表 5-5 *A*15～*A*18 断面识别的轴力谱和垂向力谱

轴力(kN)	频数	累积频数	垂向力(N)	频数	累积频数
5	121 492	175 671	62	290 522	342 355
9	30 540	54 179	104	34 426	51 833
12	12 977	23 639	145	13 947	17 407
15	6 719	10 662	187	2 764	3 460
19	3 064	3 943	228	559	696
22	792	879	270	113	137
26	81	87	312	19	24
29	6	6	353	5	5

表 5-6　*B*15～*B*18 断面识别的轴力谱和垂向力谱

轴力(kN)	频数	累积频数	垂向力(N)	频数	累积频数
5	82 282	119 060	67	370 283	403 011
9	22 928	36 778	118	28 709	32 728
13	8 666	13 850	169	3 428	4 019
18	3 934	5 184	220	489	591
22	1 105	1 250	271	84	102
26	131	145	323	16	18
30	11	14	374	1	2
34	3	3	425	1	1

表 5-7　*A*21～*A*24 断面识别的轴力谱和垂向力谱

轴力(kN)	频数	累积频数	垂向力(N)	频数	累积频数
5	158 900	200 653	66	874 438	965 043
8	29 830	41 753	115	76 938	90 605
12	8 442	119 23	164	11 358	13 667
15	2 612	3481	213	1 870	2 309
19	688	869	262	359	439
22	153	181	311	66	80
25	25	28	360	12	14
29	3	3	409	2	2

表 5-8　*B*21～*B*24 断面识别的轴力谱和垂向力谱

轴力(kN)	频数	累积频数	垂向力(N)	频数	累积频数
5	85 172	119 251	66	300 489	330 516
9	22 429	34 079	117	25 129	30 027
12	7 426	11 650	167	4 017	4 898
15	2 944	4 224	217	793	881
19	1 054	1 280	268	77	88
22	198	226	318	8	11
26	25	28	368	2	3
29	3	3	419	1	1

表 5-9 *A*25～*A*28 断面识别的轴力谱和垂向力谱

轴力(kN)	频数	累积频数	垂向力(N)	频数	累积频数
5	114 839	155 528	61	573 605	667 377
8	27 497	40 689	101	76 019	93 772
12	8 792	13 192	141	14 170	17 753
15	3 101	4 400	181	2 835	3 583
18	1 051	1 299	221	587	748
21	218	248	261	126	161
25	27	30	301	27	35
28	3	3	342	8	8

表 5-10 *B*25～*B*28 断面识别的轴力谱和垂向力谱

轴力(kN)	频数	累积频数	垂向力(N)	频数	累积频数
5	122 788	161 260	65	263 563	286 133
8	25 863	38 472	114	19 905	22 570
11	7 828	12 609	162	2 290	2 665
15	3 116	4 781	211	331	375
18	1 209	1 665	259	34	44
21	353	456	308	6	10
24	87	103	356	3	4
28	16	16	404	1	1

采用雨流计数法进行循环计数处理、编制交叉杆的水平力谱，见表 5-11。

表 5-11 交叉杆水平力谱

水平力(kN)	频次	累积频数	水平力(kN)	频次	累积频数
5	56 966	97 381	16	1 953	2 169
7	22 417	40 415	18	201	216
10	10 270	17 998	21	14	15
13	5 559	7 728	24	1	1

5.5.3 线路运行中交叉杆两种载荷的损伤分析

根据线路运行条件下交叉杆的轴向力和垂向力两种载荷谱，可以计算得出它们在疲劳薄弱部位的应力谱，进而计算引起的损伤值 D 及其损伤比($D_{轴}/D_{垂}$)，见表 5-12。

表 5-12　线路运行条件下疲劳危险部位轴向力与垂向力引起的损伤值 *D*

	轴向力引起的损伤	垂向力引起的损伤	损伤比
疲劳薄弱部位的损伤（交叉杆段焊缝接头）	0.021 436 9	0.000 517	41.46

由表可见，车辆运行中，两种载荷对疲劳薄弱部位损伤的贡献是不同的，其中，轴向力产生的损伤是主要的，它们的损伤比为 41.46∶1。

5.5.4　室内疲劳试验时疲劳薄弱部位的损伤

加载条件一：水平力±22 kN、频率 3 Hz 与垂向位移±6.3 mm、3.45 Hz 联合作用。

加载条件二：水平力±22 kN、频率 3 Hz 与垂向位移±6.3 mm、1 Hz 联合作用。

在实验室对交叉杆进行室内疲劳加载试验，测试了两种加载条件下，54 min 疲劳试验中轴向力和垂向力在交叉杆疲劳薄弱部位的应力—时间历程，对其编谱后进行疲劳损伤计算，结果列于表 5-13 和表 5-14 中。

表 5-13　加载条件一，疲劳薄弱部位轴向力与垂向力产生的损伤及其损伤比

	轴向力引起的损伤	垂向力引起的损伤	损伤比
疲劳薄弱部位的损伤	0.011 6	0.000 38	30.53

表 5-14　加载条件二，疲劳薄弱部位轴向力与垂向力产生的损伤及其损伤比

	轴向力引起的损伤	垂向力引起的损伤	损伤比
疲劳薄弱部位的损伤	0.010 19	0.000 26	39.19

由表可见：在两种疲劳试验加载条件下，疲劳薄弱部位由轴向力产生的损伤均远大于垂向力产生的损伤；加载条件二(±22 kN、3 Hz 与±6.3 mm、1 Hz)，轴向力与垂向力在疲劳薄弱部位的损伤比更接近线路运行条件下疲劳薄弱部位轴向力与垂向力引起的损伤比。

5.5.5　疲劳试验加载条件研究

(1)制定加载条件基本原则

水平力最大一级载荷与线路实测的最大载荷级相当，以确保交叉杆在疲劳试验中的失效机理与在运用条件下一致；疲劳试验载荷谱在交叉杆中产生的损伤与其在规定使用寿命中的损伤相当。

(2)加载方式

根据上述试验研究结果，采用水平力频率 3 Hz 与垂向位移±6.3 mm、频率 1 Hz 联合加载方式，能较好地反映交叉杆结构在线路运行中的受力状态。

(3)疲劳试验载荷组成

试验研究结果表明：水平力在交叉杆疲劳薄弱部位产生的损伤是主要的，垂向力产生的损伤比较小。

为了使疲劳试验尽量模拟交叉杆结构在线路运用中的受力情况；同时，减少载荷的循环次数以提高试验效率。因此，疲劳试验中水平力谱采用较高应力水平的四级谱、频率均为 3 Hz，总循环次数为 350 万次；垂向位移采用频率为 1 Hz、±6.3 mm 的等幅谱。

根据上述确定加载条件的基本原则，计算了对应于 500 万 km 运用里程、可靠度为 99%的疲劳试验水平力谱，结果列于表 5-15 中。

表 5-15　对应于 500 万 km 的疲劳试验水平力谱

载荷级别	扭转位移(mm)	扭转次数	水平力(kN)	水平力次数
1	±6.3	416 666	±19	2 500 000
2	±6.3	150 000	±22	900 000
3	±6.3	15 000	±24	90 000
4	±6.3	1 666	±25	10 000

5.6　弹簧托板载荷谱

2003 年 8 月在西安铁路局西陇海线兴平—虢镇区段，以配装转 K5 型转向架的 C_{76H} 型运煤专用敞车为试验对象，采用全程往返采样方式，对原型和改进型转 K5 型弹簧托板的动应力进行了线路实测，并根据实测应力—时间历程，得出转 K5 型转向架弹簧托板各关键部位的动应力谱、载荷识别点的动应力特点，编制弹簧托板载荷谱。

5.6.1　测点布片方案

根据弹簧托板结构特点，选取 28 个测点位置如图 5-35 所示，原形弹簧托板编号为 M××，改进型弹簧托板编号为 T××，位置说明参见表 5-16。

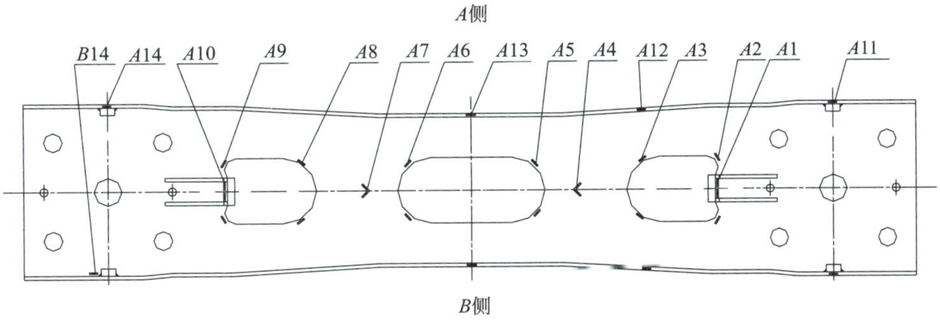

图 5-35　弹簧托板测点

表 5-16　测点位置说明

	测点编号	测点断面位置
原型弹簧托板	MA1、MB1	止挡板与托板连接焊缝端头
	MA2、MB2	止挡孔边圆弧(外)
	MA9、MB9	与 MA9、MB9 对应
	MA10、MB10	与 MA1、MB1 对应
	MA13、MB13	中央断面侧立板上部
改进型弹簧托板	TA1、TB1	止挡板与托板连接焊缝端头
	TA2、TB2	止挡孔边圆弧(外)
	TA3、TB3	止挡孔边圆弧(内)
	TA4、TB4	距中央孔边 100 mm,两片成 90°
	TA5、TB5	中央孔边圆弧
	TA6、TB6	与 TA5、TB5 对应
	TA7、TB7	与 TA4、TB4 对应
	TA8、TB8	与 TA3、TB3 对应
	TA9、TB9	与 TA2、TB2 对应
	TA10、TB10	与 TA1、TB1 对应
	TA11、TB11	侧立板上部,近摇动台座处
	TA12、TB12	侧立板上部折弯处
	TA13、TB13	中央断面侧立板上部
	TA14	侧立板上部近弹簧挡块处
	TB14	弹簧挡块与托板连接焊缝处

5.6.2　试验线路及速度

试验线路为陇海线的兴平—虢镇区段,全长 106.5 km,该区段为Ⅰ级线路。R600 和 R300 曲线通过试验在兴平附近 5411 专运线上进行,该线路为Ⅱ、Ⅲ级线路,维护保养一般。试验速度在直道上分别测试。40 km/h、60 km/h、80 km/h、90 km/h、100 km/h、120 km/h、130 km/h、140 km/h

12 号道岔侧线通过:45 km/h。

弯道:R600 时 80 km/h,R300 时 40 km/h。

5.6.3　动应力测试结果

兴平—虢镇往返(含 5411 专运线)全程采样下空重车各测点的最大动应力范围见表 5-17。

表 5-17 弹簧托板最大实测动应力

片号		重车(MPa)			空车(MPa)		
		S_{max}	S_{min}	S_a	S_{max}	S_{min}	S_a
改进方案弹簧托	TA1	46.2	−39.0	42.1	16.4	−31.4	16.7
	TB1	39.8	−40.9	40.3	13.9	−16.7	14.8
	TA2	96.3	−93.1	94.2	36.1	−34.0	34.5
	TB2	103.5	−103.1	103.0	30.5	−34.1	32.3
	TA3	94.3	−88.3	91.3	50.0	−40.4	46.2
	TB3	94.4	−93.8	94.1	30.4	−31.4	30.9
	TA4	40.9	−40.8	40.8	16.0	−9.2	12.1
	TB4	43.9	−46.4	46.1	16.9	−17.7	17.3
	TA5	107.9	−114.9	111.4	46.8	−56.8	51.3
	TB5	99.3	−91.3	88.0	36.2	−31.2	33.2
	TA6	94.8	−84.7	89.7	32.1	−26.1	29.1
	TB6	96.4	−108.2	102.3	41.2	−48.0	44.6
	TA7	42.1	−43.8	42.9	14.0	12.4	13.2
	TB7	47.2	−40.4	43.8	17.5	−16.7	16.6
	TA8	88.4	−81.2	84.8	42.5	−37.7	40.1
	TB8	93.4	−89.0	91.2	43.7	−40.9	42.3
	TA9	112.5	−114.3	113.4	46.0	−46.7	46.3
	TB9	108.9	−110.2	109.5	26.0	−26.2	26.1
	TA10	42.1	−38.7	40.4	14.5	−11.5	13.2
	TB10	34.1	−39.7	36.9	10.9	−14.7	12.8
	TA11	77.9	−78.7	78.3	38.0	−38.2	38.1
	TB11	68.7	73.7	71.2	29.7	−26.1	27.9
	TA12	123.7	−114.8	119.2	62.3	−64.5	60.1
	TB12	111.1	−107.4	109.2	53.7	−49.9	51.8
	TA13	118.8	−116.9	117.8	64.0	−60.8	62.4
	TB13	117.5	−108.5	113.0	70.2	−66.4	67.8
	TA14	39.5	−32.7	36.1	26.4	−20.8	23.1
	TB14	—	—	—	—	—	—

续上表

片号		重车(MPa)			空车(MPa)		
		S_{max}	S_{min}	S_a	S_{max}	S_{min}	S_a
原方案弹簧托	MA1	133.2	−127.0	126.1	52.5	−54.9	53.7
	MB1	129.8	−123.6	126.7	59.8	−50.6	56.2
	MA10	128.9	118.7	123.8	49.9	−56.7	52.8
	MB10	124.4	−122.5	123.4	50.3	−56.3	52.8
	MA2	91.2	−93.0	92.1	40.1	−33.5	36.8
	MB2	102.1	−103.2	102.6	29.5	−32.5	31.0
	MA9	110.0	−118.9	114.4	47.9	−46.7	46.8
	MB9	59.4	−76.8	68.1	26.1	−21.1	23.1
	MA13	119.0	−114.9	116.9	52.2	−52.4	52.3
	MB13	117.5	−108.5	113.0	56.2	−56.5	56.9

由表 5-17 可见：

空、重车工况下，弹簧托板较大的动应力测点发生在相同的部位，均为中央孔边圆角、止挡孔边圆角，中央截面侧立板上部和折弯处。

空、重车工况下，弹簧托板各测点的均值应力不大，可近似看作对称循环。

空车下各测点的动应力较重车的小很多，是重车的 50%以下。

原结构弹簧托板在止挡与托板连接焊缝端头的动应力较大，高达 120 MPa 左右，是改进方案在该处动应力的 3 倍左右。

对测点的应力—时间历程进行统一处理，采用一维雨流计数法，编制弹簧托板主要测点的 8 级应力谱(测试里程 200 km)，见表 5-18～表 5-25。

表 5-18　重车原弹簧托板止挡接头端部一维应力谱，谱长 200 km

应力幅值(MPa)	频次	累积频次	应力幅值(MPa)	频次	累积频次
10.37	97 843.0	100 381.0	76.60	38.0	59.0
26.68	1 839.0	2 538.0	91.10	8.0	21.0
42.98	523.0	699.0	108.20	10.0	13.0
59.29	117.0	176.0	126.00	3.0	3.0

表 5-19　重车改进方案弹簧托板止挡接头端部一维应力谱，谱长 200 km

应力幅值(MPa)	频次	累积频次	应力幅值(MPa)	频次	累积频次
5.08	13 192.0	15 490.0	25.74	28.0	49.0
10.25	1 720.0	2 298.0	30.90	11.0	21.0
15.41	418.0	578.0	36.06	7.0	10.0
20.57	111.0	160.0	41.23	3.0	3.0

表 5-20　重车弹簧托板中央孔边圆弧一维应力谱，谱长 200 km

应力幅值(MPa)	频次	累积频次	应力幅值(MPa)	频次	累积频次
12.10	52 661.0	54 885.0	68.82	26.0	49.0
26.28	1 723.0	2 224.0	83.00	9.0	23.0
40.46	372.0	501.0	97.18	9.0	14.0
54.64	80.0	129.0	111.36	5.0	5.0

表 5-21　重车弹簧托板止挡孔边圆弧(内)一维应力谱，谱长 200 km

应力幅值(MPa)	频次	累积频次	应力幅值(MPa)	频次	累积频次
9.15	45 180.0	49 551.0	41.45	42.0	59.0
17.23	3 557.0	4 371.0	49.52	13.0	17.0
25.30	620.0	814.0	57.60	1.0	4.0
33.37	135.0	194.0	65.67	3.0	3.0

表 5-22　重车原弹簧托板中央截面侧立板上部一维应力谱，谱长 200 km

应力幅值(MPa)	频次	累积频次	应力幅值(MPa)	频次	累积频次
10.50	28 309.0	30 823.0	75.46	24.0	44.0
33.49	1 907.0	2 514.0	89.45	11.0	20.0
47.48	473.0	607.0	103.45	7.0	9.0
61.47	90.0	134.0	117.44	2.0	2.0

表 5-23　重车原弹簧托板立板上部折弯处一维应力谱，谱长 200 km

应力幅值(MPa)	频次	累积频次	应力幅值(MPa)	频次	累积频次
10.44	22 909.0	24 800.0	73.97	24.0	40.0
26.32	1 411.0	1 891.0	89.85	7.0	16.0
42.21	359.0	480.0	105.74	7.0	9.0
58.09	81.0	121.0	119.0	2.0	2.0

表 5-24　重车弹簧托板侧立板上部近摇动台处一维应力谱，谱长 200 km

应力幅值(MPa)	频次	累积频次	应力幅值(MPa)	频次	累积频次
9.89	37 221.0	40 864.0	49.01	50.0	83.0
19.67	2 720.0	3 643.0	58.79	16.0	33.0
29.45	658.0	923.0	68.57	10.0	18.0
39.23	182.0	266.0	78.35	8.0	8.0

表 5-25　重车弹簧托板弹簧挡焊缝处一维应力谱，谱长 200 km

应力幅值(MPa)	频次	累积频次	应力幅值(MPa)	频次	累积频次
4.90	7 436.0	8 748.0	24.08	17.0	33.0
9.69	949.0	1 312.0	28.87	8.0	16.0
14.49	266.0	363.0	33.66	7.0	8.0
19.28	64.0	97.0	36.1	1.0	1.0

5.6.4 弹簧托板载荷谱

列车运行中弹簧托板主要受摇枕弹簧的垂向作用力、摇枕和弹簧托板横向止挡接触后的横向作用力、左右侧架纵向运动不同步时的剪切力、左右侧架相互点头时的扭转载荷、左右侧架侧滚时的弯曲载荷，其中摇枕弹簧的垂向作用力和左右侧架侧滚时的弯曲载荷均表现为弹簧托板的垂向弯曲载荷，摇枕和弹簧托板横向止挡几乎很少接触，摇枕对横向止挡的横向作用力可忽略。因此，弹簧托板实际上受到垂向弯曲载荷、扭转载荷和剪切载荷这三种载荷的随机作用，考虑载荷及结构的特点，通过应力测试识别各载荷分量的基本方法如下：

(1)垂向弯矩

弹簧托板为一沿其纵、横轴对称的结构，由于剪切和扭转载荷均为反对称，其对横轴对称面上应力无贡献，因此，中央截面侧立板上的测点(TA13、TB13)的应力只与垂向弯曲载荷有关，故可用该测点识别垂向弯矩。

(2)扭转载荷

由工程梁理论分析可知，关于弹簧托板纵向对称面成90°的两测点(如TA7、TB7或TA4、TB4)的应变差只与扭矩有关，可由这两测点的应变差反推扭矩。

(3)横向剪力

侧立板上部两对称测点(如 $A12$、$B12$)应变差只与横向剪力有关，由这两测点的应变差反推横向剪力。

在测得结构各纵向对称测点 Ai、Bi 的应力—时间历程后，通过前述方法可分别确定横向剪力、垂向弯矩和扭矩的载荷—时间历程，对各载荷—时间历程进行雨流计数处理，可得各分力载荷谱，见表5-26～表5-28。结果表明最大横向剪力为26 kN，最大扭矩为0.8 kN·m，最大垂向力为30 kN(等效于中央截面)。

表5-26　重车弹簧托板水平面内剪力载荷谱，循环对称载荷，谱长200 km

载荷级数	1	2	3	4	5	6	7
载荷大小(kN)	26	22	19	16	13	9	6
载荷频次	5	9	9	26	80	327	1 723
载荷累积频次	3	7	34	119	530	2 782	22 892

表5-27　重车弹簧托板垂向载荷谱，中央截面垂向循环对称载荷，谱长200 km

载荷级数	1	2	3	4	5	6	7
载荷大小(kN)	30.0	26.8	21.7	19.0	14.9	10.8	6.8
载荷频次	2	7	11	24	90	473	1 907
载荷累积频次	2	9	20	44	134	607	2 514

表 5-28 重车弹簧托板扭转载荷谱，循环对称载荷，谱长 200 km

载荷级数	1	2	3	4	5	6	7
载荷大小(kN・m)	0.80	0.7	0.6	0.5	0.4	0.3	0.2
载荷频次	1	7	8	17	64	266	949
载荷累积频次	1	8	16	33	97	363	1 312

5.7 副构架载荷谱

5.7.1 副构架结构及载荷谱的研究

轮对径向装置是副构架式径向转向架最具特色的组件之一，其一方面增加了轮对间的横向连接刚度，一方面使前后轮对摇头运动相互耦合，在不降低转向架横向稳定性的前提下，使转向架通过曲线时前后轮对轴线均能趋向轨道曲线半径的方向，达到轮对径向调节、降低轮轨相互作用的目的。

我国目前正在运用的副构架式径向转向架主要有 25 t 轴重转 K7 型、27 t 轴重 DZ3 型及 30 t 轴重 DZ6 型副构架式径向转向架，如图 5-36～图 5-37 所示。这些转向架的轮对径向装置结构有所变化，但其受力方式和载荷特性却是一致的。典型的转向架轮对径向装置主要由 U 形副构架、承载鞍、承载鞍垫和连接杆等零部件组成，如图 5-38 所示。为简便起见，通常将 U 形副构架简称为副构架。一个典型的副构架主要受力有：连接 2 个副构架的连接杆力，这是轮对径向装置的内力，是约束轮对运动实现径向功能最重要的作用力，是副构架受力研究的独特之处和重点；副构架之下受到轮对轴承作用力，之上受到侧架橡胶堆作用力，这两种力的特性与传统的承载鞍或侧架具有相似性，研究方法和引用标准均可以比照。

图 5-36 27 t 轴重 DZ3 型转向架

图 5-37 30 t 轴重副构架式径向转向架

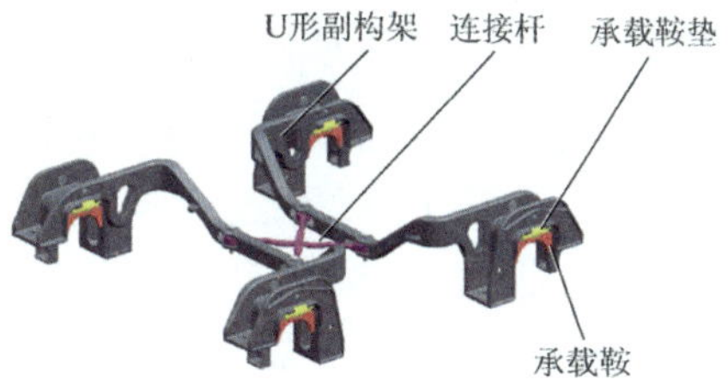

图 5-38 轮对径向装置

可见，副构架是轮对径向装置的重要部件，其结构强度是转向架性能评价的重要内容。国外的考核标准主要是参考 AAR M-202《铸钢转向架摇枕技术条件》和 AAR M-203《铸钢转向架侧架技术条件》、南非铁路编制的副构架技术要求、UIC 510-3《二轴货车转向架强度试验》，国内采用 TB/T 1335《铁道车辆强度设计及试验鉴定规范》以及铁路货车三大件转向架具有抗剪装置的疲劳强度考核办法等标准。这些标准没有考虑充分反映副构架相对于摇枕侧架结构和受力的区别。因而专门研究副构架的实际受力状态，建立副构架载荷谱，进而制定科学合理的副构架试验方法，研发标准化的试验工装对副构架式转向架的可靠性设计、轻量化设计及性能改善具有重要意义。

5.7.2 副构架受力的基本特征

副构架的主要受力特征主要反映在连接杆载荷上，应成为研究的重点。连接杆是传递前后轮对水平相互作用力，发挥转向架性能优势的关键部件，深入研究其受力规律和受力状况不但是转向架参数选取和动力学性能优化的重要基础，也是副构架结构优化、强度试验的力学依据。理论研究的方法是建立非线性车辆动力学模型，综合计算车辆惰行、制动、牵引等多种工况下的受力。

力学模型中连接杆质量属性、几何尺寸和安装位置均按实际结构处理，连接杆端部与副构架用理想销轴连接，中部用弹性力单元模拟杆的弹性，其各向连接刚度取为连接杆刚度和端部连接刚度的串联刚度，计算时不考虑连接杆圆销轴向磨耗的不均匀性。详细的模型还将副构架考虑成弹性体，利用模态分析、子结构分析、超单元及质量刚度矩阵规范化等手段，扩展副构架的自由度以反映其刚度和变形的动态影响。数学分析时约定车辆前进的方向为纵向，重力加速度的方向为垂向，组成车辆系统的右手坐标系。车辆惰行工况的计算时，采用特殊的运动设置保持各部件在相对自然坐标系下的匀速运动。牵引工况计算时，由于采用单车模型无法计入前后车辆横向和垂向的负载效应，模型虚拟惯性坐标系随车辆同步移动作用点，对车辆前后施加车钩纵向力。车辆制动工况计算则建立了由游动杠杆、固定杠杆、制动梁及制动下拉杆组成的单侧闸瓦制动的转向架制动装置模型，其制动力的产生和传递完全与实际结构相同。为简化模型，将闸瓦力简化为集中力在前后轮对中心轴组成的水平面内纵向施加于车轮上，其摩擦力的大小为杠杆系统传递的闸瓦正压力与闸瓦摩擦因数的积。一个用于副构架受力的车辆动力学模型如图 5-39 所示。

以 25 t 轴重转 K7 型转向架（C_{80BF} 型敞车系统）为例，分析副构架的受力特征，得出的主要结论如下：转向架 2 根连接杆受力在惰行工况和牵引工况下力的大小差别较小，力的相位变化是相反的。2 杆直线上受力均围绕 0 值波动，且力的方向相反；曲线上力的均值不为 0，一杆受拉力，一杆受压力；由于转向架采用单侧闸瓦制动的转向架制动装置，闸瓦力总是使转向架轴距增大，在制动工况时，2 根连接杆基本上都受拉力，但力的相位变化仍旧相反；连接杆作用力在制动工况下最大，可达 46.17 kN，惰行和牵引工况时作用力较小，约为 32 kN。且连接杆作用力的频率范围在 10 Hz 以内，属于中低频受力构件，随着轴重的增加交叉连接杆作用力加大。27 t 轴重转向架在 110 km/h 速度时的拉杆力与 25 t 轴重转向架在 120 km/h 速

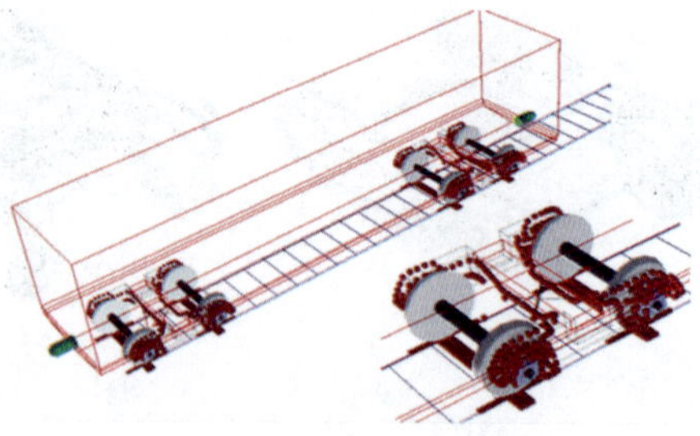

图 5-39　副构架径向转向架车辆动力学模型

度时的拉杆力接近；30 t 轴重转向架在 100 km/h 速度时的拉杆力稍大于 27 t 轴重转向架在 120 km/h 速度时的拉杆力。

尽管上述理论研究忽略了转向架制造、装配和运用中影响连接杆受力的部分因素，但通过连接杆载荷线路实测结果的对比分析和校准后，可作为副构架式径向转向架进一步研究的重要参考依据。

5.7.3 副构架载荷谱测试

实测是获得载荷—时间历程的主要方法，我国从 2007 年开始进行副构架载荷谱的系统研究，通过连接大量测试获取了副构架的载荷谱。由于结构的限制，副构架载荷的测试是测试结构上的应变响应值，通过载荷识别技术，获得载荷—时间历程，一个典型副构架动应力测试时应变片的布置如图 5-40 所示，其中连接载荷布置在连接杆上。

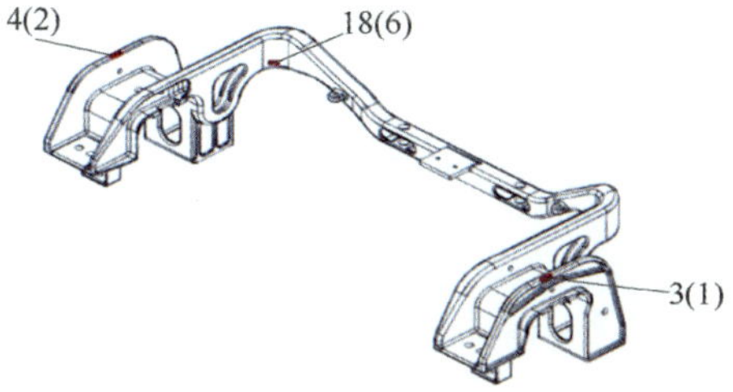

(a)

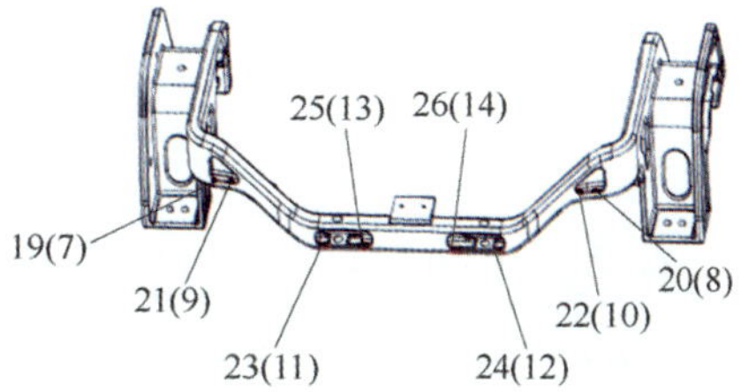

(b)

图 5-40 副构架动应力测试布点示意

以 2009 年～2011 年在大秦线运行的转 K7 型转向架副构架测试为例，测试列车为 2 万 t 组合列车，在湖东—柳村南站间往返运行数月。试验数据表明上下交叉拉杆是典型的二力杆，只承受轴向载荷的作用，因此其测点应力由杆轴向载荷决定。在运用中，副构架主要通过连接交叉拉杆而受到横向和纵向载荷的作用，该横向和纵向载荷可由交叉拉杆测点的应力—时间历程加以识别，再通过副构架上的其他测点动应力结果加以修正。

将副构架橡胶堆承台区域用于识别载荷的测点动应力和标定静应力对照，容易统计得出副构架一侧橡胶堆承台上的垂向载荷谱，这些结果和其他转向架侧架垂向载荷近似，不再赘述。

5.8 制动梁载荷谱

为了试验研究制动梁在线路运行过程中的实际受力情况，确定合理的疲劳试验载荷，提高其安全可靠性。2003 年 1 月 17、18 日，哈尔滨铁路局组织开行试验列车，对货车 L-C 型制动梁、L-B 型制动梁进行线路运行与制动过程中的动应力测试试验。

5.8.1 试验线路

试验在齐齐哈尔—加格达奇区间往返进行一次(单程 431 km)，其中齐齐哈尔—

讷河间为一级线路，讷河—加格达奇间为二级线路，可满足最高速度120 km/h的运行要求；侧线通过 12 号道岔。

5.8.2 试验车辆

被试车辆 2 辆，均为装用转 K2 型转向架的 P_{64GK} 棚车（满载），采用铁科院机辆所试验车（车号为 SY97152）。四根 L-C 型制动梁分别安装在 P_{64GK}(001)和 P_{64GK}(002)车的 2 位转向架上，四根 L-B 型制动梁分别安装在两车的 1 位转向架上，如图 5-41 所示。齐齐哈尔—加格达奇方向运行时，L-C 型制动梁位于后转向架上，回程时则位于前转向架上。

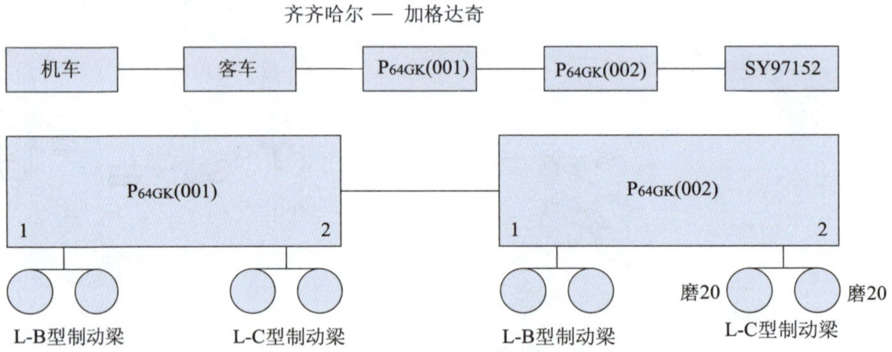

图 5-41 试验列车与被试制动梁的位置
（图中"磨 20"表示该侧闸瓦已磨耗 20 mm，其余均为新瓦）

5.8.3 试验工况

试验分为厂线试验和线路试验两部分。厂线试验是在齐车公司厂内小曲线上进行，各速度下制动 2～3 次；制动工况的制动初始速度：5、10、15、20、25km/h；缓解速度均为 0（停车）。线路试验的制动工况一览表列于表 5-29。

表 5-29 制动工况一览表 单位：km/h

	齐齐哈尔—加格达奇		加格达奇—齐齐哈尔	
	制动初始速度	缓解速度	制动初始速度	缓解速度
制动 1	120	19	120	50
制动 2	120	20	120	30
制动 1	110	26	110	0
制动 2	110	30	110	30
制动 1	100	30	100	30
制动 2	100	30	100	30
制动 1	90	30	90	30

续上表

	齐齐哈尔—加格达奇		加格达奇—齐齐哈尔	
	制动初始速度	缓解速度	制动初始速度	缓解速度
制动 2	90	30	90	30
制动 1	80	30	80	30
制动 2	80	30	80	30
制动 1	70	30	70	30
制动 2	70	30	70	0
制动 1	40	30	40	30
制动 2	40	30	40	30
*R*800	80	30		
*R*600	72	30		
*R*500	78	40		
*R*400	70	30		
*R*300	65	30		
紧急制动			100	0
紧急制动			100	0

除设定的制动工况外，还有到站、过曲线限速等制动工况，这些制动也会在制动梁上产生应力，影响应力谱的各级应力。

5.8.4 测点布置

制动梁上的测点有三类：

(1)识别制动梁载荷的测点

用于载荷识别的测点应选择在应力信号较大、应力梯度较小的部位，并根据需要识别载荷的性质，分别将测点布置在与被识别载荷特点相关的部位。根据上述原则：

① 制动力识别测点，布置在制动梁弓形杆顶部附近和撑杆中央部位；

② 切向力识别测点，由于切向力对制动梁的作用可简化为四点弯受力状态，因此在撑杆上靠近两端的适当部位布置测点。

(2)焊接接头部位的测点

由于焊接接头的疲劳极限大大低于母材，它们是制动梁的疲劳薄弱部位。通常，采用名义应力进行安全评估，因此在反映焊接接头名义应力的部位布置测点。

(3)制动梁大应力部位的测点

在制动梁弓杆过盈压装处、制动梁端部断面变化处以及内凹角部位等，由于几何应力集中引起大应力，也可能成为疲劳薄弱部位，因此在这些部位均布置了测点。

由于制动梁为对称结构，同时受通道限制，因此四根制动梁中，有两根(3 号、4 号)只在一半位置上布置了测点。各梁的测点号及其位置参见图 5-42～图 5-45。

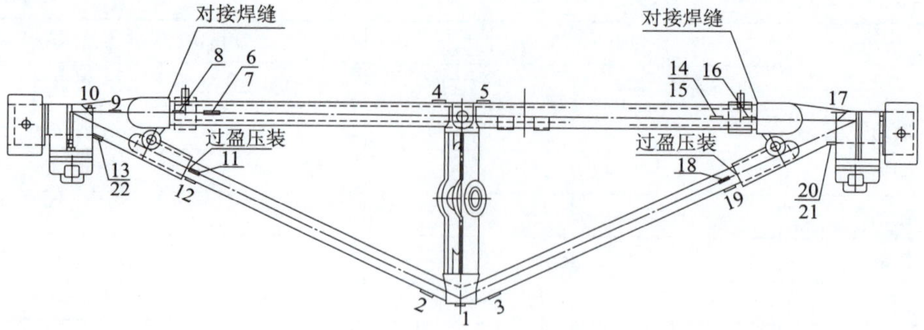

图 5-42　1 号制动梁测点布置

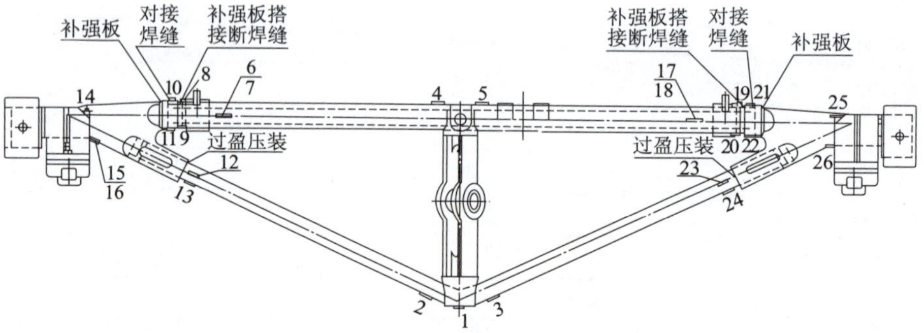

图 5-43　2 号制动梁测点布置

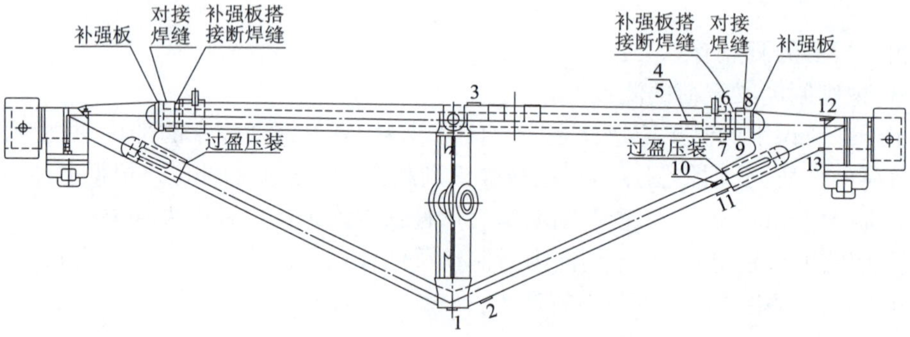

图 5-44　3 号制动梁测点布置

5.8.5　数据采集与处理

动应力测试采用日本 TML 公司的 SDA-810B 和 SDA-830B 型动态应变仪和美国 HP 公司的 HPE1401B 型数据采集系统(46 通道),以及 2 套 DDS32 数字式动态信号数据采集系统(64 通道)。它们的采样频率分别为 500 Hz 和 1 000 Hz,高于各测点应变响应频率的 5 倍,可确保采样数据的真实性。

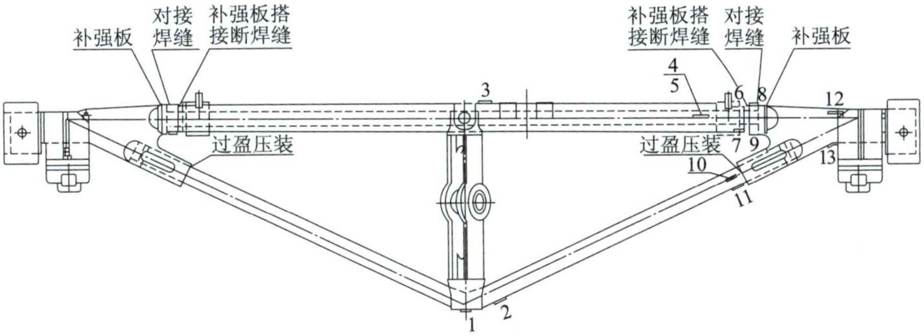

图 5-45　4 号制动梁测点布置

测试工作结束后，采用有 VC＋＋6.0 语言开发的数据处理软件进行信号处理和分析。

5.8.6　制动工况下制动缸压力测定

5.8.6.1　制动缸压力传感器标定

为了实测制动过程中制动缸的压力，采用英国进口的 BHL-4204-00 型压力传感器，通过一个三通连接在制动缸的进气端，输出的电压信号由 HPE1401B 型数据采集系统采集。同时，在制动实验室对其进行标定试验，得出风缸压力与压力传感器输出电压的关系。

风缸降压和升压的标定试验记录列于表 5-30，其压力标定曲线示于图 5-46 和图 5-47，并得降压标定曲线回归方程：

$$y=0.005\,1x+0.442\,9, R^2=0.999\,7$$

升压标定曲线回归方程：

$$y=0.005x+0.467\,2, R^2=0.999\,2$$

式中，y 为压力传感器输出电压(V)；x 为风缸压力(kPa)。

表 5-30　压力传感器标定记录

	风缸压力(kPa)	压力传感器输出(V)		
		1	2	平均
降压	400	2.500	2.504	2.502
	360	2.295	2.281	2.288
	320	2.080	2.081	2.081
	280	1.865	1.865	1.865
	240	1.686	1.671	1.679
	200	1.477	1.478	1.478
	160	1.262	1.260	1.261
	100	0.990	0.989	0.990

续表

	风缸压力（kPa）	压力传感器输出（V）		
		1	2	平均
升压	100	0.990	—	—
	170	1.295	—	—
	190	1.421	—	—
	240	1.680	—	—
	300	1.960	—	—
	360	2.275	—	—
	407	2.522	—	—

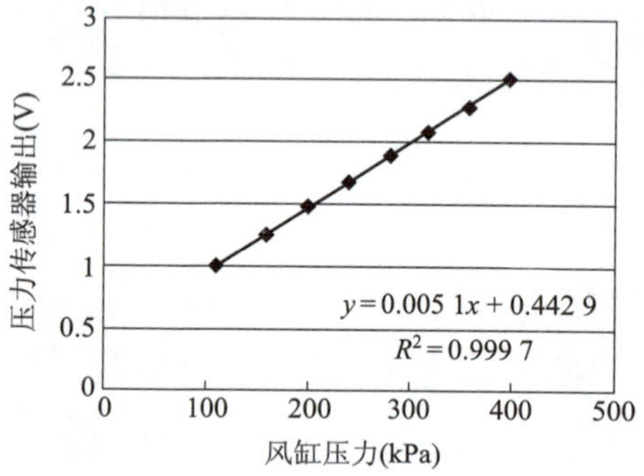

图 5-46　风缸压力标定曲线（降压）

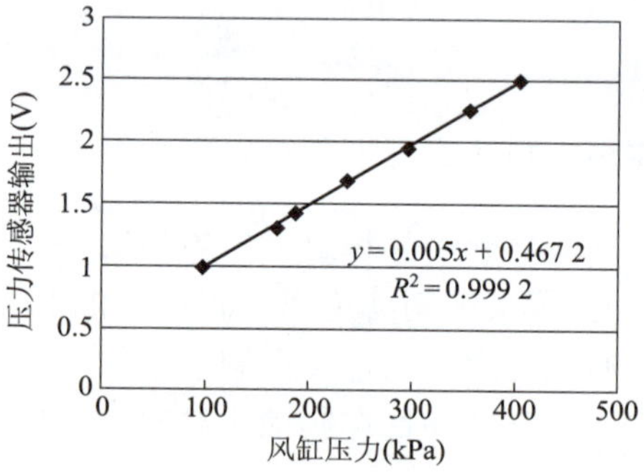

图 5-47　风缸压力标定曲线（升压）

5.8.6.2　厂内小曲线制动试验测试结果

在厂内的小半径曲线上进行了 5～25 km/h 的低速制动试验，压力传感器输出电压列于表 5-31。由于同一速度各次制动与不同速度制动时的电压值相差不大，因此将它们平均处理。平均电压值为 2.203 6 V。

表 5-31　厂内小曲线，制动工况下风缸压力传感器输出　　单位：V

制动速度（km/h）	5	10	15	20	25
制动 1	2.49	2.06	2.1	2.11	2.23
制动 2	2.22	2.17	2.37	—	2.23
制动 3	—	—	—	—	2.15
各次平均	2.355	2.115	2.235	—	2.203
各速度总平均	2.203 6				

由风缸压力标定曲线回归方程计算得

制动缸压力：$x=(2.203\,6-0.467\,2)/0.005=347.28$（kPa）

制动缸直径为 14 英寸，其面积：$S=99\,314.9$（mm^2），计算得

活塞推力：$P=347.28\times99\,314.9\times10^{-3}=34.49$（kN）

5.8.6.3 线路上制动试验测试结果

在齐齐哈尔—加格达奇方向运行与加格达奇—齐齐哈尔返程中，按制动工况方案进行了各速度的常用全制动以及 100 km/h 紧急制动试验。由压力传感器测得的电压值列于表 5-32。

表 5-32 线路试验时，制动工况下风缸压力传感器输出　　单位：V

运行区间	齐齐哈尔—加格达奇		加格达奇—齐齐哈尔			
制动速度	制动 1	制动 2	制动 1	制动 2	各速度平均	总平均
120	2.30	2.10	2.24	2.20	2.21	—
110	2.20	2.30	2.57*	2.24	2.25	—
100	2.30	2.23	2.20	2.23	2.24	—
90	2.04	2.14	2.14	2.04	2.09	—
80	2.26	2.08	2.28	2.24	2.22	—
70	2.08	2.07	2.14	2.60*	2.10	2.203
40	2.0	2.02	2.06	2.28	2.09	—
(*R*800)80	2.2				2.2	—
(*R*600)72	2.16				2.16	—
(*R*500)78			2.30		2.30	—
(*R*400)70			2.26		2.26	—
(*R*300)65			2.32		2.32	—
(紧急)100			2.52	2.57	2.545	2.545

注：带“*”的数值，缓解速度达到 0，因此风缸压力较大，未统计进去。

由表可见：

(1)无论是同一速度的各次常用全制动还是不同速度、不同路况下的常用全制动，其电压值相差不大，同样将它们平均处理，得平均电压值为 2.203 V。

(2)100 km/h 紧急制动时，由于缓解速度为 0，因此电压值较高，达到 2.545 V。常用全制动时，由风缸压力标定曲线回归方程计算得：

制动缸压力：$x=(2.203-0.4672)/0.005=347.16$(kPa)

活塞推力：$P=347.16\times 99314.9\times 10^{-3}=34.48$(kN)

紧急制动时，同样，由风缸压力标定曲线回归方程计算得：

制动缸压力：$x=(2.545-0.4672)/0.005=415.56$(kPa)

活塞推力：$P=415.56\times 99314.9\times 10^{-3}=41.27$(kN)

5.8.7 制动梁动应力测试与载荷识别

5.8.7.1 厂内小曲线上制动时各梁的动应力与制动力识别结果

在厂内小曲线上运行时，以 5 km/h、10 km/h、15 km/h、20 km/h 和 25 km/h 速度分别进行了 2～3 次常用全制动停车。实测各梁制动力识别测点的动应力，经数据处理，其结果列于表 5-33。由表可见：无论是同一速度还是不同速度下的常用全制动停车，每梁上制动力识别点的应力值相差不大，因此可以平均处理。

表 5-33　厂内小曲线上制动时各梁制动力识别点的实测应力　　单位:MPa

	制动速度(km/h)		5	10	15	20	25
1 号制动梁测点 1	制动	1	187.8	189.6	157.4	169.0	176.7
		2	174.0	160.2	150.7	167.3	172.8
		3	—	168.5	—	—	180.1
	各速度平均		180.9	172.8	154.1	168.2	176.5
	总平均		170.5				
2 号制动梁测点 1	制动	1	190.4	178.3	175.6	205.2	202.9
		2		197.2	175.3	185.0	190.2
		3	—	—	—	19.1	200.1
	各速度平均		190.4	187.8	175.5	196.4	197.7
	总平均		189.6				
3 号制动梁测点 3	制动	1	89.6	85.1	77.8	82.4	85.5
		2		85.3	74.9	70.9	71.2
		3	—	—	—	72.2	77.0
	各速度平均		89.6	85.2	76.4	75.5	77.9
	总平均		80.9				
4 号制动梁测点 1	制动	1	208.7	188.5	186.9	201.0	196.8
		2	—	199.1	183.0	187.6	202.3
		3	—	—	—	210.9	205.0
	各速度平均		208.7	193.8	185.0	199.8	201.4
	总平均		197.7				

将表 5-33 中各梁制动力识别点的应力值代入其标定回归方程,得出在厂内小曲线上制动时制动力。

1 号制动梁(测点 1)标定回归方程:

$$y=23.923x-4.175$$

制动力:$x=(170.5+4.175)/23.923=7.30(\mathrm{t})$

2 号制动梁(测点 1)标定回归方程:

$$y=26.21x-10.42$$

制动力:$x=(189.6+10.42)/26.21=7.63(\mathrm{t})$

4 号制动梁(测点 1)标定回归方程:

$$y=24.485x-1.65$$

制动力:$x=(197.7+1.65)/24.485=8.14(\mathrm{t})$

3 号制动梁制动力识别测点 3 信号有问题,未计算制动力。

各梁平均制动力为 7.69 t。

5.8.7.2　线路上制动时各梁制动力识别结果

(1)各梁制动力识别测点动应力实测结果

在齐齐哈尔—加格达奇往返一次制动试验中,实测了各梁制动力识别测点的动应力,按表 5-29 的制动工况方案对各速度常用全制动与 100 km/h 紧急制动时的动应力进行数据处理,结果列于表 5-34。

表 5-34 制动时各梁制动力识别点的实测应力

单位:MPa

	制动速度(km/h)		120	110	100	90	80	70	40	R800 80	R600 72	R500 78	R400 70	R300 65	紧急制动 100 km/h
1 号制动梁测点 1	制动	1					197.1								—
		2					176.4								—
		3	192.0	234.9*	190.2	189.4	206.5	179.1	165.3			205.4	204.4	206.1	232.1
		4		180.8	194.9	171.6	200.8	247.2*	190.7						243.1
	各速度平均		192.0	180.8	192.55	180.5	195.2	179.1	178.0			205.4	204.4	206.1	237.6
	总平均		191.405												237.6
2 号制动梁测点 1	制动	1	220.0	242.0	247.4	223.4	245.0	219.7	212.5	218.1	215.8				—
		2	217.7	249.0	232.2	234.7	223.0	218.3	201.0						—
		3	230.2	285.6*	235.4	238.6	257.5	218.4	192.6			265.8	268.4	262.5	274.7
		4	228.5	221.0	240.4	217.2	252.9	288.2*	230.6						273.0
	各速度平均		224.1	237.33	238.85	228.48	244.6	218.8	209.18	218.1	215.8	265.8	268.4	262.5	273.85
	总平均		236.00												—
3 号制动梁测点 3	制动	1	92.3	91.8	95.3	70.9	72.0	79.6	66.2	89.3	86.5				—
		2	91.7	94.4	95.5	93.6	65.0	76.5	69.3						—
		3	84.0	107.2*	68.1	66.5	73.8	70.3	59.2			81.5	80.9	85.9	115.0
		4	77.9	58.0	77.4	72.6	69.1	94.5*	61.1						80.9
	各速度平均		86.5	81.4	84.1	75.9	70.0	75.5	64.0	89.3	86.5	81.5	80.9	85.9	97.95
	总平均		80.10												97.95
4 号制动梁测点 1	制动	1	231.0	241.9	249.7	209.4	246.6	227.6	226.4	228.3	223.9				—
		2	221.0	246.6	242.0	236.6	233.0	221.2	218.9						—
		3	238.4	291.1*	236.8	231.3	242.3	232.8	205.0			240.7	248.2	254.9	288.8
		4	238.9	241.6	243.6	218.4	240.4	287.0*	230.4						277.5
	各速度平均		232.33	243.37	243.03	223.93	240.58	227.2	220.18	228.3	223.9	240.7	248.2	254.9	283.15
	总平均		235.55												283.15

注：(1) 制动 1、2 是在齐齐哈尔—加格达奇方向运行中实施的制动；制动 3、4 则是在加格达奇—齐齐哈尔方向运行中。

(2) 带“*”者，由于缓解速度为零，因此制动缸压力大，制动梁上的应力也大，故未统计进去。

由表可见：

① 无论是同一速度还是不同速度下的常用全制动，每梁制动力识别点的应力值相差不大，因此可将它们平均处理；

② 100 km/h 紧急制动时，由于制动缸压力较大、活塞推力较大，因此制动力识别测点的应力也比常用全制动时大。

(2)各梁制动力识别结果

将表 5-34 中各梁制动力识别点的应力值代入其标定回归方程，便可得出常用全制动和 100 km/h 紧急制动时的制动力。

1 号制动梁常用全制动时的制动力：

$$x=(191.405+4.175)/23.923=8.175(\mathrm{t})$$

100 km/h 紧急制动时：

$$x=(237.6+4.175)/23.923=10.106(\mathrm{t})$$

2 号制动梁常用全制动时的制动力：

$$x=(236.0+10.42)/26.21=9.402(\mathrm{t})$$

100 km/h 紧急制动时：

$$x=(273.85+10.42)/26.21=10.846(\mathrm{t})$$

4 号制动梁常用全制动时的制动力：

$$x=(235.55+1.65)/24.485=9.688(\mathrm{t})$$

100 km/h 紧急制动时：

$$x=(283.15+1.65)/24.485=11.632(\mathrm{t})$$

各梁的平均制动力：

常用全制动时，各梁平均制动力为：9.088 t。

100 km/h 紧急制动时，制动力为：10.861 t。

(3)制动力识别测点的应力波形图

为便于了解制动过程中制动力(应力)的变化规律，图 5-48～图 5-50 中分别示出了 2 号梁制动力识别测点 3 在 40 km/h、120 km/h 常用全制动和 100 km/h 紧急制动过程中的应力波形图。

5.8.7.3 制动力传递系数(制动效率)计算

转 K2 型转向架制动倍率 4；

P_{64GK} 型棚车装用转 K2 型转向架，全车制动倍率为 10.84 t；

实测制动缸活塞推力为 3.29 t；

实测 L-C 型制动梁常用全制动的平均制动力为 9.1 t；

实测 L-B 型制动梁常用全制动的平均制动力为 8.9 t；

全车常用全制动时的四根制动梁的平均制动力为 9 t；

按照制动力传递系数(制动效率)的计算公式：

$$制动效率=\frac{四根制动梁的制动力之和}{全车制动倍率\times制动缸活塞推力}=\frac{4\times 9}{10.84\times 3.52}=0.9435$$

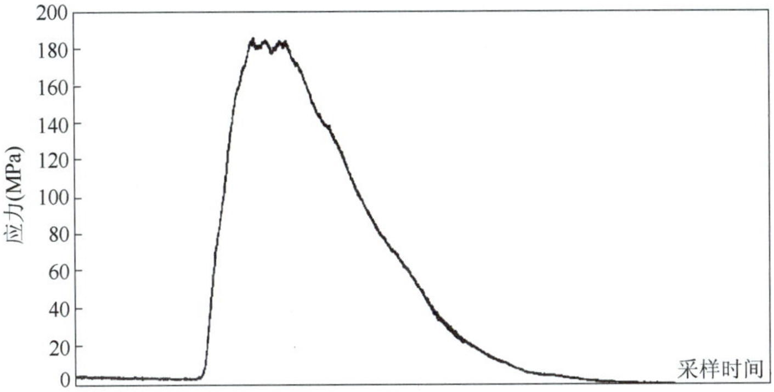

图 5-48　40 km/h 制动时，2 号梁制动力识别测点 2 的应力波形

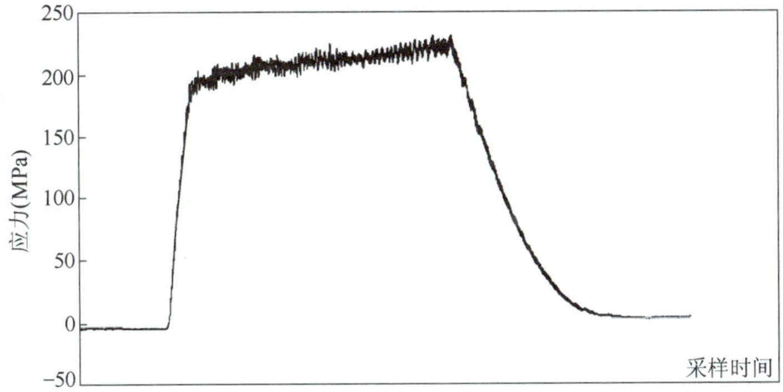

图 5-49　120 km/h 制动时，2 号梁制动力识别测点 2 的应力波形

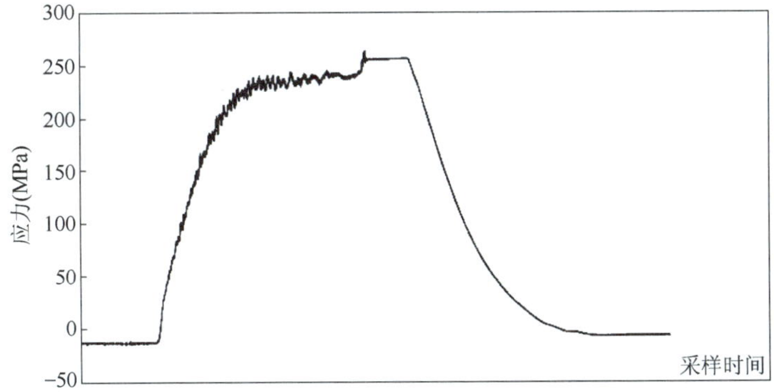

图 5-50　100 km/h 紧急制动时，2 号梁制动力识别测点 2 的应力波形

5.8.7.4　线路上制动时各梁切向力识别结果

在齐齐哈尔—加格达奇往返一次的制动试验中，实测了各梁切向力识别测点的动应力，按表 5-29 的制动工况方案对各速度常用全制动时的动应力进行数据处理，结果列于表 5-35。

表 5-35　制动时各梁切向力识别点的实测应力

单位：MPa

	制动速度 km/h	齐齐哈尔—加格达奇方向							加格达奇—齐齐哈尔方向						
		120	110	100	90	80	70	40	120	110	100	90	80	70	40
1 号制动梁	测点 6	—	—	—	—	−78.2	—	—	−24.7	−51.3	−11.1	−21.5	−9.1	−39.1	−19.1
	测点 7	—	—	—	—	−65.4	—	—	−144.7	−152.1	−161.9	−139.2	−161.4	−170.7	−148.5
2 号制动梁	测点 6	−118.0	−120.0	−107.0	−108.0	−129.8	−111.6	−115.9	−21.9	−62.3	−11.5	−18.3	−15.0	−59.4	−20.0
	测点 7	−73.0	−68.2	−79.0	−76.6	−37.1	−53.3	−47.4	−163.2	−178.2	−158.4	−135.5	−165.4	−200.0	−148.1
	测点 17	−68.5	−72.6	−77.3	−92.5	−98.2	−79.1	−85.9	38.9	66.4	49.4	41.3	52.4	68.0	39.3
	测点 18	−125.5	−123.9	−131.4	−110.8	−80.4	−91.8	−83.9	−192.2	−214.9	−199.3	−164.2	−206.6	−221.7	−166.5
3 号制动梁	测点 4	−189.1	−174.4	−187.0	−158.5	−141.5	−150.9	−151.4	−204.8	−223.7	−227.3	−165.7	−194.8	−223.5	−183.7
	测点 5	34.4	29.7	29.4	34.8	23.2	28.2	29.0	87.5	108.3	76.3	78.6	73.4	74.15	63.5
4 号制动梁	测点 4	−228.3	−239.4	−239.4	−220.3	−205.3	−202.9	−191.0	−277.1	−259.8	−270.8	−240.4	−263.7	−272.3	−195.5
	测点 5	40.4	44.9	41.7	34.0	29.4	28.2	23.9	94.3	99.0	87.9	85.4	86.9	67.8	69.0

图 5-51～图 5-58 中分别示出了 2 号制动梁切向力识别测点 17 和测点 18 在 100 km/h和 120 km/h 常用全制动过程中的应力波形图。

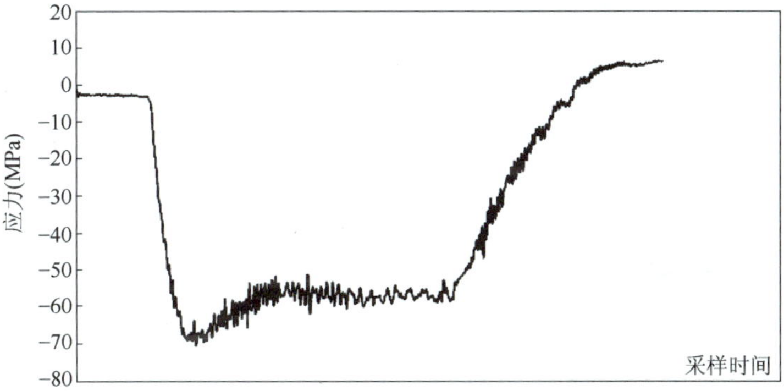

图 5-51 100 km/h 制动时，2 号梁切向力识别测点 17 的应力波形（齐齐哈尔—加格达奇）

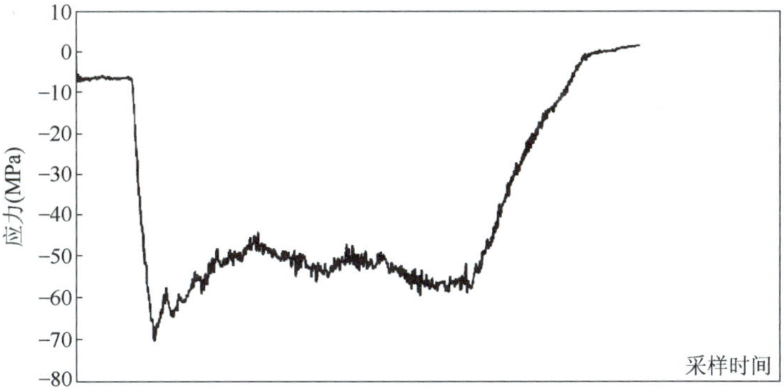

图 5-52 120 km/h 制动时，2 号梁切向力识别测点 17 的应力波形（齐齐哈尔—加格达奇）

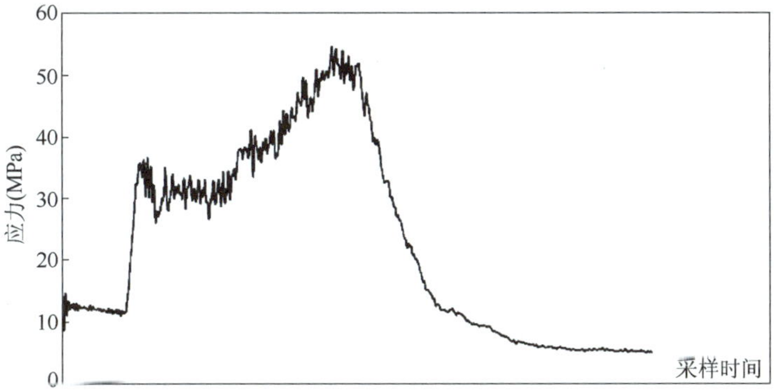

图 5-53 100 km/h 制动时，2 号梁切向力识别测点 17 的应力波形（加格达奇—齐齐哈尔）

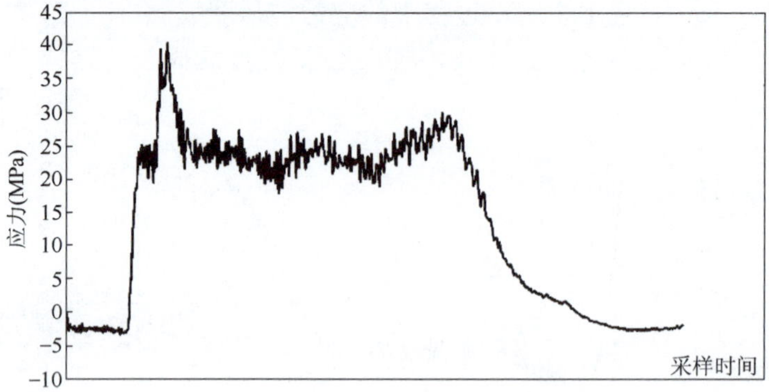

图 5-54　120 km/h 制动时,2 号梁切向力识别测点 17 的应力波形
（加格达奇—齐齐哈尔）

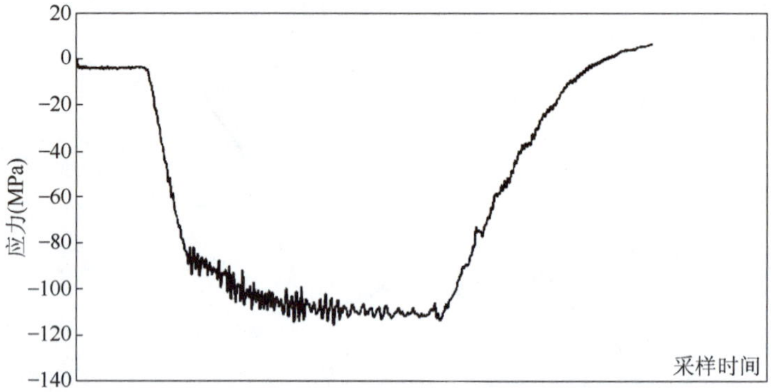

图 5-55　100 km/h 制动时,2 号梁切向力识别测点 18 的应力波形
（齐齐哈尔—加格达奇）

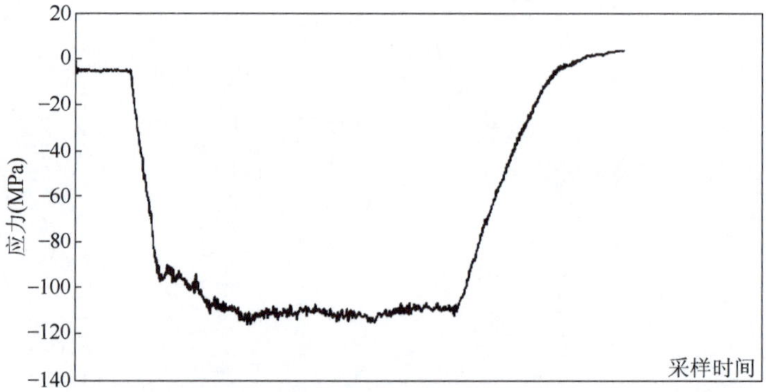

图 5-56　120 km/h 制动时,2 号梁切向力识别测点 18 的应力波形
（齐齐哈尔—加格达奇）

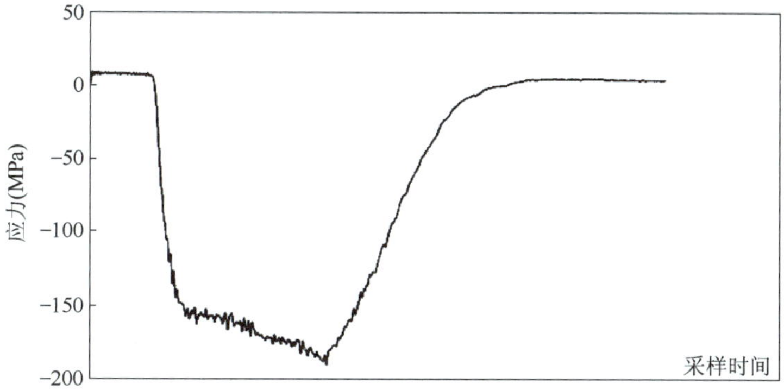

图 5-57 100 km/h 制动时,2 号梁切向力识别测点 18 的应力波形
(加格达奇—齐齐哈尔)

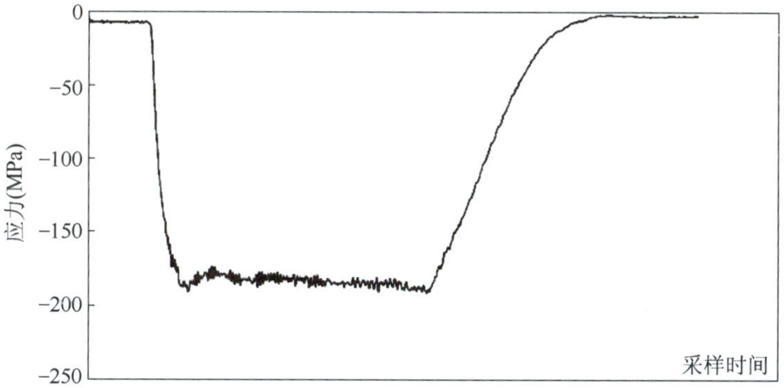

图 5-58 120 km/h 制动时,2 号梁切向力识别测点 18 的应力波形
(加格达奇—齐齐哈尔)

计算得出的各梁切向力结果列于表 5-36 中。

表 5-36 制动时各梁切向力识别点的实测应力 单位:MPa

齐齐哈尔—加格达奇方向

制动速度(km/h)	2 号梁						3 号梁	4 号梁		
	6	7	平均	17	18	平均	5	4	5	平均
120	15.1	8.9	12.0	10.1	10.4	10.2	18.3	46.9	22.5	34.7
110	15.8	11.7	13.8	15.1	12.1	13.6	21.7	51.4	20.7	36.1
100	11.0	6.1	8.6	15.8	5.2	10.5	21.9	11.7	22.0	16.8
90	11.4	7.3	9.3	11.0	23.4	17.2	17.7	13.3	25.1	19.2
80	19.1	28.9	24.0	11.4	49.5	30.4	26.8	18.7	26.9	22.8
70	12.5	20.0	16.3	19.1	39.1	29.1	22.9	20.8	27.2	24.0
40	14.3	23.4	18.8	12.5	46.9	29.7	22.2	14.0	29.1	21.6
平均	—	—	14.7	—	—	20.1	21.6	—	—	25.0

续上表

加格达奇——齐齐哈尔方向

制动速度(km/h)	2号梁						3号梁	4号梁		
	6	7	平均	17	18	平均	5	4	5	平均
120	20.9	41.1	31.0	27.8	47.9	37.8	23.4	46.4	4.9	25.7
110	5.7	66.1	35.9	20.9	58.0	39.4	29.9	27.8	3.1	15.4
100	24.6	38.3	31.5	5.7	53.1	29.4	14.8	46.7	7.7	27.2
90	22.0	25.5	23.8	24.6	23.5	24.0	16.3	31.7	8.5	20.1
80	23.1	42.2	32.6	22.0	60.1	41.0	12.4	28.8	8.1	18.5
70	6.8	61.6	34.2	23.1	53.0	38.0	13.2	24.2	7.7	16.0
40	21.2	32.7	27.0	6.8	25.3	16.0	14.5	38.5	6.9	22.7
平均	—	—	30.8	—	—	32.3	17.8	—	—	20.8

由表可见：

(1)与制动力识别结果相比，切向力的分散性较大、稳定性较差。如，在不同制动速度下，同一制动梁的同一测点，得出的切向力相差较大；在相同制动速度下，同一制动梁的相应测点(上、下两侧点)得出的切向力相差也较大。

(2)切向力分散性大、稳定性差的主要原因是：切向力识别点靠近制动梁撑杆的两端，而制动梁端部的受力比较复杂。即在制动过程中，除受到切向力作用外，制动梁滑块产生的弯矩对该部位有影响；另外，制动过程中由于闸瓦与车轮的接触点随机变化，因此在产生切向力的同时，也会产生水平和垂直面内的附加弯矩，并对撑杆端部产生影响。从图5-51～图5-58切向力识别测点的应力波形图中也可看到，有些测点或有些制动工况下，其应力波形不稳定。因此，识别得到的切向力实际上是受这些附加力矩综合影响的一个等效切向力。

(3)实测得到各梁一个闸瓦上的平均切向力为22.89 kN，即2.34 t。

5.8.8 制动梁安全评估

5.8.8.1 非制动状态制动梁上的动应力

在制动状态下，制动梁上主要受制动力和切向力作用。除此之外，正如前面分析切向力时提到的，在制动梁端部还受到一些附加力矩的作用。实际上，在非制动状态下，由于制动梁结构的振动，也会在制动梁上产生动应力、并将对制动梁造成疲劳损伤。为此，在制动梁安全评估时，还需要研究非制动状态下制动梁的动应力大小及其主频。由于每一测点记录的应力信号均为全程连续记录，因此只要从连续记录的信号中提取制动前的部分信号(这时速度值比较准)进行数据处理和频谱分析即可。下面以2号制动梁的测点6、测点7和测点12为例(这三个测点分别位于对振动应力比较敏感的撑杆上、下表面和弓杆上表面)进行分析，其结果列于表5-37。

表 5-37 非制动状态下 2 号制动梁上的动应力及其主频

运行区间	运行速度	测点 6			测点 7			测点 12		
		动应力幅(MPa)	主频 1(Hz)	主频 2(Hz)	动应力幅(MPa)	主频 1(Hz)	主频 2(Hz)	动应力幅(MPa)	主频 1(Hz)	主频 2(Hz)
齐齐哈尔—加格达奇	120	19.5	19	75	23.9	19	75	15.7	25	62
	110	24.5	20	65	19.2	20	65	24.9	23	58
	100	11.3	12.3	63	10.8	12.3	63	10.5	52	63
	90	10.8	10.5	16	9.8	10.5	16	13.4	50	71
加格达奇—齐齐哈尔	120	14.4	15	79.5	13.4	15	79.5	10.8	28	79
	110	24.6	15.3	65.5	17.0	15.3	65.5	16.4	29	67
	100	16.7	10.5	82	15.9	10.5	82	14.4	61	67
	90	16.5	10.5	63	15.9	10.5	63	13.6	55	63

由表 5-37 可见：

(1)在非制动状态下，三个测点的动应力幅值为 10～24 MPa；随速度的提高动应力略有提高；110 km/h 时出现较大值(在该速度下，可能制动梁的振动响应较强)。

(2)撑杆上两测点的第 1 主频在 20 Hz 以下，而弓杆上测点的主频则较高；齐齐哈尔—加格达奇往返途中，第 1 主频有些不同，这是由于速度与线路条件(激扰频率)不完全一样所致。

(3)非制动状态制动梁上的动应力幅值虽然不很大，但已能对制动梁产生疲劳损伤，而且由于出现的频次多(主频较高)，所以要考虑其对制动梁安全性的影响。

5.8.8.2 制动梁上大应力测点的应力谱

结构的疲劳破坏主要取决于动应力范围的大小和应力循环次数。将整个试验运行全程中采集的应力信号进行处理，采用雨流计数法编制成一维应力谱。

L-C 型制动梁大应力测点的应力谱分别列于表 5-38，表 5-39。

表 5-38 1 号制动梁大应力测点应力谱

加格达奇—齐齐哈尔单程(431 km)　　应力单位：MPa

(a)1-11 测点

弓杆压装接头上表面			
级数	应力幅值	出现频次	累计频次
1	15.22	136 313	136 804
2	35.66	444	491
3	56.10	17	47
4	76.54	6	30
5	96.98	7	24
6	117.43	10	17
7	137.87	3	7
8	158.31	4	4

(b)1-13 测点

制动梁端头内凹角上部			
级数	应力幅值	出现频次	累计频次
1	14.24	74 697	75 482
2	32.71	746	785
3	51.18	8	39
4	69.65	6	31
5	88.12	12	25
6	106.59	7	13
7	125.06	3	6
8	143.53	3	3

(c)1-22 测点

制动梁端头内凹角下部			
级数	应力幅值	出现频次	累计频次
1	12.94	74 972	76 242
2	28.78	1 185	1 270
3	44.61	50	85
4	60.45	14	35
5	76.28	6	21
6	92.12	6	15
7	108.0	5	9
8	123.8	4	4

表 5-39　2 号、3 号、4 号制动梁大应力测点应力谱

齐齐哈尔—加格达奇往返(862km)　　应力单位:MPa

(a)2-12 测点

弓头压装接头上表面			
级数	应力幅值	出现频次	累计频次
1	18.76	428 764	429 736
2	46.21	868	972
3	73.66	49	104
4	101.1	18	55
5	128.6	27	37
6	156.0	4	10
7	183.4	3	6
8	210.9	3	3

续表

(b)3-13 测点

制动梁端头内凹角上部			
级数	应力幅值	出现频次	累计频次
1	18.71	328 654	330 280
2	46.07	1473	1626
3	73.44	102	153
4	100.8	14	51
5	128.2	22	37
6	155.5	7	15
7	182.9	5	8
8	210.3	3	3

(c)2-26 测点

制动梁端头内凹角上部			
级数	应力幅值	出现频次	累计频次
1	17.87	217 617	217 917
2	43.59	233	300
3	69.31	16	67
4	95.03	11	51
5	120.75	25	40
6	146.47	8	15
7	172.19	4	7
8	197.9	3	3

(d)4-11 测点

弓头压装接头外侧			
级数	应力幅值	出现频次	累计频次
1	19.91	120 762	120 860
2	49.74	36	98
3	79.56	12	62
4	109.38	9	50
5	139.21	25	41
6	169.03	10	16
7	198.86	3	6
8	228.68	3	3

此外，制动梁弓杆顶部制动力识别测点，其静、动应力均很大。因此也将1号制动梁测点1的动应力单程测试结果编制了应力谱，列于表5-40。

表 5-40　1号制动梁测点1应力谱　　应力单位：MPa

级数	应力幅值	出现频次	累计频次
1	14.54	7 532	7 593
2	33.61	27	61
3	52.69	4	34
4	71.77	5	30
5	90.84	14	25
6	109.92	6	11
7	128.99	2	5
8	148.07	3	3

5.9　摇枕弹簧载荷谱

摇枕弹簧是货物列车的重要承载件，其疲劳可靠性将直接影响行车安全，长期以来，每批次弹簧均需按TB/T 2211—2010《机车车辆悬挂装置钢制螺旋弹簧》标准进行室内疲劳试验，对于随机抽取的一组3个弹簧，按照设计载荷和TB/T 2211—2010规定的动荷系数，加载到TB/T 2211—2010所规定的循环次数，未出现裂纹，则认定为合格产品后方可装车运用。但随着提速货车的开行并日趋扩大，车辆设计轴重的不断提高，摇枕弹簧的定寿问题已成为迫切需要研究解决的重要课题，其中载荷谱是最基础的试验数据。

测试线路选择丰台—成都区段，随X87/8次P_{65}行包快运列车，对转K2型转向架用摇枕弹簧进行动应力实测，并计算其疲劳寿命；根据弹簧的室内标定结果由实测动应力获得其载荷谱；同时对转K2型转向架用摇枕弹簧在室内疲劳加载条件下的循环周次进行分析计算。这两项工作将为提速货车的摇枕弹簧定寿和合理确定室内疲劳试验的循环周次提供依据。

5.9.1　弹簧室内标定试验

弹簧室内标定的目的是为了得到每个被试弹簧的标定系数B(单位：N/$\mu\varepsilon$，即产生单位应变的载荷)，以使将实测的动应变准确地转换成弹簧上承受的载荷。

标定试验时，在每个被试验弹簧的上部(或下部)和中部的簧条上沿45°方向各贴一个应变片(该片也用于测试动应变)，然后在CSS110型电子万能材料试验机上进行加载，并记录每个载荷下相应的应变量和弹簧的位移量，据此可得出各应变的标定系数及每个弹簧的刚度，分别列于表 5-41 和表 5-42。

需要说明的是，曾采用应变花进行过标定试验，其结果是，45°方向的应变量最大，而沿水平方向和垂直方向的应变量非常小。这反映，弹簧上的应变状态近乎剪切应力状态，因此可忽略其弯曲作用，而采用 45°方向的应变片来测试弹簧的动应力（动载荷）。

表 5-41　转 K2 型枕外簧标定系数、刚度测试结果　　　应变单位：$\mu\varepsilon$

弹簧序号	应变片号									标定系数 B (N/$\mu\varepsilon$)	刚度 K (N/mm)
			5 kN	10 kN	15 kN	20 kN	15 kN	10 kN	5 kN		
D1	应变值	1 号	553	1 039	1 497	1 931	1 512	1 053	566	9. 71	—
		2 号	431	839	1 234	1 629	1 245	856	448	11. 89	—
	位移量(mm)		11. 30	21. 16	30. 79	40. 42	31. 29	21. 90	12. 15	—	523. 10
D2	应变值	3 号	453	926	1 399	1 892	1 401	929	457	10. 76	—
		4 号	393	774	1 154	1 527	1 163	798	414	12. 79	—
	位移量(mm)		10. 96	20. 42	29. 75	38. 84	29. 98	21. 00	11. 50	—	543. 33
D3	应变值	5 号	370	751	1 124	1 502	1 136	832	430	12. 93	—
		6 号	429	871	1 312	1 762	1 318	743	325	12. 10	—
	位移量(mm)		9. 85	19. 26	28. 48	37. 82	28. 80	19. 88	10. 28	—	540. 75
D4	应变值	7 号	447	920	1 386	1 835	1 387	929	456	10. 90	—
		8 号	428	847	1 262	1 696	1 265	853	433	11. 76	—
	位移量(mm)		11. 03	20. 84	30. 41	39. 78	30. 51	21. 13	11. 39	—	526. 30

表 5-42　转 K2 型枕内簧标定系数、刚度测试结果　　　应变单位：$\mu\varepsilon$

弹簧序号	应变片号									标定系数 B (N/$\mu\varepsilon$)	刚度 K (N/mm)
			5 kN	10 kN	15 kN	20 kN	15 kN	10 kN	5 kN		
S1	应变值	1 号	271	669	1 103	1 541	1 100	676	275	8. 97	—
		2 号	498	972	1 424	1 871	1 432	992	519	6. 18	—
	位移量(mm)		9. 25	16. 99	24. 40	31. 65	24. 50	17. 28	9. 61	—	406. 41
S2	应变值	3 号	409	830	1 245	1 656	1 256	846	427	7. 20	—
		4 号	386	783	1 181	1 591	1 196	809	418	7. 53	—
	位移量(mm)		9. 28	16. 78	23. 76	30. 68	23. 92	17. 04	9. 69	—	426. 22
S3	应变值	5 号	353	770	1 221	1 684	1 222	782	362	7. 65	—
		6 号	467	896	1 336	1 766	1 343	912	480	6. 62	—
	位移量(mm)		9. 47	16. 77	23. 93	30. 88	24. 10	17. 20	9. 78	—	423. 86
S4	应变值	7 号	426	857	1281	1714	1293	879	454	6. 93	—
		8 号	440	890	1344	1841	1352	911	459	6. 63	—
	位移量(mm)		8. 96	17. 11	24. 92	32. 52	26. 17	17. 52	9. 58	—	387. 52

5.9.2 弹簧静载计算

转 K2 型转向架摇枕弹簧(以下简称为枕簧)采用两级刚度，外簧高，内簧低，设外簧高出内簧 a mm。

转 K2 型转向架减振簧的内外簧等高，但减振簧比枕外簧高，设减振簧比枕外簧高 b mm。

设重车状态下，枕内簧的挠度值为 c mm。

全车共有 4×5(组)枕簧、4×2(组)减振簧，设枕外簧和枕内簧的刚度分别为 K_D、K_s，减振外簧和内簧的刚度分别为 $K_{减D}$、$K_{减S}$。

弹簧总载重 N = 载重 + 车体自重 + 2 个摇枕重量，根据静力平衡的关系得。

$$N=20[K_Sc+K_D(a+c)]+8[(a+b+c)(K_{减D}+K_{减S})] \tag{5-2}$$

由式(5-2)解出枕内簧的挠度值 $c$mm 后，可进一步求出各弹簧上的静载荷：

$$\begin{aligned} P_D&=K_D(a+c)\\ P_S&=K_Sc\\ P_{减D}&=K_{减D}(a+c+b)\\ P_{减S}&=K_{减S}(a+c+b) \end{aligned} \tag{5-3}$$

(1)确定各参数值

由表 5-41 和表 5-42 得：

4 个枕外簧刚度：

$$K_{D1}=523.1(\text{N/mm});K_{D2}=543.3(\text{N/mm});$$
$$K_{D3}=540.8(\text{N/mm});K_{D4}=525.3(\text{N/mm})。$$

4 个枕内簧刚度：

$$K_{S1}=405.4(\text{N/mm});K_{S2}=425.2(\text{N/mm});$$
$$K_{S3}=423.9(\text{N/mm});K_{S4}=387.5(\text{N/mm})。$$

由齐车公司提供：

$$a=22(\text{mm});b=23(\text{mm});$$

$$K_{减D}=142.30(\text{N/mm});K_{减S}=77.71(\text{N/mm})。$$

(2)弹簧总载重 N 值的确定

P_{65} 型棚车自重为 26.6 t，转 K2 型转向架自重为 4.2 t，摇枕为 0.541 t；丰台—成都运行时货重为 28.6 t，成都—丰台运行时货重为 26.1 t，往返全程的平均货重为 27.35 t。

$$N=27.35+26.6-4.2\times2+0.541=46.091(\text{t})=425\ 152.71(\text{N})$$

将各参数值和 N 值代入式(5-2)，可计算出枕内簧扰度值 c：

$$c=6.465\ 8(\text{mm})$$

由式(5-3)可计算 P_{65} 型行包快运列车的货重下各弹簧的静载荷：

枕外簧：$P_{D1}=K_{D1}(a+c)=523.1\times(22+6.4658)=14\,890.5(N)$

$P_{D2}=K_{D2}(a+c)=543.33\times(22+6.4658)=15\,466.3(N)$

$P_{D3}=K_{D3}(a+c)=540.75\times(22+6.4658)=15\,392.9(N)$

$P_{D4}=K_{D4}(a+c)=525.3\times(22+6.4658)=14\,953.1(N)$

枕内簧：$P_{S1}=K_{S1}\times c=405.4\times6.4658=2\,621.2(N)$

$P_{S2}=K_{S2}\times c=425.2\times6.4658=2\,749.3(N)$

$P_{S3}=K_{S3}\times c=423.9\times6.4658=2\,740.9(N)$

$P_{S4}=K_{S4}\times c=387.5\times6.4658=2\,505.5(N)$

减振外簧：

$$P_{减D}=K_{减D}(a+c+b)=142.3\times(22+6.4658+23)=7\,323.6(N)$$

减振内簧：

$$P_{减S}=K_{减S}(a+c+b)=77.71\times(22+6.4658+23)=3\,999.4(N)$$

5.9.3 转 K2 弹簧动应变测试

由齐车公司提供 4 组新枕簧(包括内簧和外簧)，每个弹簧上布有 2 个测点，分别在其上部(或下部)一圈半簧条和中间簧条处，沿 45°方向各贴一个应变片，共计 16 个应变片。做完室内标定试验后，在丰台车辆段将他们换装到车号为 3500713 的 P_{65} 型棚车的 1 位转向架上(1、2 位各 2 组)，随 X87/8 次 P_{65} 行包快运列车在丰台—成都区段(往返总里程位 4 000 km)运行中实测弹簧上的动应变。

5.9.4 信号处理与编制载荷谱

各测点的应变信号采用 HP1401B 数据采集系统和 DDS32 数字动态信号采集系统连续采样，输入大容量硬盘进行记录；测试工作结束后，采用由 VC++6.0 语言开发的数据处理软件进行信号处理。

由于测试信号为弹簧的动应变，而且是以电压信号输出，为得到弹簧的载荷—时间历程，需做如下处理：

各通道的测试信号为 X_i，单位为 V(伏特)；

应变仪的灵敏度系数为 D，单位为 με/V，本次测试中，HP 系统取 $D=1\,000$ με/5 V；DDS 系统取 $D=5\,000$ με/5V；

各弹簧的标定系数为 B_i，单位为 N/με；

弹簧各测点的载荷—时间历程为：$X_iD\cdot B_i+P_{静i}$ N

将载荷—时间历程进行小波处理后，采用双参数雨流计数法进行循环计数处理，就可得本次测试的摇枕内、外弹簧的 2 位载荷。由实测结果可知，在四组枕簧中，第 2 组枕内、外簧上 3 号、4 号测点的动应力信号较大。因此，本研究以第 2 组枕簧为对象研究其疲劳寿命，表 5-43～表 5-50 中列出了丰台—成都往返的二维载荷谱。

表 5-43　转 K2 型枕外簧（2 号簧）测点 3 北京—成都的二维载荷谱

载荷单位：N

			各级载荷幅值组中值															
			1	2	3	4	5	6	7	8	9	10	11	12	13	14	15	16
			225.37	582.95	940.53	1 298.11	1 655.69	2 013.27	2 370.85	2 728.43	3 086.01	3 443.59	3 801.17	4 158.75	4 516.33	4 873.91	5 231.49	5 589.07
各级载荷均值组中值	1	11 942.13	8.00	0.00	0.00	0.00	0.00	0.00	0.00	0.00	0.00	0.00	0.00	0.00	0.00	0.00	0.00	0.00
	2	12 350.20	14.00	0.00	0.00	0.00	0.00	0.00	0.00	0.00	0.00	0.00	0.00	0.00	0.00	0.00	0.00	0.00
	3	12 758.27	121.00	28.00	1.00	0.00	0.00	0.00	0.00	0.00	0.00	0.00	0.00	0.00	0.00	0.00	0.00	0.00
	4	13 166.33	520.00	213.00	14.00	0.00	0.00	0.00	0.00	0.00	0.00	0.00	0.00	0.00	0.00	0.00	0.00	0.00
	5	13 574.40	1 065.00	389.00	42.00	1.00	1.00	0.00	0.00	0.00	0.00	0.00	0.00	0.00	0.00	0.00	0.00	0.00
	6	13 982.46	1 728.00	766.00	84.00	19.00	3.00	0.00	0.00	0.00	0.00	0.00	0.00	0.00	0.00	0.00	0.00	0.00
	7	14 390.53	3 354.00	1 465.00	410.00	176.00	55.00	15.00	3.00	2.00	1.00	0.00	0.00	0.00	0.00	0.00	0.00	0.00
	8	14 798.59	7 906.00	4 659.00	1 854.00	846.00	342.00	150.00	57.00	20.00	4.00	2.00	1.00	0.00	0.00	2.00	0.00	0.00
	9	15 206.66	15 365.00	8 734.00	2 573.00	890.00	398.00	220.00	112.00	43.00	16.00	7.00	3.00	0.00	1.00	0.00	0.00	0.00
	10	15 614.72	6 162.00	2 630.00	708.00	270.00	95.00	39.00	16.00	8.00	4.00	4.00	0.00	0.00	1.00	0.00	0.00	1.00
	11	16 022.79	2 081.00	700.00	161.00	43.00	14.00	8.00	3.00	1.00	0.00	0.00	0.00	0.00	0.00	0.00	0.00	0.00
	12	16 430.85	1 006.00	310.00	28.00	5.00	3.00	1.00	0.00	0.00	0.00	0.00	0.00	0.00	0.00	0.00	0.00	0.00
	13	16 838.92	391.00	95.00	8.00	3.00	0.00	0.00	0.00	0.00	0.00	0.00	0.00	0.00	0.00	0.00	0.00	0.00
	14	17 246.98	104.00	13.00	8.00	0.00	0.00	0.00	0.00	0.00	0.00	0.00	0.00	0.00	0.00	0.00	0.00	0.00
	15	17 655.05	27.00	1.00	0.00	0.00	0.00	0.00	0.00	0.00	0.00	0.00	0.00	0.00	0.00	0.00	0.00	0.00
	16	18 063.11	2.00	1.00	0.00	0.00	0.00	0.00	0.00	0.00	0.00	0.00	0.00	0.00	0.00	0.00	0.00	0.00

表 5-44 转 K2 型枕外簧（2 号簧）测点 3 成都—北京的二维载荷谱

载荷单位：N

			各级载荷幅值组中值															
			1	2	3	4	5	6	7	8	9	10	11	12	13	14	15	16
			420.44	761.32	1 102.20	1 443.08	1 783.97	2 124.85	2 465.73	2 806.61	3 147.49	3 488.37	3 829.25	4 170.13	4 511.01	4 851.90	5 192.78	5 533.66
各级载荷均值组中值	1	10 285.22	1.00	0.00	0.00	0.00	0.00	0.00	0.00	0.00	0.00	0.00	0.00	0.00	0.00	0.00	0.00	0.00
	2	10 836.82	0.00	0.00	0.00	0.00	0.00	0.00	0.00	0.00	0.00	0.00	0.00	0.00	0.00	0.00	0.00	0.00
	3	11 388.42	0.00	0.00	0.00	0.00	0.00	0.00	0.00	0.00	0.00	0.00	0.00	0.00	0.00	0.00	0.00	0.00
	4	11 940.03	2.00	0.00	0.00	0.00	0.00	0.00	0.00	0.00	0.00	0.00	0.00	0.00	0.00	0.00	0.00	0.00
	5	12 491.63	53.00	1.00	0.00	0.00	0.00	0.00	0.00	0.00	0.00	0.00	0.00	0.00	0.00	0.00	0.00	0.00
	6	13 043.23	479.00	5.00	1.00	0.00	0.00	0.00	0.00	0.00	0.00	0.00	0.00	0.00	0.00	0.00	0.00	0.00
	7	13 594.83	2 008.00	136.00	11.00	5.00	0.00	0.00	0.00	0.00	0.00	0.00	0.00	0.00	0.00	0.00	0.00	0.00
	8	14 146.43	5 239.00	594.00	156.00	55.00	23.00	9.00	0.00	2.00	0.00	0.00	0.00	0.00	0.00	0.00	0.00	0.00
	9	14 698.03	14 886.00	3 182.00	1 510.00	700.00	362.00	161.00	68.00	21.00	9.00	4.00	2.00	2.00	0.00	0.00	0.00	1.00
	10	15 249.63	38 898.00	8 630.00	3 119.00	1 319.00	659.00	301.00	172.00	80.00	31.00	15.00	6.00	2.00	1.00	2.00	1.00	1.00
	11	15 801.24	8 136.00	1 428.00	493.00	493.00	98.00	31.00	20.00	16.00	5.00	4.00	2.00	0.00	2.00	0.00	0.00	0.00
	12	16 352.84	2 429.00	287.00	59.00	59.00	16.00	0.00	2.00	0.00	2.00	0.00	1.00	0.00	0.00	0.00	0.00	0.00
	13	16 904.44	557.00	39.00	9.00	9.00	2.00	0.00	0.00	0.00	0.00	0.00	0.00	0.00	0.00	0.00	0.00	0.00
	14	17 456.C4	95.00	4.00	1.00	1.00	0.00	0.00	0.00	0.00	0.00	0.00	0.00	0.00	0.00	0.00	0.00	0.00
	15	18 007.64	5.00	0.00	1.00	1.00	0.00	0.00	0.00	0.00	0.00	0.00	0.00	0.00	0.00	0.00	0.00	0.00
	16	18 559.24	6.00	0.00	0.00	0.00	0.00	0.00	0.00	0.00	0.00	0.00	0.00	0.00	0.00	0.00	0.00	0.00

表 5-45　转 K2 型枕外簧（2 号簧）测点 4 北京—成都的二维载荷谱

载荷单位：N

			各级载荷幅值组中值															
			1	2	3	4	5	6	7	8	9	10	11	12	13	14	15	16
			189.51	538.79	888.07	1 237.35	1 586.63	1 935.91	2 285.19	2 634.47	2 983.75	3 333.03	3 682.31	4 031.59	4 380.87	4 730.87	5 079.44	5 428.72
各级载荷均值组中值	1	11 934.04	5.00	1.00	0.00	0.00	0.00	0.00	0.00	0.00	0.00	0.00	0.00	0.00	0.00	0.00	0.00	0.00
	2	12 297.45	9.00	5.00	6.00	0.00	0.00	0.00	0.00	0.00	0.00	0.00	0.00	0.00	0.00	0.00	0.00	0.00
	3	12 660.86	41.00	34.00	18.00	2.00	0.00	0.00	0.00	0.00	0.00	0.00	0.00	0.00	0.00	0.00	0.00	0.00
	4	13 024.27	245.00	210.00	26.00	0.00	0.00	0.00	0.00	0.00	0.00	0.00	0.00	0.00	0.00	0.00	0.00	0.00
	5	13 387.68	629.00	529.00	50.00	6.00	0.00	0.00	0.00	0.00	0.00	0.00	0.00	0.00	0.00	0.00	0.00	0.00
	6	13 751.09	1 525.00	1 167.00	148.00	39.00	7.00	1.00	2.00	0.00	0.00	0.00	0.00	0.00	0.00	0.00	0.00	0.00
	7	14 114.50	2 776.00	1 975.00	361.00	82.00	38.00	10.00	7.00	0.00	0.00	0.00	0.00	0.00	0.00	0.00	0.00	0.00
	8	14 477.91	4 708.00	3 457.00	919.00	323.00	132.00	39.00	28.00	8.00	2.00	0.00	2.00	0.00	0.00	0.00	0.00	0.00
	9	14 841.32	8 772.00	8 128.00	2 855.00	1 291.00	513.00	199.00	83.00	18.00	11.00	4.00	0.00	1.00	1.00	0.00	0.00	0.00
	10	15 204.73	17 724.00	16 297.00	4 382.00	1 136.00	361.00	109.00	42.00	19.00	4.00	0.00	0.00	0.00	0.00	0.00	0.00	0.00
	11	15 668.14	8 756.00	6 509.00	1 253.00	259.00	59.00	18.00	2.00	3.00	0.00	0.00	0.00	0.00	0.00	0.00	0.00	0.00
	12	15 931.55	2 996.00	1 823.00	255.00	39.00	7.00	2.00	0.00	0.00	0.00	0.00	0.00	0.00	0.00	0.00	0.00	1.00
	13	16 294.96	997.00	498.00	35.00	6.00	2.00	0.00	0.00	0.00	0.00	0.00	0.00	0.00	0.00	0.00	0.00	0.00
	14	16 658.37	232.00	106.00	0.00	0.00	0.00	0.00	0.00	0.00	0.00	0.00	0.00	0.00	0.00	0.00	0.00	0.00
	15	17 021.78	18.00	11.00	1.00	0.00	0.00	0.00	0.00	0.00	0.00	0.00	0.00	0.00	0.00	0.00	0.00	0.00
	16	17 385.19	12.00	1.00	0.00	0.00	0.00	0.00	0.00	0.00	0.00	0.00	0.00	0.00	0.00	0.00	0.00	0.00

表 5-46 转 K2 型枕外簧（2 号簧）测点 4 成都—北京的二维载荷谱

载荷单位：N

			各级载荷幅值组中值															
			1	2	3	4	5	6	7	8	9	10	11	12	13	14	15	16
			421.21	760.29	1 099.37	1 438.45	1 777.53	2 116.61	2 455.69	2 794.77	3 133.84	3 472.92	3 812.00	4 151.08	4 490.16	4 829.24	5 168.32	5 507.40
各级载荷均值组中值	1	10 804.75	1.00	0.00	0.00	0.00	0.00	0.00	0.00	0.00	0.00	0.00	0.00	0.00	0.00	0.00	0.00	0.00
	2	11 315.51	0.00	0.00	0.00	0.00	0.00	0.00	0.00	0.00	0.00	0.00	0.00	0.00	0.00	0.00	0.00	0.00
	3	11 826.27	0.00	0.00	0.00	0.00	0.00	0.00	0.00	0.00	0.00	0.00	0.00	0.00	0.00	0.00	0.00	0.00
	4	12 337.03	35.00	1.00	0.00	0.00	0.00	0.00	0.00	0.00	0.00	0.00	0.00	0.00	0.00	0.00	0.00	0.00
	5	12 847.79	166.00	10.00	0.00	0.00	0.00	0.00	0.00	0.00	0.00	0.00	0.00	0.00	0.00	0.00	0.00	0.00
	6	13 358.55	863.00	52.00	8.00	1.00	0.00	0.00	0.00	0.00	0.00	0.00	0.00	0.00	0.00	0.00	0.00	0.00
	7	13 869.31	4 145.00	450.00	113.00	26.00	9.00	0.00	0.00	0.00	0.00	0.00	0.00	0.00	0.00	0.00	0.00	0.00
	8	14 380.07	10 326.00	1 867.00	614.00	233.00	73.00	36.00	12.00	6.00	2.00	1.00	1.00	0.00	0.00	0.00	0.00	0.00
	9	14 890.83	43 449.00	11 197.00	4 148.00	1 672.00	728.00	327.00	129.00	45.00	22.00	5.00	2.00	5.00	1.00	1.00	0.00	0.00
	10	15 401.59	56 479.00	12 531.00	3 650.00	1 252.00	516.00	221.00	99.00	52.00	20.00	15.00	7.00	2.00	1.00	1.00	1.00	1.00
	11	15 912.35	9 677.00	1 651.00	390.00	128.00	39.00	21.00	7.00	6.00	2.00	4.00	0.00	0.00	0.00	0.00	0.00	0.00
	12	16 423.11	2 115.00	276.00	71.00	17.00	9.00	0.00	1.00	0.00	0.00	1.00	0.00	0.00	0.00	0.00	0.00	0.00
	13	16 933.87	263.00	36.00	7.00	2.00	3.00	0.00	0.00	0.00	0.00	0.00	0.00	0.00	0.00	0.00	0.00	0.00
	14	17 444.63	30.00	1.00	0.00	0.00	0.00	0.00	0.00	0.00	0.00	0.00	0.00	0.00	0.00	0.00	0.00	0.00
	15	17 955.39	2.00	0.00	0.00	0.00	0.00	0.00	0.00	0.00	0.00	0.00	0.00	0.00	0.00	0.00	0.00	0.00
	16	18 466.15	4.00	0.00	0.00	0.00	0.00	0.00	0.00	0.00	0.00	0.00	0.00	0.00	0.00	0.00	0.00	0.00

表 5-47　转 K2 型枕内簧（2 号簧）测点 3 北京—成都的二维载荷谱

载荷单位：N

			各级载荷幅值组中值															
			1	2	3	4	5	6	7	8	9	10	11	12	13	14	15	16
			244.69	520.14	795.59	1 071.04	1 346.49	1 621.94	1 897.39	2 172.84	2 448.29	2 723.74	2 999.19	3 274.64	3 550.09	3 825.54	4 100.99	4 376.44
各级载荷均值组中值	1	−1.38	31.00	0.00	0.00	0.00	0.00	0.00	0.00	0.00	0.00	0.00	0.00	0.00	0.00	0.00	0.00	0.00
	2	371.76	138.00	0.00	0.00	0.00	0.00	0.00	0.00	0.00	0.00	0.00	0.00	0.00	0.00	0.00	0.00	0.00
	3	744.90	1 366.00	63.00	1.00	0.00	0.00	0.00	0.00	0.00	0.00	0.00	0.00	0.00	0.00	0.00	0.00	0.00
	4	1 118.03	4 174.00	168.00	15.00	0.00	0.00	0.00	0.00	0.00	0.00	0.00	0.00	0.00	0.00	0.00	0.00	0.00
	5	1 491.17	8 781.00	438.00	38.00	6.00	2.00	0.00	0.00	0.00	0.00	0.00	0.00	0.00	0.00	0.00	0.00	0.00
	6	1 864.31	17 254.00	1 042.00	295.00	152.00	34.00	9.00	3.00	2.00	1.00	0.00	0.00	0.00	0.00	0.00	0.00	0.00
	7	2 237.45	42 862.00	4 276.00	1 861.00	787.00	358.00	155.00	59.00	21.00	5.00	2.00	1.00	0.00	0.00	2.00	0.00	0.00
	8	2 610.58	72 179.00	6 170.00	1 794.00	700.00	325.00	186.00	97.00	41.00	13.00	8.00	3.00	0.00	2.00	0.00	0.00	0.00
	9	2 983.72	26 048.00	1 251.00	382.00	158.00	63.00	20.00	4.00	4.00	1.00	2.00	0.00	0.00	0.00	0.00	0.00	1.00
	10	3 356.86	9 505.00	276.00	49.00	11.00	5.00	4.00	1.00	1.00	0.00	0.00	0.00	0.00	0.00	0.00	0.00	0.00
	11	3 730.00	4 153.00	72.00	11.00	3.00	1.00	0.00	0.00	0.00	0.00	0.00	0.00	0.00	0.00	0.00	0.00	0.00
	12	4 103.13	777.00	13.00	6.00	0.00	0.00	0.00	0.00	0.00	0.00	0.00	0.00	0.00	0.00	0.00	0.00	0.00
	13	4 476.27	147.00	0.00	0.00	0.00	0.00	0.00	0.00	0.00	0.00	0.00	0.00	0.00	0.00	0.00	0.00	0.00
	14	4 849.41	16.00	0.00	0.00	0.00	0.00	0.00	0.00	0.00	0.00	0.00	0.00	0.00	0.00	0.00	0.00	0.00
	15	5 222.54	6.00	0.00	0.00	0.00	0.00	0.00	0.00	0.00	0.00	0.00	0.00	0.00	0.00	0.00	0.00	0.00
	16	5 595.68	1.00	0.00	0.00	0.00	0.00	0.00	0.00	0.00	0.00	0.00	0.00	0.00	0.00	0.00	0.00	0.00

表 5-48 转 K2 型枕内簧（2 号簧）测点 3 成都—北京的二维载荷谱

载荷单位：N

			各级载荷幅值组中值															
			1	2	3	4	5	6	7	8	9	10	11	12	13	14	15	16
			242.19	514.58	786.97	1 059.36	1 331.76	1 604.15	1 876.54	2 148.93	2 421.32	2 693.71	2 966.10	3 238.49	3 510.89	3 783.28	4 055.67	4 328.06
各级载荷均值组中值	1	−1 309.86	10.00	0.00	0.00	0.00	0.00	0.00	0.00	0.00	0.00	0.00	0.00	0.00	0.00	0.00	0.00	0.00
	2	−847.80	2.00	0.00	0.00	0.00	0.00	0.00	0.00	0.00	0.00	0.00	0.00	0.00	0.00	0.00	0.00	0.00
	3	−385.75	18.00	0.00	0.00	0.00	0.00	0.00	0.00	0.00	0.00	0.00	0.00	0.00	0.00	0.00	0.00	0.00
	4	76.31	47.00	2.00	0.00	0.00	0.00	0.00	0.00	0.00	0.00	0.00	0.00	0.00	0.00	0.00	0.00	0.00
	5	538.36	652.00	5.00	0.00	0.00	0.00	0.00	0.00	0.00	0.00	0.00	0.00	0.00	0.00	0.00	0.00	0.00
	6	1 000.42	5 174.00	95.00	2.00	0.00	0.00	0.00	0.00	0.00	0.00	0.00	0.00	0.00	0.00	0.00	0.00	0.00
	7	1 426.47	16 422.00	571.00	71.00	13.00	4.00	1.00	0.00	0.00	0.00	0.00	0.00	0.00	0.00	0.00	0.00	0.00
	8	1 924.53	43 511.00	2 013.00	665.00	293.00	125.00	43.00	24.00	9.00	1.00	2.00	1.00	1.00	0.00	0.00	0.00	0.00
	9	2 386.58	164 707.00	12 681.00	4 525.00	1 874.00	891.00	464.00	201.00	86.00	26.00	12.00	8.00	4.00	1.00	2.00	1.00	2.00
	10	2 848.64	90 121.00	5 497.00	1 726.00	654.00	278.00	145.00	66.00	50.00	25.00	12.00	2.00	0.00	2.00	0.00	0.00	0.00
	11	3 310.69	20 098.00	848.00	184.00	70.00	30.00	11.00	4.00	1.00	1.00	1.00	1.00	0.00	0.00	0.00	0.00	0.00
	12	3 772.75	5 195.00	142.00	27.00	7.00	3.00	0.00	0.00	0.00	0.00	0.00	0.00	0.00	0.00	0.00	0.00	0.00
	13	4 234.80	844.00	22.00	3.00	2.00	2.00	0.00	0.00	0.00	0.00	0.00	0.00	0.00	0.00	0.00	0.00	0.00
	14	4 696.86	108.00	0.00	1.00	0.00	0.00	0.00	0.00	0.00	0.00	0.00	0.00	0.00	0.00	0.00	0.00	0.00
	15	5 158.91	15.00	1.00	0.00	0.00	0.00	0.00	0.00	0.00	0.00	0.00	0.00	0.00	0.00	0.00	0.00	0.00
	16	5 620.97	5.00	0.00	0.00	0.00	0.00	0.00	0.00	0.00	0.00	0.00	0.00	0.00	0.00	0.00	0.00	0.00

表 5-49　转 K2 型枕内簧（2 号簧）测点 4 北京—成都的二维载荷谱

载荷单位：N

			各级载荷幅值组中值															
			1	2	3	4	5	6	7	8	9	10	11	12	13	14	15	16
			238.12	505.69	773.25	1 040.82	1 308.39	1 575.95	1 843.52	2 111.09	2 378.66	2 646.22	2 913.79	3 181.36	3 448.92	3 716.49	3 984.06	4 251.63
各级载荷均值组中值	1	−320.84	14.00	0.00	0.00	0.00	0.00	0.00	0.00	0.00	0.00	0.00	0.00	0.00	0.00	0.00	0.00	0.00
	2	−6.78	60.00	4.00	0.00	0.00	0.00	0.00	0.00	0.00	0.00	0.00	0.00	0.00	0.00	0.00	0.00	0.00
	3	307.27	217.00	23.00	14.00	1.00	0.00	0.00	0.00	0.00	0.00	0.00	0.00	0.00	0.00	0.00	0.00	0.00
	4	621.32	1 287.00	140.00	11.00	0.00	0.00	0.00	0.00	0.00	0.00	0.00	0.00	0.00	0.00	0.00	0.00	0.00
	5	935.37	4 124.00	315.00	32.00	4.00	0.00	0.00	0.00	0.00	0.00	0.00	0.00	0.00	0.00	0.00	0.00	0.00
	6	1 249.42	10 075.00	818.00	125.00	44.00	10.00	2.00	2.00	0.00	0.00	0.00	0.00	0.00	0.00	0.00	0.00	0.00
	7	1 563.47	20 740.00	1 536.00	361.00	115.00	42.00	12.00	12.00	0.00	1.00	0.00	0.00	0.00	0.00	0.00	0.00	0.00
	8	1 877.53	38 289.00	3 493.00	1 223.00	565.00	231.00	106.00	41.00	11.00	7.00	4.00	0.00	1.00	1.00	0.00	0.00	0.00
	9	2 191.58	87 786.00	10 671.00	3 577.00	1 284.00	436.00	166.00	69.00	19.00	3.00	1.00	0.00	0.00	0.00	0.00	0.00	0.00
	10	2 505.63	77 181.00	6 658.00	1 364.00	355.00	92.00	26.00	11.00	4.00	3.00	0.00	0.00	0.00	0.00	0.00	0.00	0.00
	11	2 819.68	27 678.00	1 463.00	241.00	45.00	7.00	1.00	0.00	0.00	0.00	0.00	0.00	0.00	0.00	0.00	0.00	1.00
	12	3 133.73	8 928.00	319.00	32.00	4.00	1.00	0.00	0.00	0.00	0.00	0.00	0.00	0.00	0.00	0.00	0.00	0.00
	13	3 447.79	1 912.00	51.00	0.00	0.00	0.00	0.00	0.00	0.00	0.00	0.00	0.00	0.00	0.00	0.00	0.00	0.00
	14	3 761.84	247.00	6.00	0.00	0.00	0.00	0.00	0.00	0.00	0.00	0.00	0.00	0.00	0.00	0.00	0.00	0.00
	15	4 075.89	63.00	0.00	0.00	0.00	0.00	0.00	0.00	0.00	0.00	0.00	0.00	0.00	0.00	0.00	0.00	0.00
	16	4 389.94	5.00	0.00	0.00	0.00	0.00	0.00	0.00	0.00	0.00	0.00	0.00	0.00	0.00	0.00	0.00	0.00

表 5-50 转 K2 型枕内簧（2 号簧）测点 4 成都—北京的二维载荷谱

载荷单位：N

			各级载荷幅值组中值															
			1	2	3	4	5	6	7	8	9	10	11	12	13	14	15	16
			240.04	511.20	782.36	1 053.52	1 324.69	1 595.83	1 866.99	2 138.15	2 409.31	2 680.47	2 951.53	3 222.78	3 493.94	3 765.10	4 036.26	4 307.42
各级载荷均值组中值	1	−1 093.76	11.00	0.00	0.00	0.00	0.00	0.00	0.00	0.00	0.00	0.00	0.00	0.00	0.00	0.00	0.00	0.00
	2	−576.89	12.00	0.00	0.00	0.00	0.00	0.00	0.00	0.00	0.00	0.00	0.00	0.00	0.00	0.00	0.00	0.00
	3	−60.01	128.00	4.00	0.00	0.00	0.00	0.00	0.00	0.00	0.00	0.00	0.00	0.00	0.00	0.00	0.00	0.00
	4	456.87	1 069.00	32.00	1.00	0.00	0.00	0.00	0.00	0.00	0.00	0.00	0.00	0.00	0.00	0.00	0.00	0.00
	5	973.74	9 592.00	270.00	50.00	12.00	0.00	0.00	0.00	0.00	0.00	0.00	0.00	0.00	0.00	0.00	0.00	0.00
	6	1 490.62	41 178.00	2 270.00	559.00	188.00	49.00	21.00	6.00	2.00	1.00	0.00	0.00	0.00	0.00	0.00	0.00	0.00
	7	2 007.50	146 238.00	16 656.00	5 868.00	2 405.00	963.00	428.00	158.00	66.00	27.00	7.00	4.00	5.00	1.00	1.00	0.00	0.00
	8	2 524.37	182 362.00	20 185.00	5 605.00	1 819.00	695.00	299.00	129.00	65.00	24.00	18.00	7.00	2.00	2.00	1.00	1.00	1.00
	9	3 041.25	30 893.00	1 788.00	394.00	100.00	27.00	7.00	1.00	1.00	2.00	3.00	0.00	0.00	0.00	0.00	0.00	0.00
	10	3 558.13	4 250.00	172.00	31.00	7.00	5.00	0.00	1.00	0.00	0.00	0.00	0.00	0.00	0.00	0.00	0.00	0.00
	11	4 075.00	494.00	5.00	0.00	0.00	0.00	0.00	0.00	0.00	0.00	0.00	0.00	0.00	0.00	0.00	0.00	0.00
	12	4 591.88	56.00	0.00	0.00	0.00	0.00	0.00	0.00	0.00	0.00	0.00	0.00	0.00	0.00	0.00	0.00	0.00
	13	5 108.76	21.00	0.00	0.00	0.00	0.00	0.00	0.00	0.00	0.00	0.00	0.00	0.00	0.00	0.00	0.00	0.00
	14	5 625.63	4.00	0.00	0.00	0.00	0.00	0.00	0.00	0.00	0.00	0.00	0.00	0.00	0.00	0.00	0.00	0.00
	15	6 142.51	0.00	0.00	0.00	0.00	0.00	0.00	0.00	0.00	0.00	0.00	0.00	0.00	0.00	0.00	0.00	0.00
	16	6 659.39	1.00	0.00	0.00	0.00	0.00	0.00	0.00	0.00	0.00	0.00	0.00	0.00	0.00	0.00	0.00	0.00

5.9.5 载荷因子计算

所谓载荷因子，是指影响载荷值的一些因素，本研究主要考虑以下两方面的影响因素：

一是，鉴于转K2型转向架不仅装用于P_{65}型行包快运列车，同时还将装用于21 t轴重的P_{64}型棚车等货车。因此，弹簧的满载应按21 t轴重计算，而计算弹簧静载和实测其动应变时，往返平均货重仅为27.35 t，故需要乘上一个载荷因子α。

$$\alpha=\frac{N_{21}}{N}$$

式中，N_{21}为21 t轴重时载荷，$N_{21}=21\times4-4.2\times2+0.541\times2=76.68$(t)；$N$为本次测试中的弹簧静载，$N=46.63$(t)。

得：

$$\alpha=\frac{76.68}{45.63}=1.6805$$

二是，如前所述在弹簧静标定和测试动应变时，均通过45°方向上的一个应变片作为传感器，即把弹簧看作受纯剪切作用，实际上，弹簧还会受弯矩作用；车辆运用中难免有超偏载，弹簧运用中会发生腐蚀，以及静、动应变测试系统存在误差等。有关资料也表明当载荷和材料疲劳强度性能均取自于实验数据时，取安全系数$n=1.3\sim1.5$。本研究采用实测载荷谱，60Si2Mn的P-S-N曲线也由试验确定，因此综合考虑这些因素，取1.4作为载荷修正系数(安全系数)。

将本次测试得到的弹簧二维载荷谱乘以载荷因子α(1.6805)和载荷修正系数(1.4)后，作为进行弹簧寿命计算的二维载荷谱。

5.9.6 弹簧钢的*P-S-N*曲线

在估算弹簧寿命时，另一个基础工作是需要试验研究其疲劳性能，得出P-S-N曲线。由于时间紧迫，来不及实验目前提速货车用弹簧的P-S-N曲线，本研究借用文献中列出的60Si2Mn旋转弯曲P-S-N曲线。

P-S-N曲线的通用表达式为：

$$\lg N_p=a_p+b_p\lg\sigma \tag{5-4}$$

式中，P为存活率(通常称作可靠度)；N_p为存活率P下的疲劳寿命；a_p、b_p为存活率P下的材料常数；由试验得出，文献中不同存活率的a_p和b_p值列于表5-51中：

表5-51 60Si2Mn旋转弯曲*P-S-N*曲线的a_p和b_p值

材料	热处理	试样形式	σ_p (MPa)	不同存活率下的a_p、b_p					
				P(%)	50	90	95	99	99.9
60Si2Mn	淬火后中温处理	圆柱形	1 625	a_p	32.629 6	22.645 1	19.817 2	14.522 1	8.574 5
				b_p	−9.795 3	−6.306 7	−6.318 4	−3.467 8	−1.389 2

5.9.7 弹簧疲劳强度影响系数的分析与计算

弹簧用钢 60Si2Mn 的 P-S-N 曲线和疲劳极限，只能代表标准光滑试样的疲劳性能，实现弹簧与标准试样有很大差别。如尺寸、形状、表面状况、平均应力等。下面就这些因素对弹簧疲劳强度的影响及其影响系数(因子)进行分析与计算。

尺寸效应：疲劳强度随零件尺寸增大而降低的现象称为尺寸效应，尺寸效应的大小用尺寸系数 ε 来表征。

$$\varepsilon=\frac{\sigma_{-1d}}{\sigma_{-1}}$$

式中，σ_{-1} 为标准尺寸试样的疲劳极限，其直径 d_0 常取 7.5 mm；σ_{-1d} 为弹簧的疲劳极限。

尺寸系数 ε 一般用试验曲线确定，由文献查得枕外簧的 $\varepsilon=0.9$，枕内簧的 $\varepsilon=0.95$。

形状系数(亦即强度应力集中系数)：在圆柱螺旋弹簧设计中，常用“瓦尔系数”C_w 来表示其理论应力集中系数。

$$C_w=\Gamma_{max}/\Gamma=(4C-1)/(4C-4)+0.615/C \tag{5-5}$$

$$\Gamma=8PD/\pi d^3 \tag{5-6}$$

$$C=D/d \tag{5-7}$$

式中，Γ_{max} 为最大切应力(MPa)；Γ 为计算切应力(MPa)；P 为轴向载荷；D 为弹簧谱平均直径(mm)；d 为簧条直径(mm)；

枕外簧 C_{WD} 计算：$C=4.692\ 3$，$C_{WD}=1.334\ 2$

枕内簧 C_{WS} 计算：$C=3.888\ 9$，$C_{WS}=1.417\ 7$

需要说明一点，由于弹簧上的应力状态近乎纯剪切应力状态，并且为比例加载，因此可用 σ 表示弹簧的载荷应力。即式(5-6)可表示为：

$$\sigma=\Gamma=8PD/\pi d^3 \tag{5-8}$$

表面状况：表面状况对弹簧疲劳强度的影响用表面系数 β 来表示，表面系数又分为表面加工系数，腐蚀系数和表面强化系数。由于前两项使弹簧疲劳强度降低，而后一项使弹簧疲劳强度提高，因此本研究未考虑表面状况对疲劳强度的影响。

平均应力的影响：转向架弹簧的应力—时间历程是二维问题，即平均应力和应力幅均是随机变化的。研究表明，拉伸平均应力使疲劳强度和寿命降低，压缩平均应力使疲劳强度和寿命增加。

为了考虑平均应力的影响，许多学者提出了许多不同的极限应力线，其中 Goodman 直线使用较多，其表达式：

$$\sigma_a=\sigma_{-1}\left(1-\frac{\sigma_m}{\sigma_b}\right)=\sigma_{-1}\left(\frac{\sigma_b-\sigma_m}{\sigma_b}\right) \tag{5-9}$$

通过转换，可得到对称循环的等效应力幅值 σ_{-1eq}：

$$\sigma_{-1eq}=\frac{\sigma_b}{\sigma_b-\sigma_m}\sigma_a \tag{5-10}$$

由式(5-10),可以将二维谱转换成一维谱。

5.9.8 弹簧的损伤模型

本研究采用工程中广泛应用的 Palmgren-Miner 线性累计损伤法则(亦称 Miner 法则)来估算弹簧的寿命,其数学表达式为:

$$D=\sum_{i=1}^{l}\frac{n_i}{N_i} \tag{5-11}$$

式中,n_i 为各级应力水平下的循环次数;N_i 为各级应力水平下的疲劳寿命;D 为损伤和,$D=1$ 时试样发生破坏。

当损伤和为一个不等于 1 的其他常数时,称为修正 Miner 法则,修正 Miner 法则的数学表达式为:

$$D=\sum_{i=1}^{l}\frac{n_i}{N_i}=\alpha,\alpha\neq 1 \tag{5-12}$$

根据文献的研究,当 α 取为 0.7 时,其寿命估算结果比 Miner 法则安全,寿命估算精度也从总体上比 Miner 法则有所提高。因此,本研究采用修正 Miner 法则,并取 $D=0.7$ 作为弹簧的损伤模型。

5.9.9 弹簧疲劳寿命计算模型

采用 60Si2Mn 的 P-S-N 曲线计算摇枕弹簧的疲劳寿命,为确保行车安全取存活率 $P=99\%$,数学表达式:

$$\lg N_{99}=a_{99}+b_{99}\lg(K_{\mathrm{a}}\sigma_{-1\mathrm{eq}}) \tag{5-13}$$

式中,K_{a} 为考虑载荷因子和尺寸效应的系数;a_{99}、b_{99} 为 99%存活率下的材料常数,由表 5-51 查得;$\sigma_{-1\mathrm{eq}}$ 为考虑平均应力的等效应力幅值;N_{99} 为 99%存活率下的疲劳寿命。

利用式(5-13),计算出存活率为 99%的各级应力水平的疲劳寿命 N_{i99};由式(5-12),得出 16 级载荷谱的损伤和:

$$D=\sum\frac{n_i}{N_{i99}},(i=1,2,3,\cdots,16)$$

当 $D=0.7$ 时,弹簧将发生破坏,由此可计算所需应力谱的块数 T:

$$T=\frac{0.7}{\sum\frac{n_i}{N_{i99}}},(i=1,2,3,\cdots,16)$$

每个谱块对应的 P_{65} 行包快运列车运行总里程为 4 000 km,因此弹簧的疲劳寿命(按运行里程计)为:

$$S=T\times 4\ 000(\mathrm{km})$$

5.9.10 摇枕弹簧疲劳寿命计算结果

表 5-52 中列出了分别位于第 2 组摇枕外簧和内簧上四个测点的疲劳寿命计算

结果。

表 5-52　第 2 组摇枕内、外簧疲劳寿命计算结果

	测点号	载荷谱块数(T)	运行里程 S(万 km)
外簧	3 号	73.7	29.5
	4 号	62.5	26.0
内簧	5 号	194.4	57.8
	6 号	176.0	43.5

由表 5-52 可见，摇枕外簧的疲劳寿命为 25 万 km，摇枕内簧的疲劳寿命为 43.5 万 km。

5.9.11　弹簧疲劳试验恒幅载荷的确定

转 K2 型转向架技术要求规定：

枕外簧平均试验载荷 P_{mD}，$P_{mD}=P_j=20\ 732(N)$；

动载荷 P_{aD}，$P_{aD}=\pm 8\ 293(N)$；

枕内簧平均试验载荷 P_{ms}，$P_{ms}=P_j=11\ 482(N)$；

动载荷 P_{as}，$P_{as}=\pm 4\ 593(N)$；

转 K2 型枕簧几何尺寸：

枕外簧平均直径 $D=122(mm)$

簧条直径 $d=26(mm)$

$$c=\frac{D}{d}=4.962\ 3$$

“瓦尔系数”
$$C_{wd}=\frac{4c-1}{4c-4}+\frac{0.615}{c}=1.334\ 2$$

枕内簧平均直径 $D=70(mm)$

簧条直径 $d=18(mm)$

$$c=\frac{D}{d}=3.888\ 9$$

$$C_{wd}=1.417\ 7$$

室内疲劳试验时弹簧载荷应力计算：

$$\sigma_m=\frac{8P_mD}{md^3}C_w \tag{5-14}$$

$$\sigma_a=\frac{8P_aD}{md^3}C_w \tag{5-15}$$

由式(5-14)、式(5-15)分别计算枕外簧和枕内簧的 σ_{mD}、σ_{aD} 和 σ_{ms}、σ_{as} 为：

$$\sigma_{mD}=489.23(MPa)；\sigma_{aD}=195.7(MPa)；$$

$$\sigma_{ms}=497.8(MPa)；\sigma_{as}=199.1(MPa)。$$

采用与“转 K2 型枕簧动应力测试及其疲劳寿命研究”中间同样的 60Si2Mn 旋转

弯曲 P-S-N 曲线。

采用存活率为 95%的疲劳性能数据，其理由如下；

因为弹簧室内疲劳试验属于二次计数抽样，即试验规范要求“第一次抽样为 3 个弹簧，3 个弹簧同时通过疲劳试验为合格产品，若其中 2 个不合格，则该弹簧为不合格品；只有其中一个不合格，允许在同批弹簧中再抽取 2 个，试验后同时合格，该批弹簧才为合格品。”根据这种两次计数抽样方案，弹簧疲劳试验的可靠度在 90%～95%之间，考虑各种不确定因素的影响，取 95%可靠度的弹簧疲劳性能数据为宜。

枕内簧疲劳试验循环周次通用计算式为：

$$\lg N_{95} = a_{95} + b_{95}\lg\sigma$$

由表 5-51 中可查得。95%存活率的 $a_{95}=19.817\,2$，$b_{95}=-6.318\,4$。

采用与“转 K2 型枕簧动应力测试及其疲劳寿命研究”中同样的尺寸系数来考虑簧条直径对弹簧疲劳强度的影响，即枕外簧的 $\varepsilon=0.9$，枕内簧的 $\varepsilon=0.95$。

为了考虑平均应力的影响，同样通过 Goodman 方程转换，得到对称循环的等效应力幅值 $\sigma_{-1\mathrm{eq}}$

$$\sigma_{-1\mathrm{eq}} = \frac{\sigma_b}{\sigma_b - \sigma_m}\sigma_a \tag{5-16}$$

由式(5-16)计算得：枕外簧 $\sigma_{-1\mathrm{eq}}=280$(MPa)

枕内簧 $\sigma_{-1\mathrm{eq}}=287$(MPa)

同样采用修正 Miner 法则，并取 $D=0.7$ 作为弹簧的损伤模型：

$$D = \sum \frac{n_i}{N_i} = 0.7$$

式中，n_i 为试验载荷下的循环周次；N_i 为 95%存活率下的疲劳寿命。

室内疲劳试验循环周次计算结果：

枕内簧　　253.4 万次

枕外簧　　222.2 万次

6

车体载荷谱

6.1 试验概况

大秦线2万t重载列车采用"1+1"的牵引方式，线路有多处长大坡道，在各装煤点采用传送带和铲车装载、秦皇岛港采用翻车机卸载，线路运用条件和车辆的受载情况较为复杂。大秦线运煤专列采用HX型机车牵引2万t列车的编组运输运输方式，于2009年和2010年在大秦线上对C_{80B}型敞车进行了20次载荷谱测试。

被试车辆均为大秦线正在运用的C_{80B}、C_{80BH}和C_{80BF}型敞车。测试前对被试车辆进行了技术整备，包括安装测试设备固定吊架、换装测力车钩、摇枕、承载鞍和副构架，以及车体贴片、测试设备安装和调试等，被试车辆整备完成后编入万吨列车中正常运行试验。

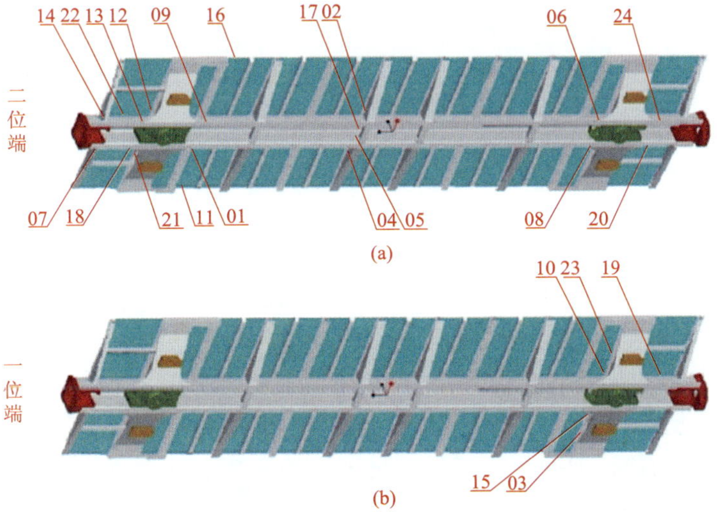

图6-1 加速度计及应变片布置

上述测试工作包括正线运行工况、装煤点线路运行工况和上翻车机工况，全部采用超小型、长时间、大容量无人值守测试设备进行全程往返测试。无人值守测试设备能够适应大秦线各种工况的测试要求，使测试能够覆盖空车、重车正线运行工况、翻车机工况、装煤点装煤及装煤后的运用工况。

一辆 C_{80B} 型车体上应变片布置如图 6-1 所示。

为保证测试采样中正负峰值被遗漏的误差小于 5%，动态数据采集中取采样频率 $f>10f_{max}$，其中 f_{max} 为最高截止频率。实测载荷—时间历程的频谱特性研究表明，载荷频谱在 40 Hz 以下。采用 500 Hz 的采样频率，不易出现由于频混而使信号失真的情况，也不会出现采样中正负峰值的遗漏，保证了采样数据的真实性。

6.2 侧滚和扭转载荷时间历程

C_{80B}-4361470 型被试车典型的 4 个旁承载荷时间历程如图 6-2 所示。位于同一摇枕上两个旁承的载荷变化趋势相反，有着很明显的增减载对应变化规律。同时，1 位摇枕上两旁承(1、2 位旁承)的总载荷大于 2 位摇枕上两旁承(3、4 位旁承)的总载荷。出现这一现象可能是由车辆正处于上坡或下坡状态或是货物的偏载引起的。

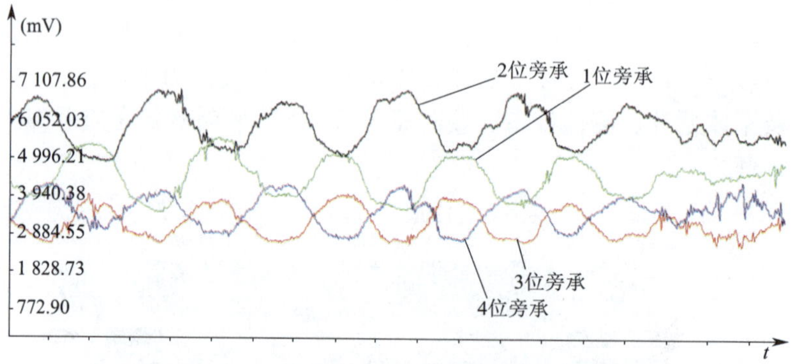

图 6-2 C_{80B}-4361470 型车旁承载荷时间历程

将得到的 4 个旁承的载荷时间历程，利用式(6-1)、(6-2)进行换算，再进行滤波处理。采用椭圆低通滤波器，通带截止频率为 40 Hz，此时便得到侧滚和扭转载荷时间历程。此时的载荷大小是用电压值来表征的，单位为 mV。本次实验传感器的标定系数为 0.03，可将电压信号转化为力信号，载荷大小转化为用力来表征，单位为 kN。对于扭转载荷，根据车体几何结构参数，旁承到各自摇枕心盘的距离为 0.76 m，可以将单个旁承上受到的扭转力换算成该旁承对车体的扭矩。处理得出的侧滚载荷时间历程和扭矩时间历程如图 6-3、图 6-4 所示。

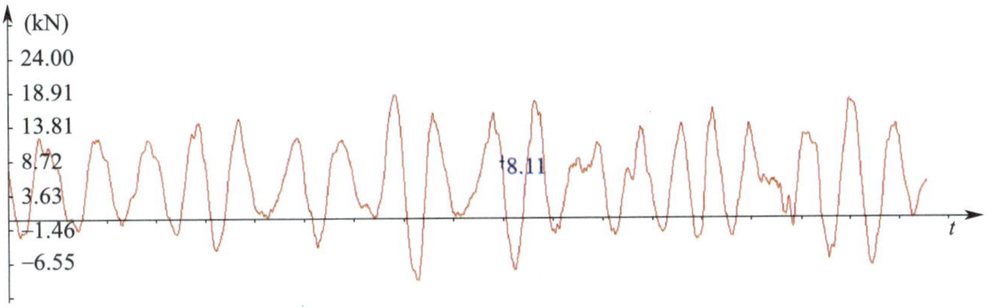

图 6-3 C80B-4361470 型车的侧滚载荷时间历程

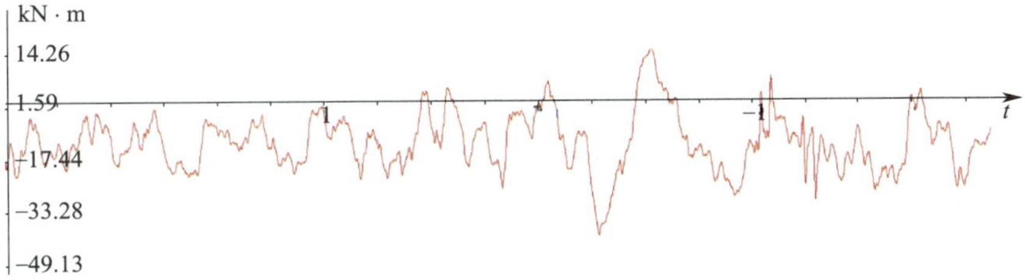

图 6-4 C80B-4361470 型车扭矩时间历程

6.3 载荷谱子样分析

通过对侧滚载荷谱和扭矩谱的分析发现载荷的大小和作用次数与心盘—旁承高度差有较大关联，心盘面相对旁承面高度越高，载荷越大且次数越多。分析原因是由于心盘面较高时，旁承同车体相互作用的力的大小和次数相对减少，由旁承载荷识别出的侧滚和扭转载荷的大小和次数也就相应较少。

试验中精确测量心盘—旁承高度差，通过垫高心盘面 4 mm（垫高前后心盘—旁承高度差均在规定范围）的方法比较差异。

（1）侧滚载荷谱分析

将 C80B-4361587 型与 C80B-4361470 型两个被试车的侧滚载荷数据分别统计，图 6-5 为湖东至柳村南区间各车的侧滚（旁承）载荷累积频数曲线（载荷谱），两个被试车的数据重复性较好。对比不同心盘—旁承高度差对侧滚载荷的影响，较低心盘面的车辆在线路运行时的侧滚载荷较大，如图 6-6 所示。

（2）扭矩谱分析

同样，对扭矩谱数据进行分析，可以得到同侧滚载荷类似的规律，如图 6-7 和图 6-8所示。

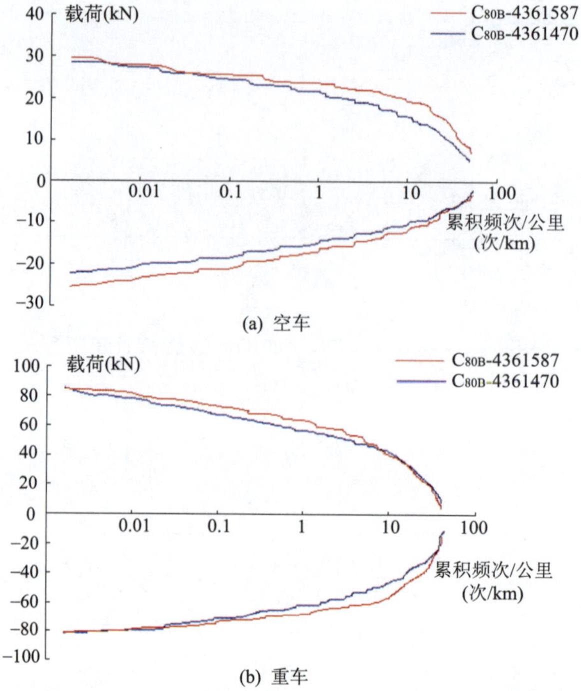

(a) 空车

(b) 重车

图 6-5　侧滚载荷累积频次曲线(C80B-4361587 和 C80B-4361470)

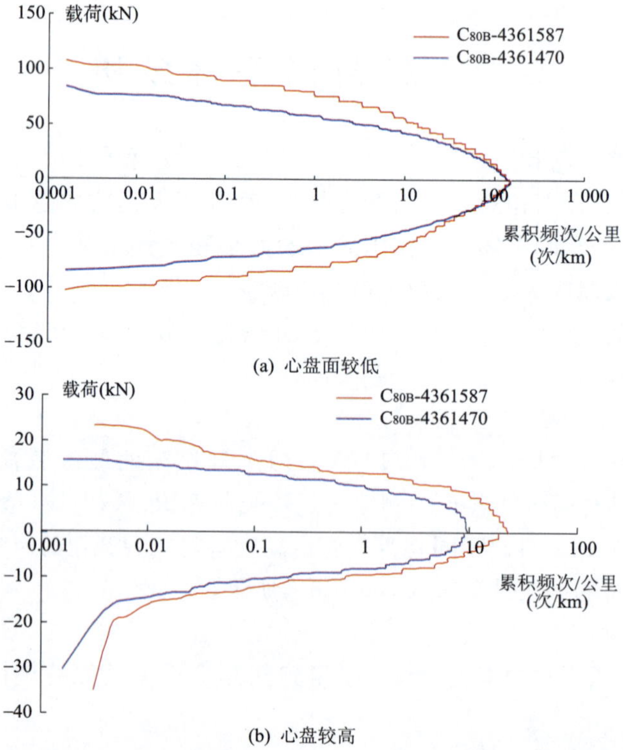

(a) 心盘面较低

(b) 心盘较高

图 6-6　心盘面高度对侧滚载荷的影响(C80B-4361587 和 C80B-4361470 型重车)

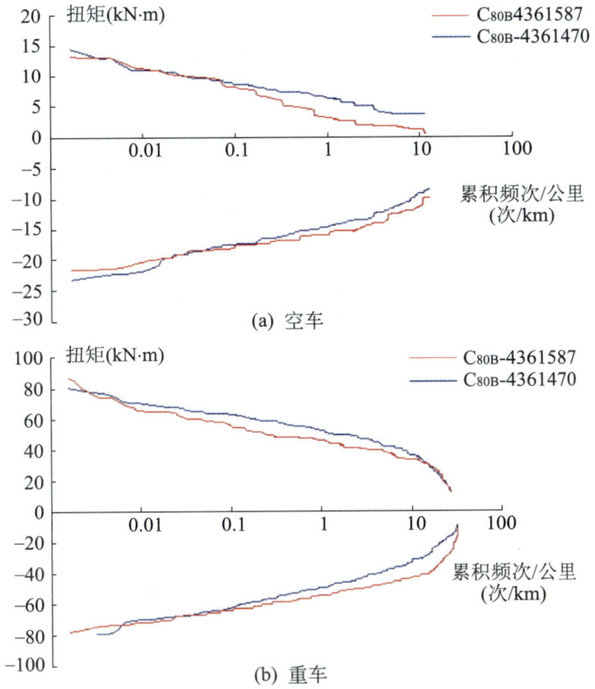

图 6-7 扭矩累积频次曲线(C80B-4361587 和 C80B-4361470)

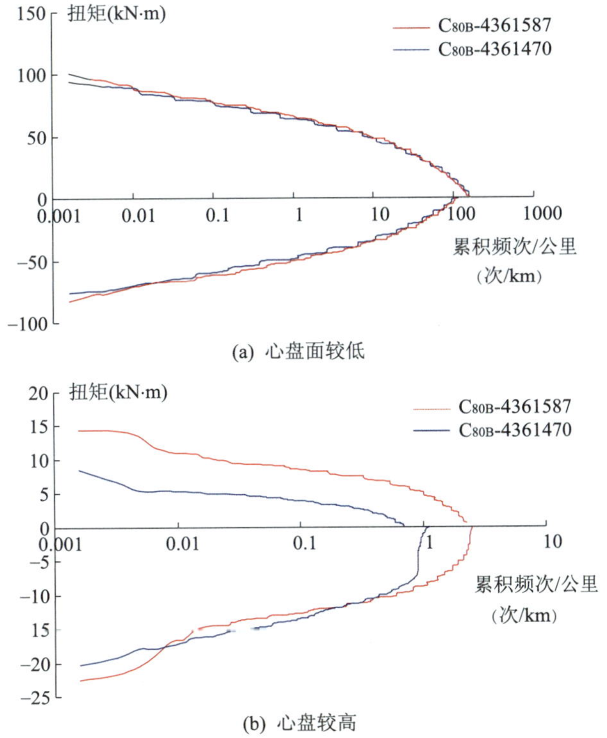

图 6-8 心盘面高度对扭矩谱的影响(C80B-4361587 和 C80B-4361470 型重车)

6.4 统计载荷谱编制

考虑到载荷的离散性，在区分空重车情况下，将各车每次测试识别出的载荷时间历程进行计数统计并合成编谱，表 6-1 和表 6-2 分别给出重车车体侧滚（旁承）载荷谱和扭矩谱。

6.5 车钩载荷谱

随着列车运量的不断增加，货车车钩的疲劳破坏日趋明显，为保证车钩的安全运行，就要对车钩进行疲劳评估。影响车钩随机载荷的因素非常复杂，这些因素包括：(1)车辆构造（车体、车钩、缓冲器、制动机等）；(2)车辆使用（周转期、运行时间、调车作业次数、货物作业次数等）；(3)列车运行（运行速度、货物重量、线路状况、司机操纵技术、运行调度等）；(4)调车作业（编挂组数、冲击速度等）。采用线路实测的车钩载荷是目前唯一可靠的方法。

6.5.1 重载列车车钩力测试

重载列车综合试验一般情况下需有针对性地选择试验区段、设置试验工况、布置大量测点，纵向车钩力作为重载列车运行试验的一个重要参数，是可少的。

在重载综合试验中，各断面的车钩力全程采集数据，在运行中的典型线路区段设定试验工况，一般包括有启动牵引、限制坡道启动加速、长大下坡道循环制动、平直道及长大下坡道的常用全制动、紧急制动试验工况等。根据不同的试验目的，每次试验的试验工况设定不尽相同。

试验列车不同长度及编组辆数，试验车钩力测试断面数量会有所不同，对于 2 万 t、3 万 t 组合列车布置的测力车钩为 8～12 个。

我国重载运输线一般多在多山区，具有多隧道、多曲线、多坡道的特点。长大列车在实际运行中，运行线路的纵横断面参数的变化使得运行中的列车不同车辆单元处在不同的线路环境之中，较之普通长度列车的运行环境要复杂得多，有必要对数据来源的实际重载试验线路情况进行简要说明。

(1)大秦线试验重载线

大秦线综合试验一般在湖东—柳村（约 620 km）或湖东—茶坞区段（约 304 km）进行，全线共有隧道 48 个，重车方向有两段长大下坡道：一段线路在 K143～K190，长度为 47 km，平均坡度达－8.2‰；另一段线路在 K275～K325，长度为 50 km，平均坡度达－9.1‰，最大坡度达－12‰。

大秦线水平标高示意如图 6-9 所示。

(2)晋中南铁路通道试验段

“既有线开行 27 t 及以下轴重混编列车综合试验”在晋中南铁路通道进行了试验，

表 6-1 重车侧滚(旁承)载荷谱(谱长:8 826 km)

单位:kN

频数(次)			幅值组中值																组频次(次)	组均值
			1	2	3	4	5	6	7	8	9	10	11	12	13	14	15	16		
			11.79	16.51	21.22	25.94	30.66	35.38	40.09	44.81	49.53	54.24	58.96	63.68	68.39	73.11	77.83	82.55		
均值组中值	1	−61.32	252	340	293	206	126	70	34	18	7	2	1	0	0	0	0	0	1 349	21.65
	2	−54.57	617	835	719	506	310	171	85	44	16	6	2	1	0	0	0	0	3 312	21.67
	3	−47.81	1 723	2 331	2 006	1 412	865	476	236	122	45	17	6	2	1	0	0	0	9 242	21.66
	4	−41.05	4 107	5 555	4 782	3 366	2 061	1 136	563	290	108	40	14	5	2	0	0	0	22 029	21.66
	5	−34.30	8 358	11 305	9 731	6 849	4 193	2 310	1 145	591	220	81	29	10	3	1	0	0	44 826	21.66
	6	−27.54	14 529	19 652	16 911	11 903	7 287	4 017	1 990	1 027	381	141	51	18	5	2	0	0	77 914	21.66
	7	−20.79	21 559	29 170	25 097	17 665	10 821	5 961	2 954	1 524	566	209	75	27	8	2	1	0	115 639	21.66
	8	−14.03	27 352	36 982	31 815	22 390	13 717	7 563	3 751	1 935	719	266	95	34	10	3	1	0	146 633	21.67
	9	−7.28	29 705	40 182	34 672	24 412	14 910	8 182	4 067	2 100	780	288	105	36	12	4	3	1	159 459	21.67
	10	−0.52	27 352	36 982	31 815	22 390	13 717	7 563	3 751	1 935	719	266	95	34	10	3	1	0	146 633	21.67
	11	6.24	21 559	29 170	25 097	17 664	10 821	5 961	2 954	1 524	566	209	75	27	8	2	1	0	115 638	21.66
	12	12.99	14 529	19 652	16 911	11 903	7 287	4 017	1 990	1 027	381	141	51	18	5	2	0	0	77 914	21.66
	13	19.75	8 358	11 305	9 732	6 850	4 193	2 310	1 145	591	220	81	29	10	3	1	0	0	44 828	21.66
	14	26.50	4 107	5 555	4 782	3 366	2 061	1 136	563	290	108	40	14	5	2	0	0	0	22 029	21.66
	15	33.26	1 723	2 331	2 007	1 412	865	476	236	122	45	17	6	2	1	0	0	0	9 243	21.66
	16	40.02	617	835	719	506	310	171	85	44	16	6	2	1	0	0	0	0	3 312	21.67
组频次(次)			186 448	252 182	210 788	152 801	93 544	51 520	25 549	13 184	4 897	1 810	650	230	70	20	6	1		
组均值			−7.35	−7.35	−7.57	−7.35	−7.35	−7.35	−7.35	−7.35	−7.35	−7.33	−7.36	−7.28	−7.28	−7.28	−8.49	−7.28		

表 6-2　重车扭矩谱(谱长:8 826 km)　　　单位:kN·m

频数(次)			幅值组中值																组频次(次)	组均值
			1	2	3	4	5	6	7	8	9	10	11	12	13	14	15	16		
			10.64	15.65	20.67	25.68	30.7	35.71	40.73	45.74	50.76	55.77	60.79	65.8	70.82	75.83	80.85	85.86		
均值组中值	1	−49.69	516	346	183	89	40	18	8	3	1	0	0	0	0	0	0	0	1 204	16.077 97
	2	−44.6	2 414	1 624	856	415	190	83	35	15	6	2	1	0	0	0	0	0	5 641	16.102 95
	3	−39.51	6 225	4 189	2 208	1 071	489	215	91	38	15	6	2	1	0	0	0	0	14 550	16.106 69
	4	−34.41	13 711	9 226	4 862	2 358	1 077	474	201	83	33	13	5	2	1	0	0	0	32 046	16.108 19
	5	−29.32	25 784	17 350	9 144	4 434	2 026	891	378	156	63	25	10	4	1	0	0	0	60 266	16.108 95
	6	−24.23	41 405	27 861	14 682	7 121	3 253	1 431	607	251	102	40	15	6	2	1	0	0	96 777	16.109 43
	7	−19.13	56 790	38 206	20 134	9 766	4 461	1 963	832	344	137	55	21	8	3	1	1	0	132 722	16.108 84
	8	−14.04	67 190	44 995	23 861	11 495	5 285	2 310	985	405	164	64	25	9	4	2	1	1	156 796	16.106 68
	9	−8.95	67 190	44 995	23 861	11 495	5 285	2 310	985	405	164	64	25	9	4	2	0	0	156 794	16.105 82
	10	−3.85	56 790	38 206	20 134	9 766	4 461	1 963	832	344	138	55	21	8	3	1	0	0	132 722	16.108 61
	11	1.24	41 405	27 861	14 682	7 121	3 253	1 431	607	251	101	40	15	6	2	1	0	0	967 76	16.109 07
	12	6.33	25 784	17 350	9 143	4 434	2 026	891	378	156	63	25	10	4	1	0	0	0	60 265	16.108 88
	13	11.43	13 711	9 226	4 862	2 358	1 077	474	201	83	33	13	5	2	1	0	0	0	32 046	16.108 19
	14	16.52	6 225	4 189	2 208	1 071	489	215	91	38	15	6	2	1	0	0	0	0	14 550	16.106 69
	15	21.61	2 414	1 624	856	415	190	83	35	15	6	2	1	0	0	0	0	0	5 641	16.102 95
	16	26.71	516	347	183	89	40	18	8	3	1	0	0	0	0	0	0	0	1 205	16.077 61
组频次(次)			428 070	287 593	151 858	73 498	33 641	14 771	6 272	2 590	1 043	411	159	60	22	8	2	1		
组均值			−11.49	−11.49	−11.49	−11.5	−11.5	−11.5	−11.5	−11.5	−11.5	−11.5	−11.4	−11	−11.5	−11.5	11.5	11.8		

试验段为长子南站(含)—平顺站(含)区段,线路里程为 K503+470~K590+920。长子南—平顺区段下行限制坡道 6‰(重车方向),上行限制坡道 11‰、13‰(空车方向)。

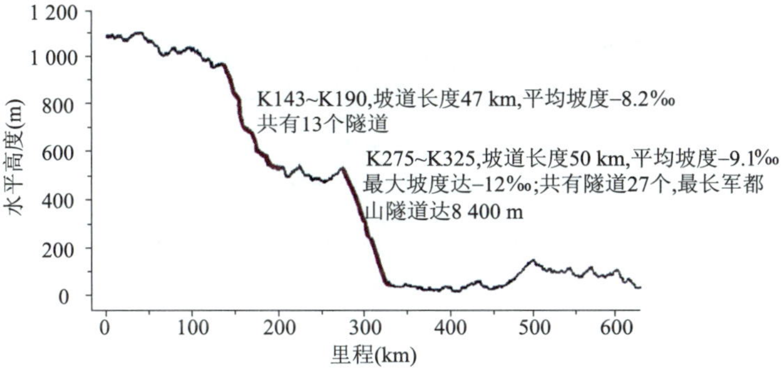

图 6-9 大秦线湖东—柳村水平标高示意

试验区段具体高程变化如图 6-10 所示。

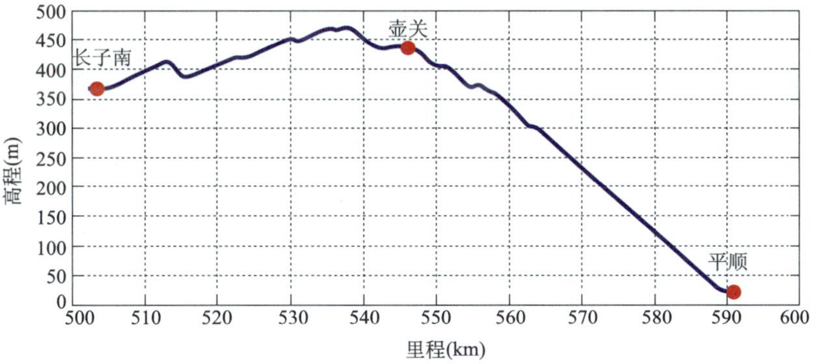

图 6-10 晋中南部铁路通道长子南至平顺区段水平标高示意

长子南至平顺区段线路最小曲线半径 800 m。DK486+500 至 DK519+800 区段为长度 33.3 km 的连续上坡线路,最大坡度 6‰,其中包含一段长 400 m 的-11‰下坡道和长 1 300 m 的-13‰的下坡道,如图 6-11 所示。

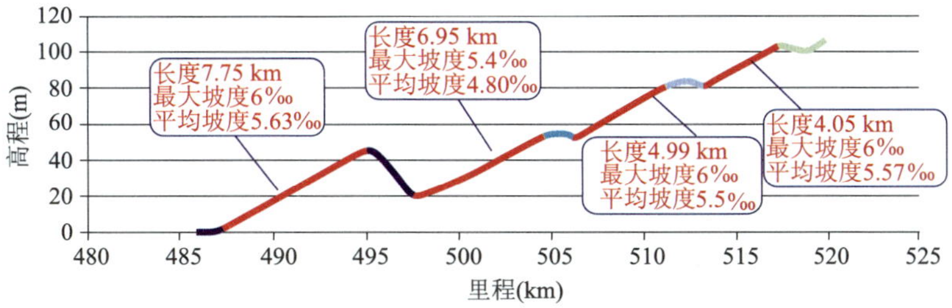

图 6-11 长子南至平顺连续上坡线路

DK538+700 至 DK571+600 区段为长度 32.9 km 的长大下坡线路,最大坡度为

－13‰，平均坡度－10.6‰，其中DK562＋100至DK570＋100为长8 km的－11‰下坡道，如图6-12所示。

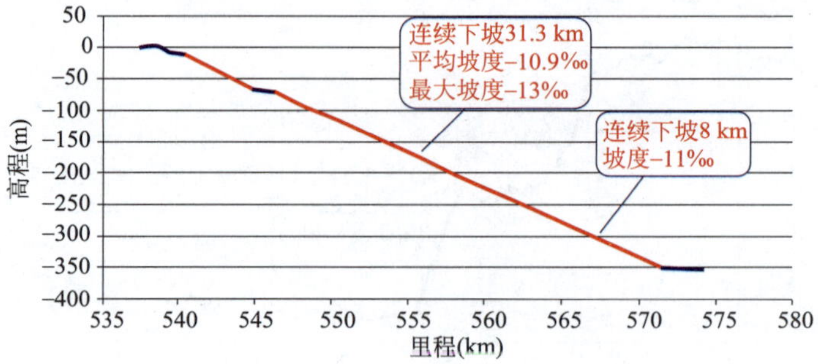

图6-12　长子南至平顺连续下坡线路

6.5.2　重载列车车钩力特性

6.5.2.1　车钩力概率分布

试验数据以200 Hz的采样频率进行采集，18 s一个采集段，每6 s取一个最大车钩力值，形成数据列。将试验各断面车钩力全程采集的数据作为一个样本，以拉钩力和压钩力按200 kN间隔分段统计车钩力出现频数，并计算概率及累计概率，做出概率及累计概率分布图，如图6-13所示，以期较为直观地了解运用车辆纵向力的总体分布情况。

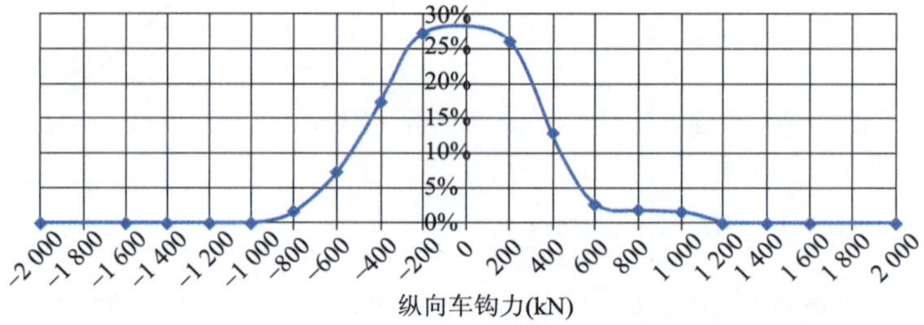

图6-13　大秦线2万t试验车钩力概率分布

车钩力典型分布见表6-3。

表6-3　车钩力典型分布

力值范围(kN)	车钩力概率分布		力的作用频数	
	拉钩力	压钩力	拉钩力	压钩力
0～200	31.35%	23.19%	9 722	7 192
200～400	15.42%	15.13%	4 781	4 382
400～600	6.69%	6.18%	2 074	1 918
600～800	0.97%	1.29%	302	401
800～1 000	0.14%	0.32%	42	100

续上表

力值范围(kN)	车钩力概率分布		力的作用频数	
	拉钩力	压钩力	拉钩力	压钩力
1 000～1 200	0.05%	0.13%	15	41
1 200～1 400	0.03%	0.06%	9	19
1 400～1 600	0.01%	0.03%	3	9
1 600～2 000	0.00%	0.01%	0	3
合计	55.65%	45.35%	31 013	

6.5.2.2 大秦线重载列车综合试验数据统计

以近年在大秦线进行的2万t及2万t以上典型重载列车综合试验数据中的车钩力情况为例，介绍我国现阶段最大牵引重量列车的车钩力情况。大秦线重载列车综合试验数据来源见表6-4。

表6-4 大秦线重载列车综合试验数据来源

序号	试验列车	试验日期	编组情况	试验线路区段	主要试验工况
1	2万t组合 210辆	2007.6.12	HXD_1机车1+1	大秦线湖东至柳村	循环制动、紧急制动
2	2万t组合 210辆	2007.7.5	HXD_1机车1+1	大秦线湖东至茶坞	循环制动、紧急制动、坡起
3	2万t组合 210辆	2008.1.16	HXD_2机车1+1	大秦线湖东至柳村	循环制动、常用全制动、紧急制动、坡起
4	2万t组合 210辆	2008.7.30	HXD_2机车1+1	大秦线湖东至茶坞	循环制动、常用全制动、紧急制动
5	2万t组合 210辆	2008.9.4	HXD_1机车1+1	大秦线湖东至茶坞	循环制动、紧急制动
6	2.3万t组合 237辆	2015.3.21	HXD_1+HXD_1+ HXD_1+SS_4	北同蒲线袁树林至 大秦线柳村	循环、正常运行
7	2.9万t组合 291辆	2015.3.27	HXD_1+HXD_1+ HXD_1+SS_4	北同蒲线袁树林至 大秦线柳村	循环、正常运行
8	3万t组合 315辆	2015.5.2	HXD_1+HXD_1+ HXD_1+SS_4	北同蒲线袁树林至 大秦线柳村	循环、正常运行

表6-4中的“2万t组合210辆”编组以及2.3万t、2.9万t、3万t组合编组中，车辆均为C_{80}系列运煤专用货车，25 t轴重；表6-6中“单编万吨105辆”编组，车辆也采用C_{80}系列运煤专用货车；“1.5万t混编组合105辆C_{80}+54辆C_{70}”编组，105辆C_{80}也采用C_{80}系列运煤专用货车，54辆C_{70}采用70 t级通用敞车，23 t轴重。装载的货物均为散装煤炭。

表 6-5 大秦线重载列车综合试验最大车钩力

序号	试验列车	最大拉钩力(kN)	对应工况	最大压钩力(kN)	对应工况
1	2 万 t 组合 210 辆	1 227	缓解	−1 932	紧急制动
2	2 万 t 组合 210 辆	1 441	紧急制动	−1 906	缓解
3	2 万 t 组合 210 辆	1 906	异常情况	−2 309	缓解
4	2 万 t 组合 210 辆	1 451	缓解	−2 015	常用全制动
5	2 万 t 组合 210 辆	1 270	启动	−1 645	常用制动
6	2.3 万 t 组合 237 辆	890	机车惰行转电制	−1 091	循环制动
7	2.9 万 t 组合 291 辆	994	机车牵引转电制	−1 163	机车过分相
8	3 万 t 组合 315 辆	1 119	机车牵引转电制	−1 122	机车电制转牵引

在表 6-5 中，大秦线 2 万 t 1+1 编组情况下最大拉钩力约为 1 500 kN，最大压钩力约为−2 000 kN。3 万 t 试验(包括 2.3 万 t、2.9 万 t、3 万 t)时，虽然大列的总重增加到 3 万 t 级别，但由于列车尾部有一台 SS_4 型机车，对列车的制动和缓解都明显改善，最大拉压车钩力约为 1 100 kN，并不比 2 万 t 列车 1+1 编组方式的最大车钩力大。因此，采用不同的机车编组方式，会使最大车钩力明显变化。

表 6-6 和表 6-7 是近年在大秦线进行的万吨单编及 1.5 万 t 混编组合列车运行中的典型重载列车综合试验数据中的车钩力情况。

表 6-6 单编万吨及 1.5 万 t 混编组合列车综合试验数据来源

序号	试验列车	试验日期	编组情况	试验线路区段	主要试验工况
1	单编万吨 105 辆	2007.6.5	HXD_1 机车	大秦线湖东至柳村	循环制动、常用全制动、紧急制动、坡起
2	单编万吨 105 辆	2007.6.8	HXD_1 机车	大秦线湖东至柳村	循环制动、坡起
3	单编万吨 105 辆	2007.11.8	HXD_2 机车	大秦线湖东至柳村	循环制动、常用全制动、坡起
4	1.5 万 t 混编组合 105 辆 C_{80}+54 辆 C_{70}	2013.5.3	HXD_1+SS_4	大秦线湖东至茶坞	循环制动、常用全制动、紧急制动
5	1.5 万 t 混编组合 105 辆 C_{80}+54 辆 C_{70}	2013.5.8	HXD_2+SS_4	大秦线湖东至茶坞	循环制动、常用全制动、紧急制动

表 6-7 单编万吨及 1.5 万 t 组合列车综合试验最大车钩力

序号	试验列车	最大拉钩力(kN)	对应工况	最大压钩力(kN)	对应工况
1	单编万吨 105 辆	1 445	紧急制动	−1 521	紧急制动
2	单编万吨 105 辆	968	循环制动	−913	循环制动
3	单编万吨 105 辆	652	牵引	−1 146	常用全制动
4	1.5 万 t 混编组合 105 辆 C_{80}+54 辆 C_{70}	910	紧急制动	−831	紧急制动
5	1.5 万 t 混编组合 105 辆 C_{80}+54 辆 C_{70}	807	紧急制动	−934	紧急制动

在表 6-7 中，最大拉钩力为 1 445 kN，最大压钩力为−1 521 kN，发生在紧急制动工况；以 5 次试验样本简单平均可得，平均最大拉钩力为 956 kN，平均最大压钩力为−1 069 kN。

对于 1.5 万 t 混编组合列车，虽然牵引总重增加，但两台机车的动力分配较为合理，最大车钩力反而比单编万吨试验的数据要小。

6.5.2.3 既有线开行 27 t 及以下轴重混编列车综合试验数据分析

列车编组包括一辆试验车在内共计 51 辆（不计机车）。货车由既有 21 t 轴重 $C_{64K(H)}$ 型车 12 辆，既有 23 t 轴重 $C_{70(E)}$ 型货车 12 辆，27 t 轴重敞车、平车、棚车、罐车、漏斗车等典型车型货车 26 辆组成，车列长度 753 m，牵引质量最大约 5 000 t。各种货车装载的货物见表 6-8。

表 6-8 各种货车装载货物列表

序号	车种	装载货物
1	敞车	煤炭
2	棚车	沙袋
3	平车	沙袋
4	罐车	水
5	砟漏斗车	沙袋
6	煤漏斗车	煤炭
7	水泥车	沙袋、水

参试的 27 t 轴重货车转向架为下交叉支撑转向架（DZ1）、摆动式转向架（DZ2）及副构架式径向转向架（DZ3），采用传统基础制动装置或转向架集成基础制动装置，加强 17 型 E 级钢车钩、锻造钩尾框、HM-1 型缓冲器或 MT-2 型缓冲器。既有 $C_{70(E)}$ 型、C_{64K} 型货车均为通用车型。$C_{70(E)}$ 型货车装用转 K6 型转向架、17 型车钩、MT-2 型缓冲器；C_{64K} 型货车装用转 K2 型转向架、13A 型车钩、MT-3 型缓冲器。

列车编组分全空 1 种、空重混编 2 种、全重 2 种共 5 种编组方式，采用 30 t 轴重交流传动货运电力机车前后各一台运行，制动工况时，后部机车不起作用。

编组加中部试验车共 51 辆车，测力车钩共 6 个断面，下行以下坡道为主，断面分别为 1，6，16，30，42，49 位；上行反向以上坡道为主，车钩断面为 51，46，36，22，10，3 位。

主要制动工况为：紧急制动、常用全制动、循环制动。

不同编组车钩力全程最大值见表 6-9。

表 6-9 不同编组车钩力全程最大值

		列车总重（t）	拉钩力（kN）（断面）	出现工况	压钩力（kN）（断面）	出现工况
下行编组	全重 A	4 944	913（30）	尾部机车顶推力回零	−648（30）	紧急
	全重 C	4 944	804（30）	提速	−645（30）	紧急
	空重 A	3 364	685（49）	提速	−1 194（6）	运行
	空重 B	3 364	812（1）	启动、提速	−836（49）	尾部机车顶推力回零
	全空 A	1 304	664（6）	启动、提速	−459（42）	紧急

续上表

		列车总重(t)	拉钩力(kN)(断面)	出现工况	压钩力(kN)(断面)	出现工况
上行编组	全重 A	4 944	673(36)	提速	−794(36)	紧急
	全重 C	4 944	642(10)	启动、提速	−714(46)	紧急
	空重 A	3 364	636(10)	启动、提速	−890(36)	紧急
	空重 B	3 364	696(36)	启动、提速	−478(46)	常制
	全空 A	1 304	618(46)	启动、提速	−488(10)	减压 100 停

从 27 t 轴重车钩力测试结果主要得出以下结论：

(1)全重编组 5 000 t 混编列车，最大拉钩力在 800～900 kN，最大压钩力在 650～800 kN；

(2)空重编组 3 400 t 混编列车，最大拉钩力在 700～800 kN，最大压钩力在 800～1 000 kN；

(3)全空编组 1 300 t 混编列车，最大拉钩力在 600～700 kN，最大压钩力在 400～500 kN。

6.5.2.4 最大纵向力

列车运行过程中的纵向冲动和纵向力都是列车纵向动力学研究的主要对象，纵向冲动直接影响旅客的乘坐舒适性和货物的完整性。列车纵向力一般指的是列车在非稳态的纵向运动过程中，发生在各对钩缓装置上的车钩力。纵向力基本上与纵向冲动成正比，是导致列车断钩、脱轨等重大事故的重要因素。

列车中各机车车辆之间通过车钩缓冲装置相连，由于间隙及缓冲器的非线性特征，可以将列车看成一个多刚性系统。在牵引特别是制动等过渡工况下，列车空气制动作用的传递存在时间差，前部车辆首先制动而减速，后部的车辆不断向前涌，列车中产生多次挤压冲撞；当列车全部压缩以后，又逐渐回弹，甚至可过渡到车钩拉伸状态，由于缓冲器不断吸收能量，列车的纵向冲动得以衰减。列车的纵向冲动是由列车上各车的外作用力和加速度不同引起的，差异越大，造成的冲动越大。

影响列车纵向冲动的另一个因素是车钩间隙。车钩间隙使车辆在外力作用下存在一段无阻抗力的加速行程，车辆间相对速度增大，使车辆间的冲撞作用加剧。列车制动前车钩的状态对于纵向力也有较大影响，如列车制动前处于拉伸状态，制动后其间隙效应累加，列车后部的冲撞作用尤为严重。不同的初始车钩状态可以使列车冲动成倍增加。

研究车钩的最大纵向力产生机理显得尤为重要。下面是利用实验所测的车钩纵向载荷，结合机车的操纵记录，对大秦线两万吨列车运行过程中最大车钩纵向力发生的地方进行了统计分析，得到了表 6-10、图 6-14 和表 6-11、图 6-15 的统计数据。

表 6-10 前一万吨列车纵向力最大值统计

钩位	最大拉力(kN)	运行工况	最大压力(kN)	运行工况
3	629.33	加牵	−1 113.57	加制
12	887.46	加前牵	−936.42	加制
21	981.38	加前牵	−740.88	加制
30	1 096.58	卸前	−1 618.62	加前牵
39	875.82	加前牵	−1 423.93	加制
66	542.09	卸力	−1 247.65	加制
75	607.53	加牵	−1 556.13	卸力
84	763.27	加制	−1 056.21	加制
93	613.21	加制	−1 437.71	加制
102	837.46	加制	−986.87	加制

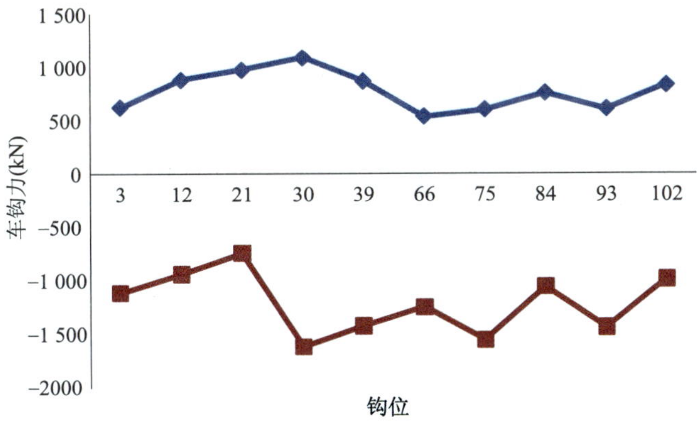

图 6-14 前一万吨列车纵向力最大值统计

表 6-11 后一万吨列车纵向力最大值统计

钩位	最大拉力(kN)	运行工况	最大压力(kN)	运行工况
3	601.14	卸力	−912.48	加制
12	587.59	卸力	−898.28	加制
21	785.81	卸力	−610.13	加制
30	712.19	卸力	−1 361.49	卸力
39	787.06	加前牵	−1 246.75	卸力
66	1 030.46	卸力	−1 612.98	加制
75	1 022.88	卸力	−1 940.46	加制
84	1 583.24	卸力	−2 187.48	加制
93	1 375.94	加前牵	−1 997.77	加制
102	939.91	加前牵	−1 669.51	加制

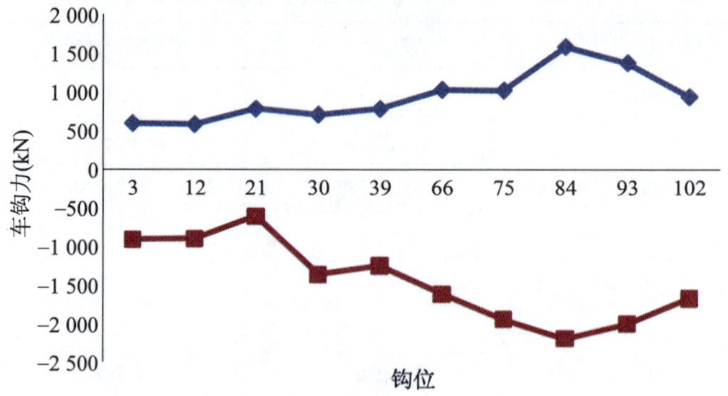

图 6-15　后一万吨列车纵向力最大值统计

从表 6-10 和表 6-11 中可以看出车钩最大纵向力发生的工况集中出现在加制、加前牵及卸力三种工况中。其中整列车的最大纵向拉钩力发生于后一万吨列车的 5 号车钩(84 钩位),值为 1 583.24 kN;最大纵向压钩力发生于后一万吨列车的 7 号车钩(84 钩位),值为−2 187.48 kN。最大纵向力发生的工况分别为卸力和加制工况,亦即出现在紧急制动和缓解过程中。

6.5.2.5　*列车启动*

列车启动时,必须克服列车与铁轨之间的最大静摩擦力。特别是满载的列车质量很大,铁轨间的静摩擦力也就很大。停靠在铁轨上的列车各节间的挂钩在拉紧状态,如果机车直接向前牵引启动,列车是一个整体,机车的牵引力可能小于整个列车与铁轨间的最大静摩擦力而无法启动;即使牵引力大于最大静摩擦力,整个列车的启动也会非常缓慢。

在实际机车启动时,车辆之间存在游间,启动前,机车先用倒退的方法压缩游间,启动时机车的牵引力并非不变,而是单调增加,因此列车在启动时,车辆之间引起一系列的冲击,并且冲击速度和相应的冲击力是逐个递增的,纵向作用力变化非常复杂。假设不考虑车钩缓冲装置中的游间,也不考虑缓冲器中的摩擦力,列车就在缓冲器无阻尼及牵引力不变的情况下启动,这时纵向力以一定的速度由前向后传递,当作用力波传递到最后一辆车后,尾车上的纵向力先由小变大,达到最大值后又逐渐变小最后变为零和负值。于是,相反方向的纵向作用力又从尾车返回第一个车辆连接处。

图 6-16 与图 6-17 分别为列车启动时前一万吨列车和后一万吨列车第 75 位车钩的纵向载荷—时间历程。

从图 6-16 和图 6-17 中可以看出车钩的纵向力的变化规律。在列车启动前,用倒退的方法进行压缩,车钩先受到压力。随着牵引力的增加,列车的速度逐渐增加,纵向车钩力从前向后传递,车钩的纵向力由压逐渐变为拉。随着中间机车的启动,前一万吨列车受到后机车的推动,车钩力又由拉逐渐变为压。

表 6-12 统计了在列车启动过程中,各钩位的最大车钩力,得出了列车在启动过程中整列车的纵向力传递规律,如图 6-18 所示。

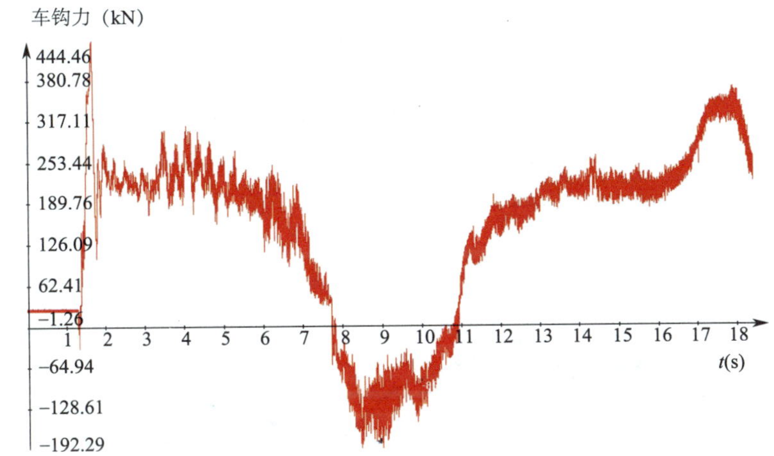

图 6-16　前一万吨列车启动时第 75 位车钩的纵向载荷—时间历程

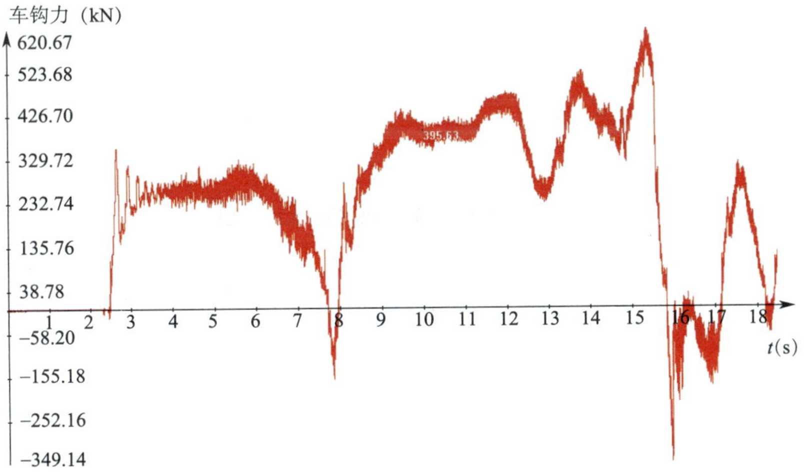

图 6-17　后一万吨列车启动时第 75 位车钩的纵向载荷—时间历程

表 6-12　列车启动过程中各钩位的最大车钩力

前一万吨		后一万吨	
钩位	最大拉力(kN)	钩位	最大压力(kN)
3	607.40	3	125.42
12	567.73	12	190.14
21	682.67	21	435.25
30	607.40	30	260.04
39	541.41	39	417.69
66	373.29	66	653.35
75	445.46	75	620.67
84	493.34	84	815.55

续上表

前一万吨		后一万吨	
钩位	最大拉力(kN)	钩位	最大压力(kN)
93	351.00	93	732.40
102	380.27	102	869.18

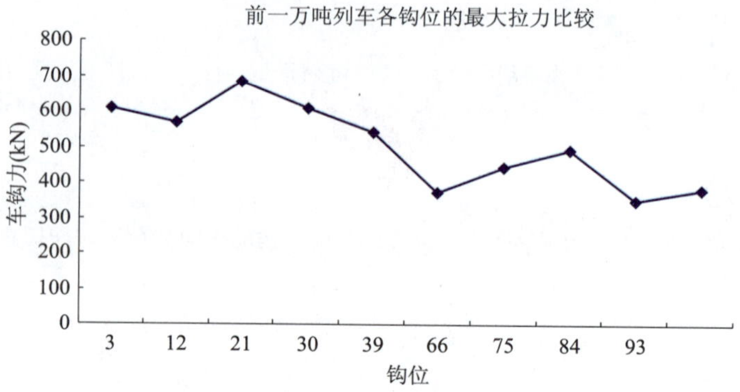

图 6-18　列车启动时前一万吨各钩位的最大拉力统计

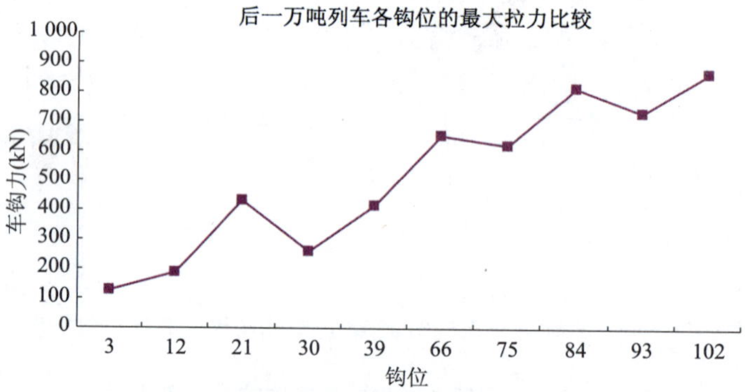

图 6-19　列车启动时后一万吨各钩位的最大拉力统计

从图 6-18 可以看出前一万吨列车的最大车钩纵向力沿车长从前往后呈递减的趋势。由于大秦线两万吨重载列车采用“1＋1”的牵引方式(图 6-20),前一万吨列车处于两机车之间,前机车对前一万吨起拉的作用,后机车对之起压的作用,随着牵引力的增加,前一万吨列车车钩纵向力呈总体减小的趋势。

从图 6-19 可以看出后一万吨列车的最大车钩力从前往后呈递增的趋势。后一万吨列车处于两机车之后,两机车对后一万吨列车都起拉的作用,列车启动之前用倒退方法进行预压缩,由于车辆之间存在游间,两机车启动后,随着牵引力的增加,在车辆之间引起一系列的冲击,并且冲击速度和相应的冲击力是逐个递增的,因此后一万吨列车的纵向力呈递增的趋势。

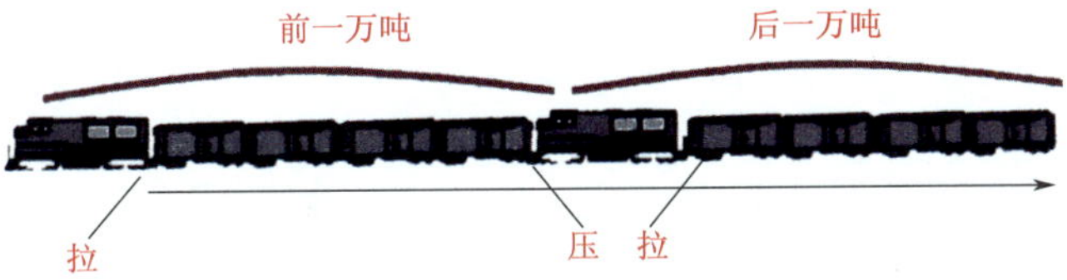

(a) 牵引工作原理示意

(b) 牵引力分布示意

(c) 空气制动波传递示意

图 6-20　“1+1”式组合列车牵引示意

6.5.2.6　坡度运行

若线路纵断面在列车长度范围内无变化，则列车中各个车钩缓冲装置中的纵向作用力大小与线路纵断面无直接关系，仅取决于牵引力以及列车长度范围内的质量和制动力的分配。当列车在纵断面变化的线路上运行时，列车的运行性质、速度和加速度均与线路的纵断面有密切关系。

最常见的情况是在长度范围内线路纵断面只有一次变化，即列车同时处于两个不同坡度的线路直线区段上。当纵断面有一次变化时，规定的最大坡度对列车中的纵向作用力影响最大。如果在列车长度范围内增加纵断面变化次数，则纵向作用力变小。通常在线路纵断面转折处的车列截面中，纵向力达到最大值，该值可能超过两台机车的牵引力。纵向力超过机车牵引力的差值，与线路坡度的大小、坡度组合情况、机车牵引力与车列质量的比值以及列车进入坡度转折点的初速度有关。

《铁路技术管理规程》规定的每百吨列车重量换算闸瓦压力为指标，只确保空气制动系统为主的货物列车在下坡道上必须具有充分的制动能力，在下坡道上紧急制动距离不超过规定的制动距离的运行安全性。正常情况下，按每百吨列车重量换算闸瓦压力均可满足坡道条件下的紧急制动距离要求，但在长大下坡道上为克服列车的自然加速作用以保证限速，司机在使用机车动力制动的同时有空气减压的多次调速制动。其特点是由减压制动、制动保压和缓解再充气组成一个制动周期的多次重复作用，所以通常被称为循环制动或周期制动作用。如图 6-21 所示为在一长大坡道上的机车操纵记录。

大秦铁路的长大下坡道地段是重载列车安全运行最困难的区间，同时使用机车动

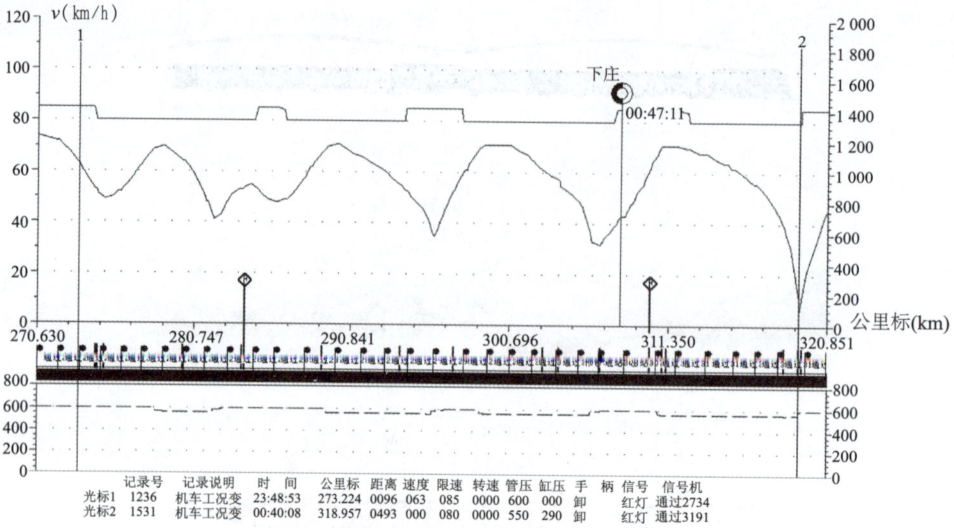

图 6-21 长大坡道上的机车操纵记录

力制动加上车辆空气制动。在空气制动保压时使列车减速达到适当的速度，然后缓解，当再充气过程中下坡道的自然下滑使列车增速到限速以前再次使用空气制动使列车减速，如此多次反复作用。其循环作用的次数因下坡道条件、动力制动能力和司机操纵方式而异。因此列车在长大坡道运行过程中，车钩所受的纵向冲击很大，而且拉压力交替变化。由图 6-22 可见第 102 位车钩的载荷—时间历程，从图 6-22 中可以看出车钩所受的纵向力随着列车的循环制动而呈现出拉压力反复交替的变化，最大纵向车钩压力超过了 1 000 kN 以上。本文对列车在长大下坡道运行，最大纵向车钩力进行了统计，见表 6-13。

表 6-13 列车在长大下坡道运行时最大纵向车钩力

钩位	最大拉力(kN)	最大压力(kN)
3	502.236	−1 066.164
12	445.996	−1 077.444
21	643.996	−648.024
30	538.452	−1 270.536
39	471.580	−1 195.880
66	510.524	−1 411.796
75	471.852	−1 663.432
84	563.700	−1397.832
93	511.060	−1 429.788
102	628.420	−1 050.590

从图 6-23 可以看出，伴随着列车的循环制动，列车在长大坡道运行过程中车钩所

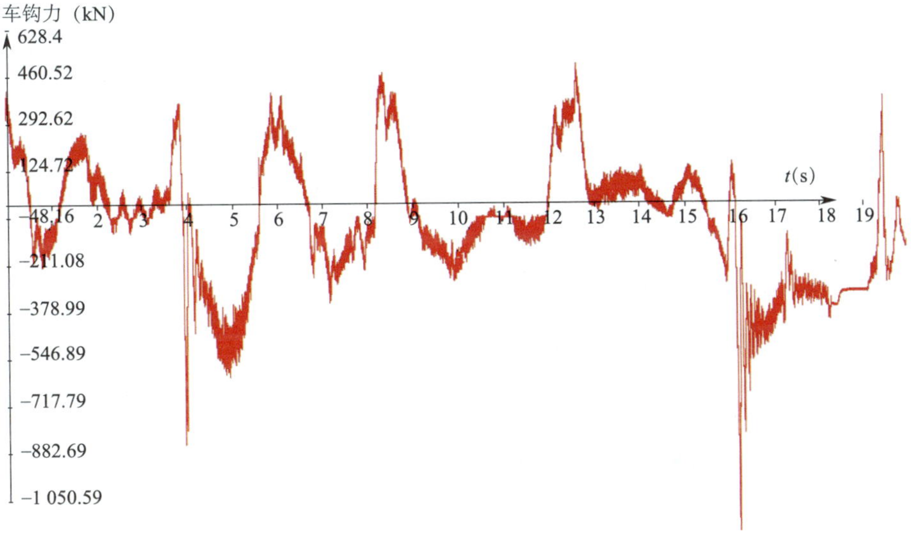

图 6-22　列车在坡道运行时第 102 位车钩的载荷—时间历程

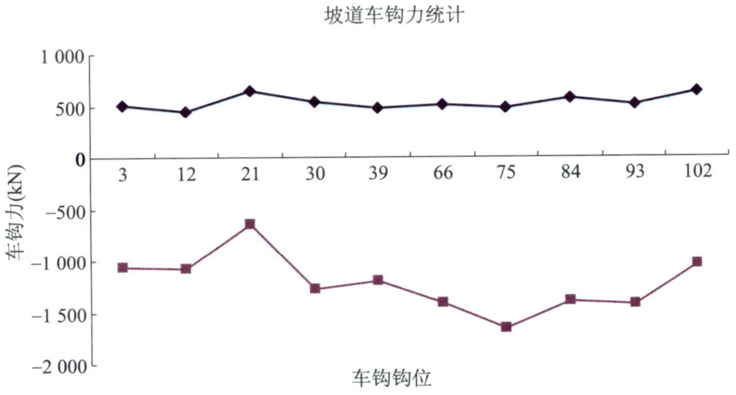

图 6-23　列车在坡道运行时最大纵向车钩力统计

受的拉力大约在 500 kN 至 600 kN，而最大压钩力出现在第二车钩（75 车位），达到 −1 663.432 kN。

6.5.2.7　列车制动

列车制动时，作用于列车中各车轮上的闸瓦压力不可能同一时间产生，而是顺次地逐渐由零增加到最大。而列车是由单独车辆互相非刚性地连接在一起，因此，自然就会有一些断面受到动力压缩，而另一些断面受到动力拉伸，结果发生冲击及振动。

特别是在长列车中，制动时产生的反作用会很明显，甚至可达到使车辆破坏的危险程度。

下面选取了一段典型的列车制动过程并对过程中的纵向车钩力，机车制动记录如图 6-24 所示。列车的整个制动过程经历了 12 min，速度从 75 km/s 减速到 0。列车历经加前制和卸力两个工况，如图 6-24 所示，图 6-25 和图 6-26 为列车在制动过程中纵向载荷—时间变化历程。

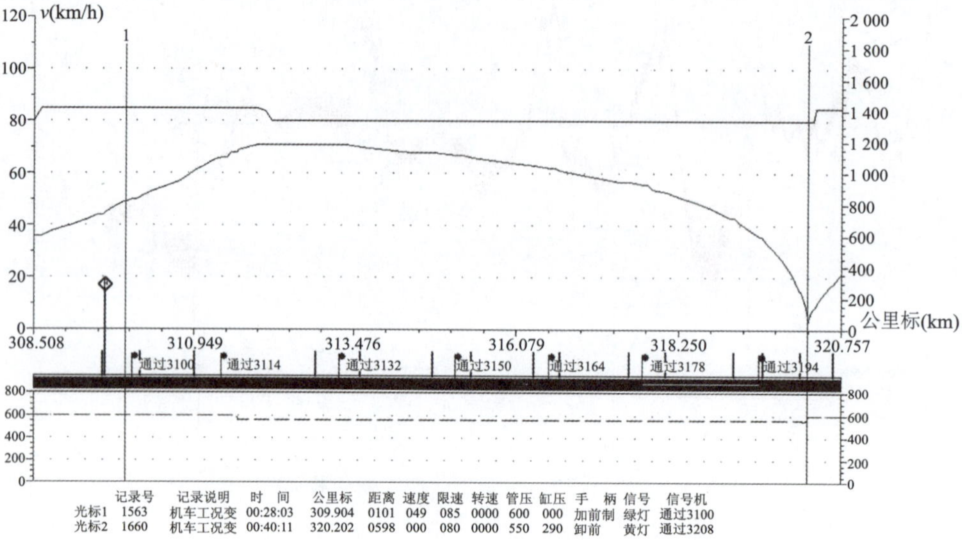

图 6-24　列车制动过程的机车制动记录

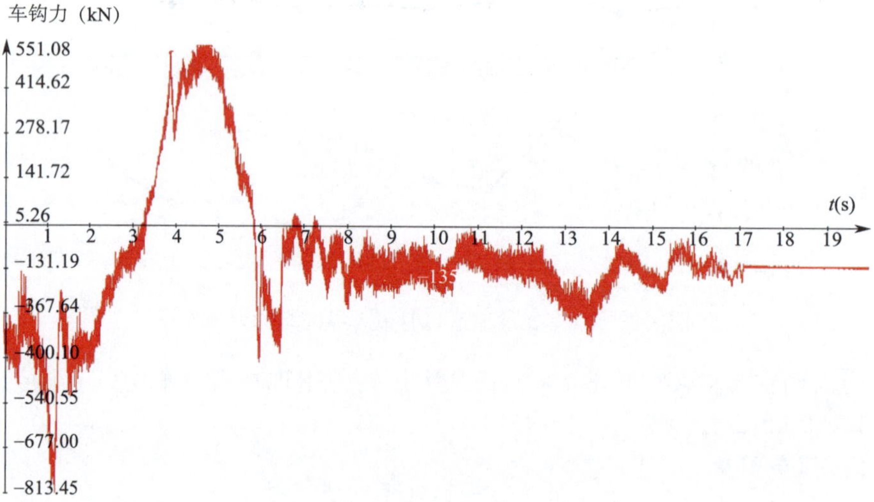

图 6-25　前一万吨列车制动时第 75 位车钩的载荷—时间历程

由图 6-25 和图 6-26 可以看出在列车制动初期，前方车辆首先发生制动作用，开始减速，列车的后部车辆涌向前方，使得前部车辆受到压力作用，这种压缩状态逐渐后传，当制动到一定时候以后，制动作用传遍整列车，列车处于最大的压缩状态。然后，受本身制动力及前部车钩力的影响，列车后部的车辆速度下降反而比前部车辆快，列车逐渐从后往前由压缩状态变到拉伸状态；当拉伸状态达到最大后，列车又由拉伸状

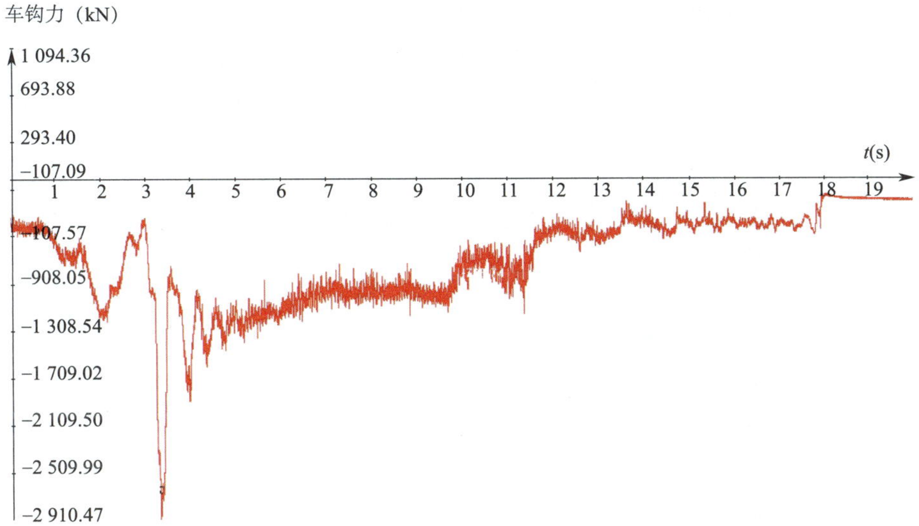

图 6-26　后一万吨列车制动时第 102 位车钩的载荷—时间历程

态转变到压缩状态，这一过程周而复始，产生伸缩振动，由于阻力的存在，振动振幅不断减小。

换句话说，在列车中，具有不同质量的各节车辆由于车钩缓冲装置的作用全部被迫按共同的速度及共同的列车减速度运动，此速度及减速度与列车的全重及制动力相适应。由此可知，在全部车辆共同作用中，各车辆的连接器间应发生不同的反作用力。因此，列车中单位制动力过剩的地方可传给制动力不足的地方，从而使列车相应各处产生纵向应力，使得制动力达到平均。考虑到制动过程车钩力分布和变化的复杂性，本文选取一段典型的制动过程，对 40 个钩位的最大压钩力进行了统计，得出表 6-14 中的统计结果。

表 6-14　列车制动过程中 40 个钩位的最大压钩力

前一万吨		后一万吨	
钩位	最大压钩力(kN)	钩位	最大压钩力(kN)
3	−587.60	3	−105.74
12	−568.80	12	−756.79
21	−615.26	21	−163.82
30	−810.77	30	−969.76
39	−996.61	39	−700.39
66	−1 131.69	66	−1 165.46
75	−813.45	75	−1 695.93
84	−1 226.49	84	−1 947.30
93	−1 266.78	93	−1 550.10
102	−501.20	102	−1 609.60

从图 6-27 和图 6-28 可以看出列车在制动过程中车钩所受的纵向压力都非常大，前一万吨最大拉力出现在第 7 车钩(93 钩位)，值为－1 266.78 kN，后一万吨最大拉力出现在第 5 车钩(84 钩位)，值为－1 947.30 kN。对于整列车来说，较大纵向压力都出现在列车的后部。

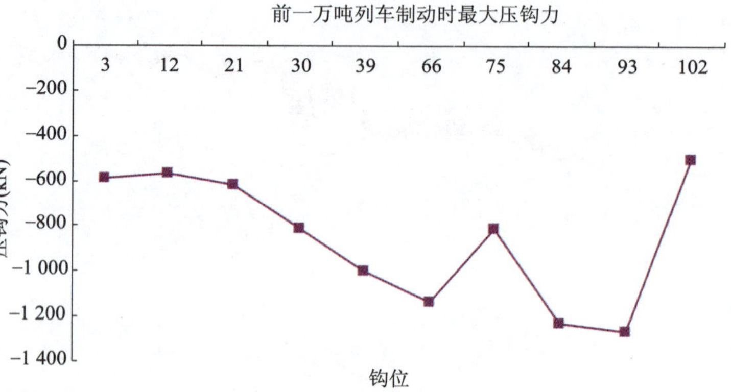

图 6-27　列车制动时前一万吨各钩位的最大压力统计

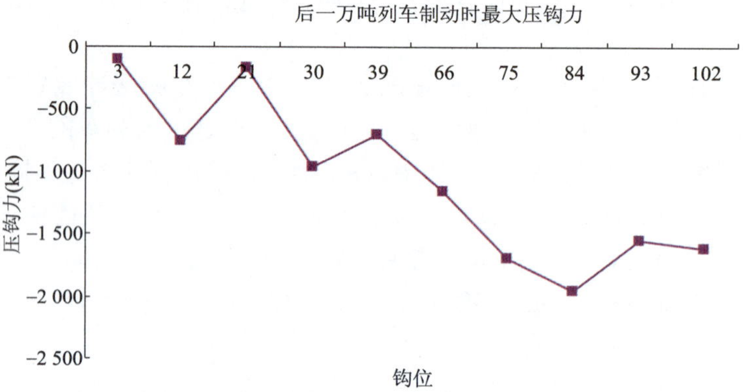

图 6-28　列车制动时后一万吨各钩位的最大压力统计

6.5.3　车钩力载荷谱

对车钩的载荷—时间历程数据进行雨流法计数处理得到载荷的最大值、最小值及相应的循环次数，即编制载荷谱。对于冗长的载荷—时间历程，若用手工按雨流计数法原理处理，显然十分复杂，一般可将雨流法编制成计算机程序进行自动处理，本处采用课题组自主开发的 JPLAS 专用数据处理软件对大秦线重载列车试验数据进行处理及编谱，其流程如图 6-29 所示。

先将每次运行测试数据进行雨流计数处理，并将拉钩力与压钩力由大到小分别顺序排队，然后将其频次按车钩力顺序逐渐累积，所得的累积值除以该谱所经历的里程，所得值为横坐标，车钩力为纵坐标，可得如图 6-30 所示的各车钩力累积频数曲线(载荷谱)。

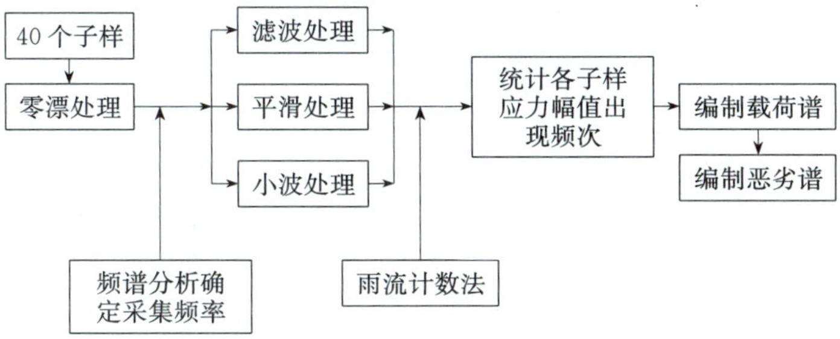

图 6-29　载荷谱的数据处理及编制流程

考虑到列车每经过一次编组，车钩所在的钩位就要随机地发生一次变化，因此将所有车钩的载荷谱相加得到一个具有代表性的载荷谱才有意义，因此，在区分空重车情况下，考虑各个车钩载荷谱均有代表性，则将其合并处理得出用表 6-15、表 6-16 数据表表示的重车和空车车钩载荷谱（百分率谱），表中的频次百分率以载荷出现的概率即以各段的频次除以总的频次后得到。

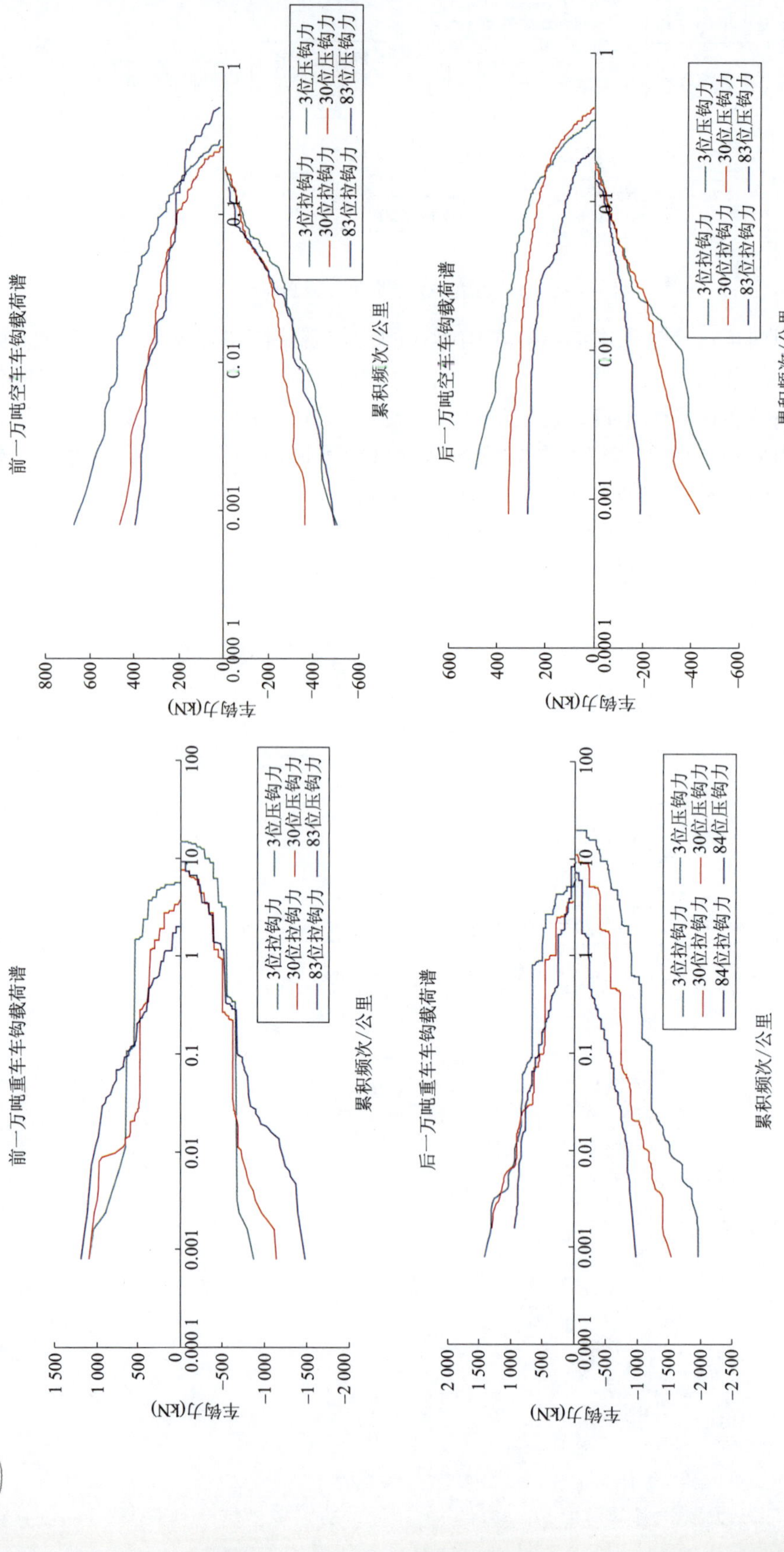

图 6-30 大秦线 2 万 t 重载列车车钩力累积频次曲线

表 6-15 大秦线 2 万 t 重载列车重车车钩载荷百分率谱

最大载荷 (kN) \ 最小载荷 (kN)	−2 000	−1 800	−1 600	−1 400	−1 200	−1 000	−800	−600	−400	−200	0	200	400	600	800
1 600	0.000 005	0.000 005			0.000 005				0.000 005						
1 400		0.000 005			0.000 010	0.000 005									
1 200			0.000 015			0.000 019	0.000 034	0.000 010							
1 000		0.000 010	0.000 019			0.000 024	0.000 088	0.000 044	0.000 015	0.000 039		0.000 015	0.000 005	0.000 029	0.000 510
800	0.000 019			0.000 015	0.000 034	0.000 058	0.000 160		0.000 224		0.000 394	0.000 049	0.000 263	0.008 969	
600				0.000 015	0.000 039	0.000 097	0.000 112	0.000 783		0.001 240		0.000 734	0.028 375		
400			0.000 015	0.000 029	0.000 044	0.000 068	0.000 340		0.002 280		0.101 868	0.062 297			
200				0.000 010	0.000 034	0.000 083		0.001 356		0.003 048	0.184 301				
0			0.000 005	0.000 010	0.000 053	0.000 131	0.000 185	0.000 744	0.006 018	0.251 051					
−200			0.000 005		0.000 029	0.000 024	0.000 544	0.005 576	0.219 006						
−400				0.000 019		0.002 474	0.004 074	0.075 744							
−600					0.000 880		0.023 038								
−800				0.000 228		0.007 482									
−1 000			0.000 034	0.000 258	0.002 081										
−1 200			0.000 112	0.001 454											
−1 400		0.000 005	0.000 569												
−1 600	0.000 010	0.000 053													

试验日期：2009 年 6 月 7 日～6 月 14 日
牵引方式："1+1" 牵引方式
最高速度：80 km/h
记录里程：12 500 km
总循环次数：205 707

表 6-16　大秦线 2 万 t 重载列车空车车钩载荷百分率谱

最大载荷(kN) \ 最小载荷(kN)	−600	−500	−400	−300	−200	−100	0	100	200	300	400
700						0.000 164		0.000 164			
600				0.000 164		0.000 164	0.001 641		0.000 164	0.000 328	0.001 641
500			0.000 328	0.000 492	0.000 328	0.000 657	0.001 806	0.002 462	0.000 821	0.000 657	0.001 97
400	0.000 657	0.000 492	0.000 821	0.000 821	0.003 447	0.003 94	0.005 253	0.011 655	0.017 072	0.004 432	
300		0.000 492	0.002 134	0.001 149	0.002 462	0.018 056	0.023 473	0.029 875	0.049 081		
200	0.000 164	0.000 164	0.000 492	0.001 477	0.010 67	0.018 877	0.143 795	0.088 969			
100		0.000 657	0.000 985	0.002 134	0.021 339	0.047 932	0.092 416				
0			0.000 492	0.003 611	0.100 295	0.107 026					
−100			0.000 164	0.009 849	0.080 926						
−200		0.000 164	0.002 134	0.022 817							
−300	0.000 328	0.003 447	0.035 785								
−400	0.006 074	0.010 834									

试验日期：2009 年 6 月 7 日～6 月 14 日
牵引方式："1+1" 牵引方式
最高速度：80 km/h
记录里程：12 500 km
总循环次数：6 092

7

载荷谱在货车疲劳设计与试验中的应用

7.1 概　　述

货车疲劳设计是在设计阶段对货车结构件进行抗疲劳设计，是货车承载结构设计的重要环节之一。为保证货车承载结构的运用安全可靠性，通常基于载荷谱采用累积损伤理论进行疲劳寿命设计。

货车疲劳试验用以检验承载构件的疲劳可靠性是否满足运用要求，而且在构件结构、材质及工艺等方面有重大改变而影响强度时，也应当进行疲劳试验。疲劳试验主要要素包括试验载荷、循环次数、试样个数和评定标准。

对于疲劳设计和试验而言，除了考虑载荷大小以外，载荷的作用次数以及各种大小不同的载荷循环作用顺序对货车结构的寿命均有较大的影响。一般情况下，疲劳设计和试验载荷取自相关铁路标准，如 AAR 机务标准 M-1001、TB/T 1959—2006《铁道货车摇枕、侧架静载荷及疲劳试验》等。对于没有相关标准的构件，则需利用实测载荷谱对其进行疲劳设计和试验。

7.2 货车疲劳设计

7.2.1 疲劳设计方法

疲劳设计方法一般分为无限寿命设计方法、有限寿命设计方法和损伤容限设计方法。根据其所受应力的状况和构件的裂纹情况可以分为名义应力方法，局部应力应变法和断裂力学方法。根据货车结构件的受载特点，目前大多采用名义应力方法进行结构的疲劳寿命估算。

车辆在运行过程中所受到的载荷是变幅的、随机的，因此研究疲劳累积损伤是进行结构疲劳设计的关键。利用载荷谱和线性累积损伤理论结合材料或焊接接头的基本疲劳性能参数就可以对货车结构进行疲劳设计。

7.2.1.1 依据的标准资料

分析中首先要选择分析所使用的标准，比如依据 TB/T 1959—2006《铁道货车摇枕、侧架静载荷及疲劳试验》；使用载荷谱进行分析时同样要标明载荷谱的相关信息，比如使用 AAR 机务标准 M-1001 中 90.7 t 漏斗车空、重车心盘载荷谱；其次，分析所使用的 *S-N* 曲线数据也要标示清楚，比如常用的 AAR 研究报告 R-387“关于制定疲劳设计使用的缺陷—品质判据的 AAR 指南说明”中的 40～60 ksi 的铸钢 *S-N* 曲线等。

7.2.1.2 疲劳评估基础及假设

现阶段对于铸钢摇枕、侧架等构件的评估一般采用有限寿命设计理论中的应力—寿命法，以有限元计算应力为依据，根据线性累积损伤法则进行构件的疲劳分析，在分析过程中往往会按照如下假设进行：

（1）载荷的加载次序不影响疲劳累积损伤；

（2）构件原先没有残余应力，也没有疲劳损伤；

（3）当肉眼看到裂纹时，认为出现疲劳损坏。

7.2.1.3 疲劳损伤累积法则

根据线性累积损伤法则，每当侧架承受的循环应力大于其疲劳损伤极限时，则引起疲劳损伤；当损伤之和等于 1 时，即出现疲劳破坏。在基于载荷谱进行分析时，如用 n_i 表示某级载荷下时的循环数（共有 n 级），N_i 表示在该载荷级下将导致破坏的循环数，T 表示破坏时的载荷块循环总数，则有：

$$T=\frac{1}{\sum_{i}^{n}\frac{n_i}{N_i}}$$

如已知谱载长 L，则相应于疲劳破坏时的运用公里数 L_c 为：$L_c=T\cdot L$。

7.2.1.4 载荷谱的使用

使用载荷谱对货车构件的疲劳评估大致分为几个过程，首先是对构件进行应力分析，然后将载荷谱依据应力分析结果线性换算成应力谱，再根据应力谱中的应力循环和对应的 *S-N* 曲线计算寿命期内的损伤，最后根据损伤累积理论进行判断，如果寿命期内累积损伤小于 1 则合格，否则要进行方案的修改。

在侧架疲劳评估过程中，并没有侧架的 AAR 载荷谱存在，所以只能使用 AAR 中的心盘谱对侧架进行疲劳评估，一般货车在使用心盘谱时由于心盘上的载荷相当于被两个侧架均分，所以需要按照 0.5 的系数对载荷谱进行折算，而对于实测的侧架载荷谱则不需要此过程。摇枕的疲劳评估可直接采用 AAR 中对应的心盘载荷谱，也可以使用实测载荷谱。

7.2.2 疲劳设计流程

货车不同构件的疲劳设计流程基本相同，但不同构件的载荷谱和 *S-N* 曲线略有不同，这里选取侧架、摇枕和车体为例作简要说明。

侧架和摇枕的疲劳设计大致分几步进行，具体流程如图 7-1 和图 7-2 所示：

（1）首先是对侧架和摇枕进行应力分析；

（2）将载荷谱依据应力分析结果线性换算成应力谱；

（3）根据应力谱中的应力循环和对应的 S-N 曲线计算寿命期内的损伤；

（4）根据损伤累积理论进行损伤累积计算。

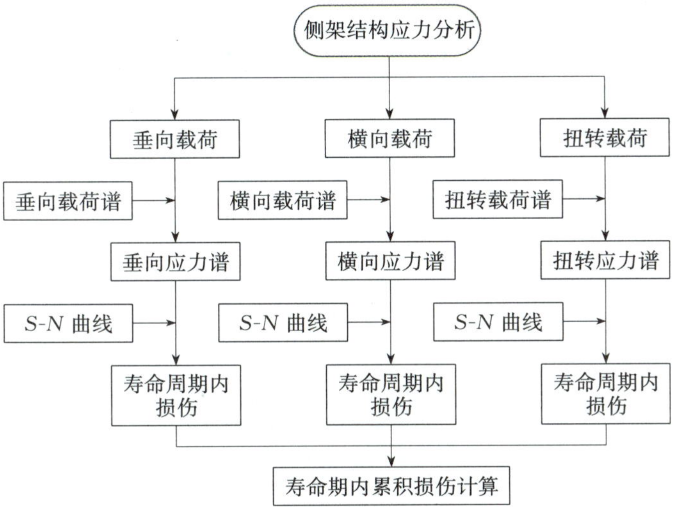

图 7-1　侧架疲劳设计流程

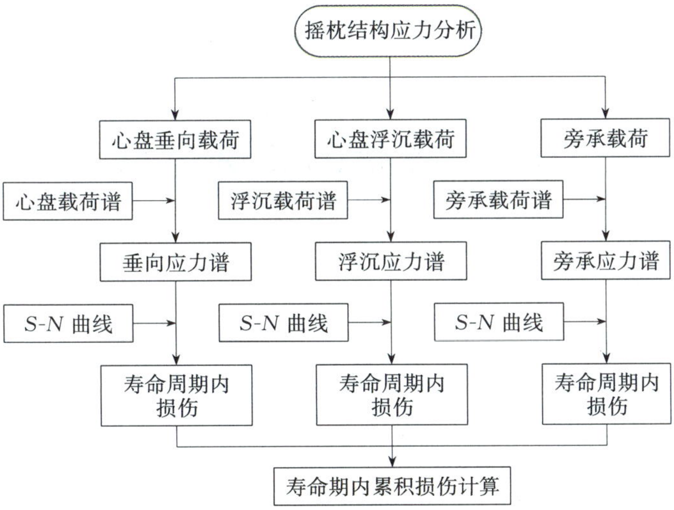

图 7-2　摇枕疲劳设计流程

车体的疲劳设计与摇枕、侧架的疲劳设计并没有太多差异，方法基本相同。不同的地方就是使用的载荷谱；还有就是由于车体的疲劳评估更注重的是焊接结构、铆接结构等连接部位的疲劳寿命，所以使用的 S-N 曲线会有所不同；另外车体的疲劳评估涉及更多的接头处理、载荷、约束施加等方面的问题。

一般而言，车体疲劳设计会使用空、重车心盘载荷谱，空、重车纵向载荷谱以及扭转载荷谱(由于扭转载荷谱并不是什么车型都有，所以垂向、纵向工况的疲劳评估是最常见的)。车体的疲劳设计流程如图 7-3 所示。

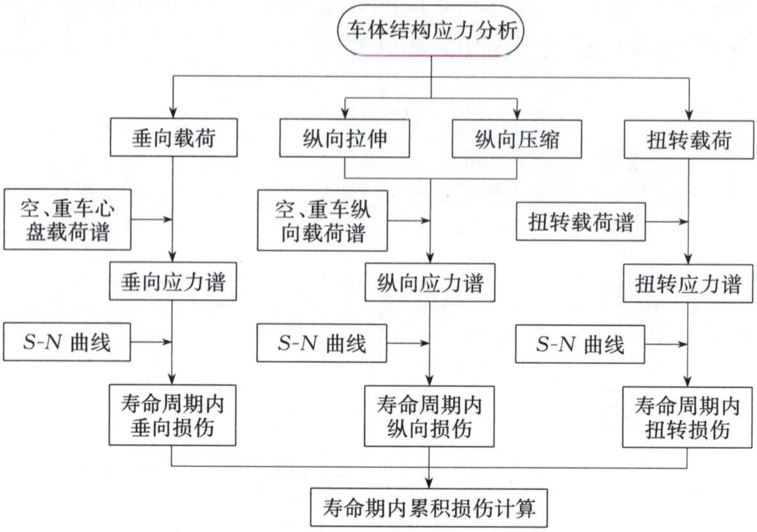

图 7-3　车体疲劳设计流程

7.2.3　载荷谱适用范围

货车载荷谱可以在设计阶段进行疲劳设计时使用，用以评估货车构件的服役寿命，也可以用来评估在其设计寿命周期内的抗疲劳性能。

7.3　侧架的疲劳试验

侧架疲劳试验在专用的试验设备上进行，该设备能满足同时加载垂向、横向及扭转载荷的要求，如图 7-4 所示。疲劳试验载荷见表 7-1。

表 7-1　侧架疲劳试验载荷幅值

载荷类型	载荷幅值(N)
垂向载荷	2.38 C
横向载荷	0.31 C
扭转载荷	0.20 C

C 为轴载荷，其计算公式为

$$C=(G-T)g \tag{7-1}$$

式中：C——轴载荷，单位为牛顿(N)；

G——轴重，单位为千克(kg)；

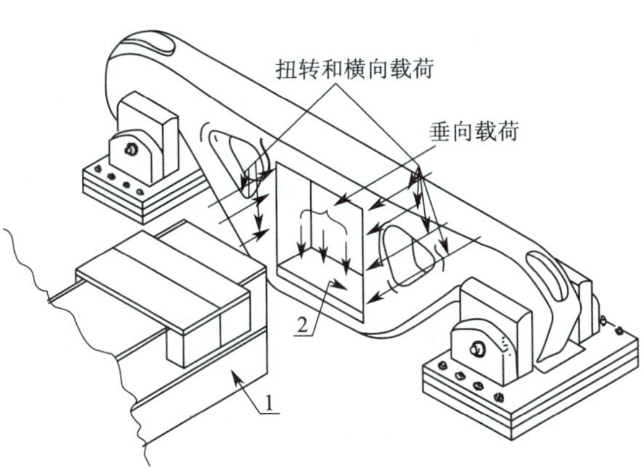

图 7-4　侧架疲劳试验示意

1—加载梁；2—垂向加载块

T——一个轮对的质量，单位为千克(kg)；

g——重力加速度，取 9.8 m/s^2。

载荷作用位置及加载方式分别为：

(1)垂向载荷加载位置为侧架弹簧座。加载方式为均布加载。

(2)横向载荷加载位置为侧架立柱边缘，近似于在静载作用下摇枕接触立柱的位置。每一次垂向加载应有一次在立柱内、外侧施加的横向交变载荷。

(3)扭转载荷施加位置为侧架立柱面及边缘。该扭转载荷是通过在侧架内侧距其中心线距离 d 处施加一定的纵向载荷来实现，d 为转向架轴颈中心距之半。每两次垂向加载，应有一次按顺、逆时针方向交变的扭转载荷。

载荷的波形如图 7-5 所示。

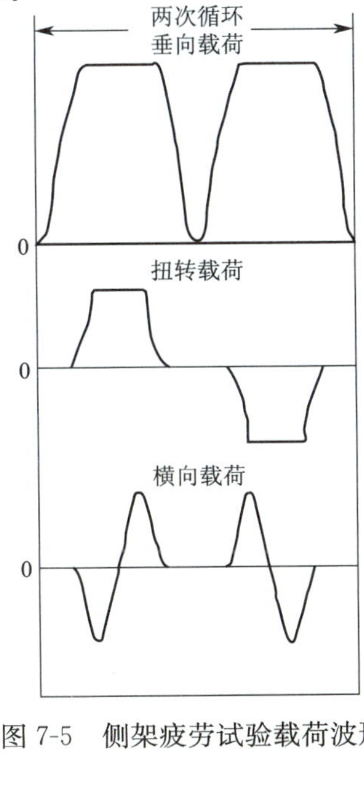

图 7-5　侧架疲劳试验载荷波形

侧架疲劳试验的加载次数不少于15万次，加载频率不大于7 Hz。4个被试侧架均达到1.5×10^5次循环而不发生危险裂纹，其疲劳强度判定为合格。

运装货车〔2007〕100号文件规定B+级钢和整体芯工艺生产转K5、转K6型转向架摇枕、侧架，规定在完成TB/T 1959规定的疲劳试验基础上，摇枕载荷增加20%、循环次数增加20万次，侧架载荷增加40%、循环次数增加5万次。

7.4 摇枕的疲劳试验

摇枕疲劳试验包括旁承侧滚载荷、心盘边缘侧滚载荷、心盘浮沉载荷三种疲劳工况，如图7-6所示。三种试验工况的载荷值见表7-2。

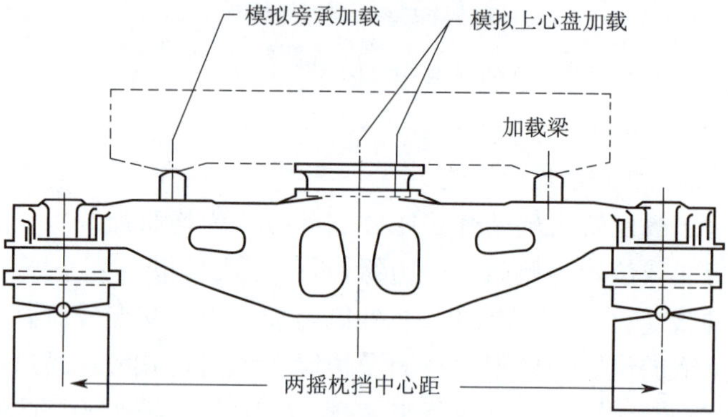

图7-6 摇枕疲劳试验示意

表7-2 摇枕疲劳试验载荷值

载荷种类	载荷值
心盘载荷峰值B_1	2.35 P
心盘载荷谷值B_2	0.33 P
旁承载荷峰值R	1.07 P

P为一个转向架承受的总载荷，其计算公式为

$$P=(2G-H)g \tag{7-2}$$

式中：P——一个转向架承受的总载荷，单位为牛顿(N)；

G——轴重，单位为千克(kg)；

H——一个转向架的质量，单位为千克(kg)；

g——重力加速度，取9.8 m/s^2。

载荷作用位置及加载方式分别为：

(1)旁承侧滚载荷加载位置、波形如图7-7所示，加载位置为左右两侧的旁承的Z点和Z'点处，加载方式为载荷交替作用在两点上，左右旁承各加载一次为一个完整循环，旁承侧滚载荷疲劳试验的循环次数为一个加载单元循环次数的25%。

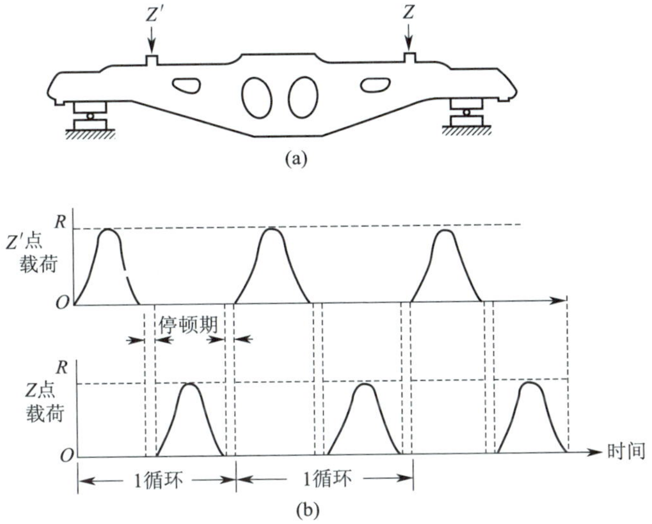

图 7-7　旁承侧滚载荷疲劳试验加载位置及波形

(2)心盘边缘侧滚载荷加载位置、波形如图 7-8 所示，加载位置为心盘左边缘 G 点、中心 Q 点及右边缘 C 点，加载方式为三点各加载一次为一个完整循环，三点的加载顺序见表 7-3。心盘边缘侧滚载荷疲劳试验的循环次数为一个加载单元循环次数的 37.5%。

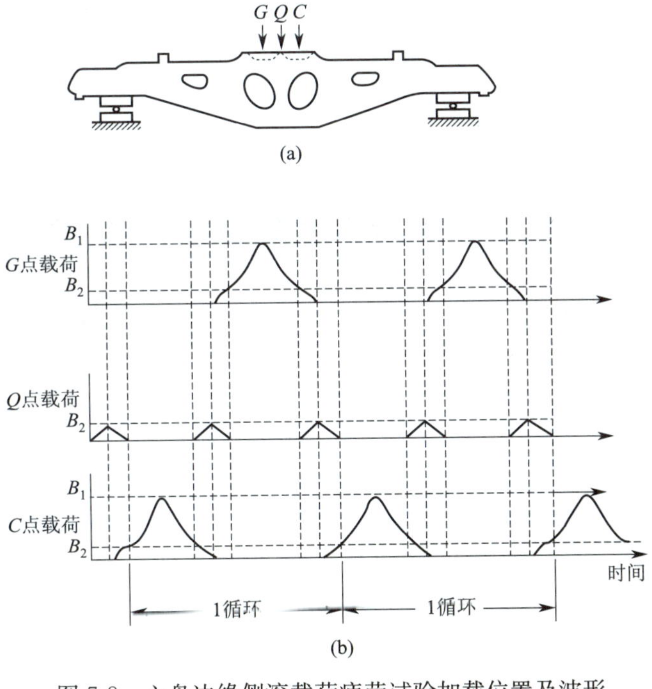

图 7-8　心盘边缘侧滚载荷疲劳试验加载位置及波形

表 7-3 摇枕心盘边缘侧滚载荷疲劳试验加载顺序

顺序号	1	2	3	4	5	6	7	8	9
加载位置	G	G	G	Q	C	C	C	Q	G
载荷值	B_2	B_1	B_2	B_2	B_2	B_1	B_2	B_2	B_2
第 4 项、第 8 项可根据试验情况选择是否加载。									

(3)心盘浮沉载荷加载位置、波形如图 7-9 所示，加载位置为整个心盘表面，心盘浮沉载荷疲劳试验的循环次数为一个加载单元循环次数的 37.5%。

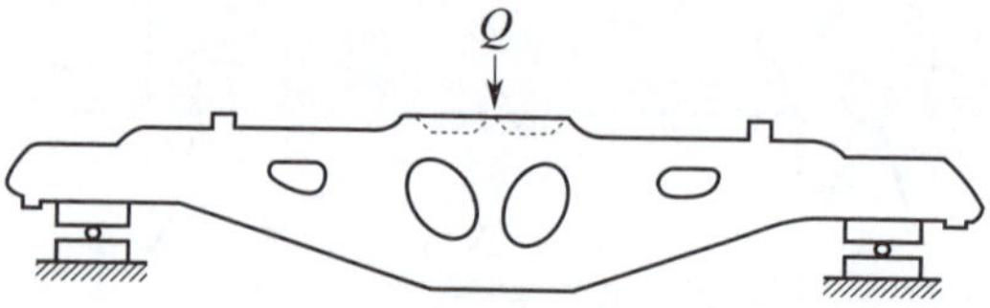

(a)

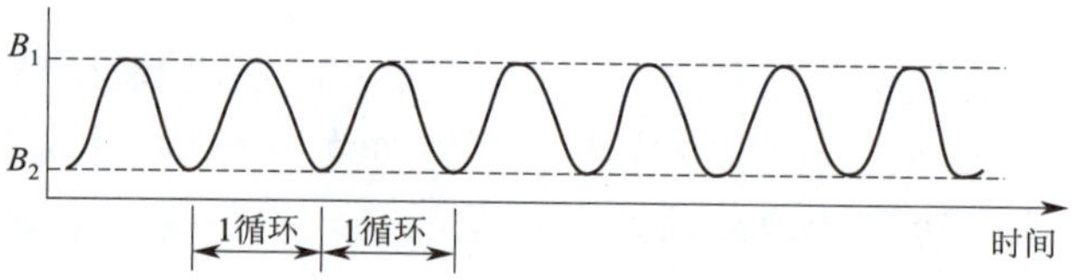

(b)

图 7-9 心盘浮沉载荷疲劳试验加载位置及波形

试验结果评定：摇枕疲劳试验的每个加载单元循环次数为 1×10^5 次，共进行 10 个加载单元的疲劳试验，总循环次数为 1×10^6 次，加载频率不大于 7 Hz。疲劳试验后 2 个被试摇枕均未发生危险裂纹，其疲劳强度判定为合格。

7.5 摇枕弹簧的疲劳试验

对圆柱螺旋弹簧的试验评价包括弹簧在工作负荷下的挠度、极限负荷下的永久变形和疲劳性能三方面内容。对圆柱螺旋弹簧的性能试验评价按照铁路货车转向架圆柱螺旋弹簧技术条件和 TB/T 2211—2010《机车车辆悬挂装置钢制螺旋弹簧》进行。

7.5.1 工作负荷下的挠度试验

对弹簧进行工作负荷下挠度试验的目的是测试弹簧的刚度，验证弹簧的实际刚度特性是否符合要求。为了便于操作，实际试验时采用测试弹簧在工作负荷下挠度的方式进行，刚度值则可通过负荷和挠度计算得出。

按照铁路货车转向架圆柱螺旋弹簧技术条件的要求，被试件弹簧实际挠度与计算挠度之差应符合图样规定；图样未规定时，按下列规定执行：

(1)挠度≥20 mm 时，实际挠度与计算挠度之差不超过±8%；

(2)挠度<20 mm 时,实际挠度与计算挠度之差为+2.5 mm~-1.5 mm。

弹簧工作负荷下的挠度试验按每批数量的3%(但不少于3件)抽检。当试验不合格时,须加倍取样复检,复检仍不合格应全检。

7.5.2 极限负荷下的永久变形试验

弹簧应按照图样规定的极限负荷压缩不少于3次,进行3次压缩以后,再压缩后的高度变化量不得大于弹簧自由高的0.25%。

制造单位应对弹簧逐个进行永久变形试验,但交货验收时可按3%(但不少于3件)抽检。当抽检试验不合格时,须加倍取样复检,复检仍不合格应全检。

7.5.3 疲劳试验

按照TB/T 2211—2010《机车车辆悬挂装置钢制螺旋弹簧》的规定,弹簧疲劳试验机及承担弹簧疲劳试验的疲劳试验室必须经过国家计量检定部门检定并认证为合格者,方可进行试验。疲劳试验应在(20±10) ℃的室温环境中进行。试验时,试件弹簧上下面应设有专用支座,以保证在试验中弹簧的中心线与试验机载荷的中心线一致。弹簧试验频率为1 Hz~6 Hz,按照铁路货车转向架圆柱螺旋弹簧技术条件的规定,弹簧的疲劳试验循环次数不少于300万次,试验后弹簧不得出现疲劳裂纹和折断。

弹簧疲劳试验的负荷为$P_j \pm K \cdot P_j$,其中各个字母所表示的含义如下:

P_j——弹簧垂直工作静载荷;

K——弹簧的动荷系数,在货车转向架上,$K=0.4$。

应从同批弹簧中任选3个作为试样进行疲劳试验,提速货车用弹簧疲劳寿命不低于300万次。3个试件弹簧必须同时合格,该批弹簧才为合格品;若其中2个试件弹簧不合格,则该批弹簧为不合格品;若只有其中1个试件弹簧不合格时,允许进行复验,复验方法是在同批弹簧中再任选2个弹簧进行试验,试验后2个试件弹簧应同时合格,该批弹簧才为合格品。

7.6 弹簧托板的疲劳试验

研究易于弹簧托板实物模拟疲劳试验的加载方案,为通过疲劳试验来确定弹簧托板的使用寿命提供合理的依据。

7.6.1 确定疲劳试验载荷的方法

7.6.1.1 基本方法

如前所述,已给出横向剪力、扭矩和垂向载荷这三种载荷各自的载荷谱。但是由于按载荷谱进行疲劳试验所需周期太长而且加载复杂(多动力头变幅加载),弹簧托板室内疲劳试验难以直接采用该载荷谱进行。一般通过合理的手段,将载荷谱简化成适合于疲劳试验的疲劳试验载荷。

为尽可能反映实际运行载荷对弹簧托板疲劳寿命的影响，疲劳试验载荷的确定以实测载荷谱和应力谱为基础、以损伤等价原则为依据，通过载荷谱求出单级等效载荷 P 作为疲劳试验载荷，P 的具体计算公式见式(7-3)：

$$P = F_{\max}\left(\frac{H\sum_{i=1}^{n} n_i\lambda_i^m}{N_0}\right)^{\frac{1}{m}} \tag{7-3}$$

式中：$F_{\max}$——实测载荷谱中的最大载荷；

λ_i——实测载荷谱中各级载荷与最大载荷之比；

n_i——实测载荷谱中各级载荷所对应的循环次数；

N_0——疲劳试验载荷所对应的循环次数；

H——块谱总数；

m——弹簧托板材料常数，$m=5.85$。

在给定设计公里数 L 下的块谱总数 H 由 L 与块谱公里数(块谱公里数为 200 km)之比得到，即 $H=L/200$。

这样，在给定设计公里数 L 下，如疲劳试验以循环数 N_0 为考核指标，则相应的疲劳试验载荷 P 由式(7-3)确定。

7.6.1.2 加载方案的基本框架

确定疲劳试验加载方案的原则是：加载方案应使弹簧托板的大应力部位与线路实测的大应力部位一致，并能再现动应力较大部位的疲劳损伤情况。根据这一原则，确定弹簧托板疲劳试验加载方案的基本框架如下：

(1)弹簧托板的关键疲劳薄弱部位为止挡与托板连接焊缝端头，而该处的应力主要来自于剪切和扭转载荷，考虑到加载方便，故设疲劳试验载荷由横向剪切载荷 P_y 和扭转载荷 T 构成，加载方式如图 7-10 所示；

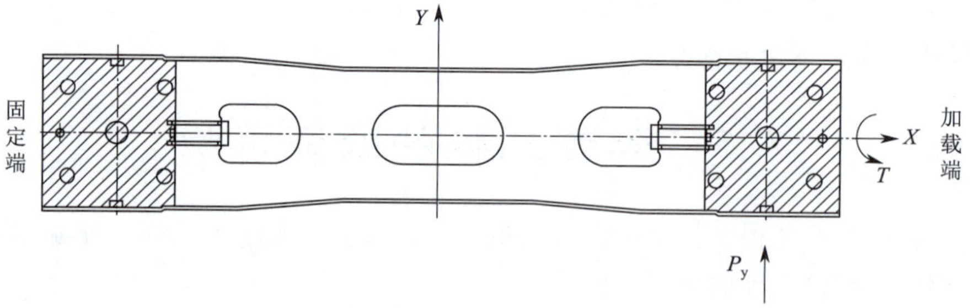

图 7-10　加载方案示意

(2)弹簧托板的动应力由横向剪切载荷 P_y 和扭转载荷 T 所导致的应力来等效；

(3)由于实测的横向剪切载荷 P_y 和扭转载荷 T 的均值均很小，因此 P_y 和 T 均可按对称循环加载；

(4)如按脉动循环方式加载，则需要用等寿命方程将对称循环载荷转化为脉动循环载荷；

(5)疲劳试验以 $N_0=2\times10^6$ 个循环为考核指标,并以此对线路实测载荷进行等效处理;

(6)达到 2×10^6 个循环指标并且没有出现宏观尺度的裂纹即为达到设计运行公里数的要求,反之则为疲劳强度不足。

7.6.2 等效载荷处理结果

根据设计要求,现按 240 万 km、空重比为 1∶1 制定等效载荷。将实测 200 km 重车载荷谱和 200 km 空车载荷谱合二为一,这样 240 万 km 相当于重空车联合谱运行6 000 次($H=240\times10^4/400=6\ 000$ 块)。将实测弹簧托板载荷谱中有关重空车载荷数据 n_i、λ_i 及 $N_0=2\times10^6$、$H=6\ 000$、$m=5.85$ 等代入式(7-3),可得到横向及扭转等效载荷。

对称循环等效载荷:$P_y=\pm17.02$ kN,$T=\pm0.427$ kN·m。

脉动循环等效载荷:$P_y=0\sim26.7$ kN,$T=0\sim0.66$ kN·m。

7.6.3 疲劳试验载荷的最终处理结果

7.6.3.1 载荷修正系数

影响弹簧托板动应力的因素很多,需要多次线路试验才能得到具有足够代表性的载荷谱。

由于上述等效载荷未含垂向载荷,考虑到实测的公里数有限、车辆状态的差异、测试与计算的偏差以及环境和可靠性试验的要求等因素,应对上述等效载荷进行修正。参考弹簧托板实测应力与垂向载荷分析结果、材料疲劳性能试验结果,载荷修正系数取 2.25。

7.6.3.2 疲劳试验载荷

考虑上述载荷修正系数后,对等效载荷进行修正,修正后的对称循环和脉动循环疲劳试验载荷最终处理结果见表 7-4,加载频率由实验机确定,用户可以根据实际情况选择一种循环加载方式进行疲劳试验。在疲劳试验中应监测表 7-4 中大应力部位的应力值,这些应力值应与表中所给参考点的应力值相当,参考点应力值由实测应力谱经损伤等效换算后得出。

表 7-4 疲劳试验载荷最终处理结果

考核目标	载荷种类		参考点应力(MPa)		
	横向剪力(kN)	扭矩(kN·m)	中央孔边圆弧	止挡孔边圆弧(内)	立板上部近摇动台处
200 万次对称循环	±37.3	±0.96	±125	±125	±100
200 万次脉动循环	0～60	0～1.5	220	220	160

在疲劳试验载荷编制过程中,充分考虑了各种因素的影响,包括小载荷,并直接采用 S-N 曲线及其下延线进行疲劳试验载荷计算。通过 200 万次疲劳试验未发现宏观裂纹则表明该弹簧托板件的疲劳寿命(95%可靠性)满足运行 240 万 km 的要求。

7.7 交叉杆的疲劳试验

现场试验装置如图 7-11 所示，试验装置结构示意如图 7-12 所示。试验装置由水平移动侧梁 A、垂直扭转侧梁 B 及相应的水平、垂直作动器等组成，侧梁 A 可沿试验台面水平纵向运动，由水平作动器驱动产生往复运动；侧梁 B 中部通过水平转动轴与轴承支撑座连接，可绕转动轴作点头运动但不能横向移动，通过与侧梁 B 相连的垂向作动器进行驱动，产生扭转位移。试验装置牢固地固定在铁平台上。

图 7-11 试验装置

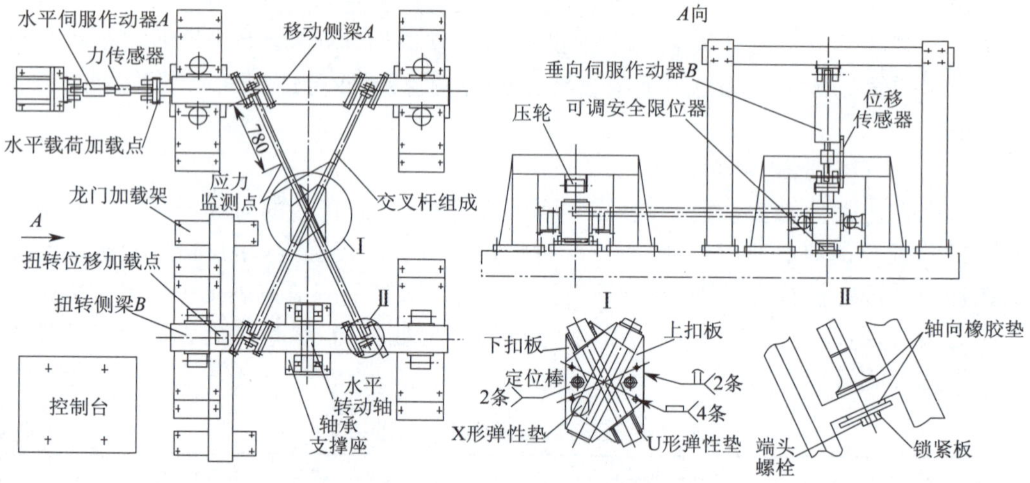

图 7-12 试验装置结构示意

侧梁 A 的底部装有能沿作动器 A 推出方向往复运动的支承滚轮，侧梁 A 的两侧垂直面上布置有耐磨板，与固定支座滚子配合，以确保侧梁 A 的轴向加载，每个固定支座上方的连接横梁下部装有压轮，以防止侧梁 A 上翘。滚子有间隙微调功能以降低冲击振动力，各支承滚轮、滚子及压轮有滚动轴承，以减少运动摩擦力。侧梁 B 两侧下方的铁平台上装有限制侧梁 B 过大转动的安全限位器。侧梁 B 的两侧垂直面上布置有耐磨板，与固定支座滚子配合，以确保侧梁 B 绕水平轴的扭转加载。滚子有间隙微调功能以降低冲击振动力，各滚子及水平转动轴有滚动轴承，以减少运动摩擦力。

剪切载荷以水平力控制，减载频率 3 Hz；扭转载荷以位移控制，扭转位移±5.3 mm，加载频率 0.5 Hz。试验载荷及加载顺序见表 7-5。加载顺序应按 BCAD 载荷级别进行加载。

表 7-5 疲劳试验载荷及加载顺序

载荷级别	扭转位移(mm)	扭转次数	水平力(kN)	水平力次数
A	±5.3	416 666	±19	2 500 000
B	±5.3	150 000	±22	900 000
C	±5.3	15 000	±24	90 000
D	±5.3	1 666	±25	10 000

2 套交叉杆组成在 350 万次疲劳试验后杆体压型及焊缝处无裂纹和折断则判定其疲劳强度合格。

7.8 车体的疲劳试验

伴随着重载、快捷铁路货车技术的发展，车体轻量化设计成为铁路货车技术发展的趋势。在降低车辆自重、增加载重、提高运输效率的同时，如何合理均衡车体轻量化与结构疲劳可靠性之间的矛盾，是铁路重载货车技术发展的难题之一。目前车体轻量化设计方法已被广泛采用，并取得了一定成效，但由于我国货车技术发展过程中基础数据积累不足、相关试验条件不完善、设计过程中缺少经验等原因，导致新设计的重载货车产品在经过一段时间的运用考验后，发生了一系列车体结构疲劳失效的问题，在一定程度上制约了车体轻量化技术的向前发展。

基于上述原因，2012 年 7 月，中车齐齐哈尔车辆有限公司自主设计并建成了国内首台“铁路货车车体疲劳与整车振动试验台”。以该试验台为依托，车体疲劳试验方法在线路动态响应谱的测试、数据处理、试验台驱动文件程序、车体疲劳的试验及试验结果评估等关键技术方面取得了一系列的研究成果，并以 C_{70E} 型通用敞车为试验对象，对上述试验技术进行了实例验证。

7.8.1 试验台组成及试验原理

铁路货车车体疲劳与整车振动试验台，主要由电液伺服液压系统、机械结构系统、电气控制及安全监控系统、测试数据采集及处理系统和配套基础设施 5 部分组成，以垂向、横向、纵向及车钩作动器为加载系统，采用柔性设计方法，可满足轨距 1 000～1 676 mm、车辆长度≤27 000 mm、轴重≤40 t 的各型铁路车辆的车体疲劳试验，结构如图 7-13 所示。

试验时将被试货车车体支承在 2 个模拟摇枕上，每个模拟摇枕上安装有 1 个下心盘、2 个旁承，车体的上心盘坐落在下心盘上，车体枕梁的两个上旁承与模拟摇枕上的

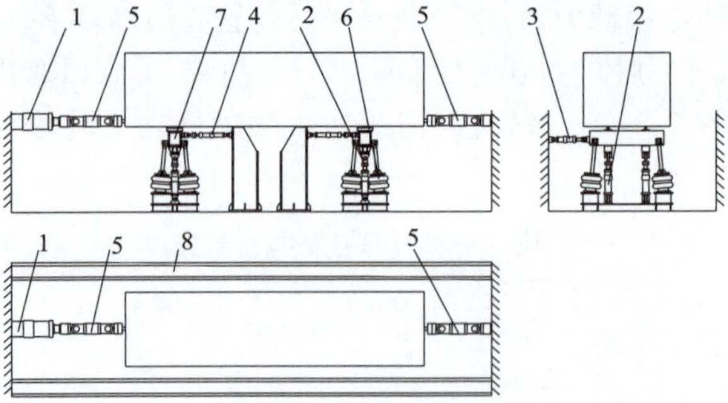

图 7-13 疲劳试验台结构示意

1—车钩力作动器;2—模拟摇枕垂向作动器;3—模拟摇枕横向作动器;4—模拟摇枕纵向作动器;
5—纵向加载杆;6—空气弹簧支撑装置;7—模拟摇枕;8—纵向加载框架

两个旁承相对应。2 个模拟摇枕的下部装有空气弹簧支承装置,用于支承货车车体和装载货物的总静载重。2 个模拟摇枕下部的 4 套垂向液压作动器用于对车体施加动态载荷。每个模拟摇枕沿车体纵向水平位置装有 2 个纵向作动器,用于平衡车体两端不平衡的车钩力和制动力,并可产生模拟摇枕绕心盘的回转运动,即模拟转向架相对于车体的回转运动及其产生的回转力矩。

在车体的另一端通过一个纵向加载杆把车端与纵向加载框架的中部横梁连接起来,以平衡车钩力。这样,就可以通过上述加载机构的动作来模拟车体在线路上的运行工况,实现车体疲劳试验的目的。试验台各作动器的主要设计参数见表 7-6。

表 7-6 车体疲劳试验台作动器主要参数

作动器名称	最大激振力(kN)	数量	最大行程(mm)	工作频率范围(Hz)
车钩力作动器	±3 500	1	±200	0～30
垂向作动器	±630	4	±75	0～30
横向作动器	±400	2	±75	0～30
纵向作动器	±160	4	±75	0～30

车体疲劳试验的核心原理是"车体线路运行状态模拟和加速车体疲劳试验",即通过试验台加载系统向车体施加激励,使被试车体在试验台上振动状态及受力与车体在线路上运行时基本一致。同时,为缩短试验时间,根据相应结构的 *S-N* 曲线,删除对车体疲劳影响较小的损伤所引起的载荷事件,以压缩试验时间,从而达到加速试验的目的。

7.8.2 线路动态响应谱测试

7.8.2.1 测点选择

对车体进行线路运行动态响应测试,是车体疲劳试验的第一步,而如何选取进行测试的测点是这个步骤的关键。进行线路测试的车体测点根据其功能可分为应变测点、加速度测点和车钩载荷测点。

应变测点主要用于车体的疲劳损伤评估,应依据车体静强度有限元分析、疲劳计算分析和静强度试验数据进行应变测点的选取。应变测点布置在车体的主要结构、关键部位上应力集中的区域，或同类车型在运用过程中产生过疲劳裂纹的部位，主应力方向明确的大应力部位可采用单向应变片测量，否则采用应变花测量。

加速度测点应能够反映出车体刚体的振动状态，还可以根据力的传递原理，尽量靠近作动器加载位置布置，与单一作动器加载的相关性越好，受其他作动器影响就越小，也更容易模拟。

车钩载荷使用已标定的测力车钩进行测试，获取车体两端的纵向车钩力。

7.8.2.2　线路动态响应谱测试

测试线路一般可分为专用线路和通用线路两种。对于专用货车可以选择该货车运行所属的线路进行测试；对于通用货车，试验线路应选择具有代表性的线路，充分体现车辆运行的典型环境，包括规定的Ⅰ级线路、Ⅱ级线路和Ⅲ级线路，线路区间应有典型的驼峰、平直线、曲线、通过车站的侧线道岔等。

为确保测试数据的准确、完整性以便于后期数据分析处理，应对线路动态响应信号进行全程测试，同时记录列车运行速度、列车实时位置、线路状态等相关数据，并保证信号的同步性。关于采样频率的设定，应最大可能包含全程信号的峰谷值，一般建议采样频率为 512 Hz，滤波截止频率为 100 Hz。

7.8.3　测试数据处理

7.8.3.1　数据处理

对线路测试数据进行处理的目的是保证处理后的数据可靠，为车体疲劳试验提供真实准确的数据。

数据处理通用方法包括：

(1)数据分类：将得到的全程数据，首先去除停车段的数据，再按测试工况将数据进行归类。

(2)无效数据处理：对不产生疲劳损伤的停车数据，因传感器失灵、采集设备异常、外来干扰及信号丢失等引起的异常信号，均视为无效数据，可采用同步剪切的方法予以去除。

(3)零漂处理：在长距离货车线路测试后，温度影响的信号漂移不能忽略，需要对有零漂现象的数据进行处理，消除零漂影响。

(4)频谱分析及滤波：在分析过程中对数据进行 PSD 频谱分析是非常重要的环节，它可以帮助我们分析测试数据的主要频谱成分，并根据试验台能力合理设定滤波的截止频率。

(5)数据连接：经过上述数据处理后，连续的实测数据已分解成若干个数据段，必须按不同试验工况分别将这些小的数据段进行拼接处理，形成新的连续的有效数据段，用于疲劳试验台驱动文件的编制。

7.8.3.2　数据剪切

线路实测的数据中，对车体疲劳不产生损伤或损伤很小的占据大部分，为了达到车体加速疲劳试验的目的，需要对线路测试数据进行剪切、拼接等处理，去除无损伤或极小损伤的小幅波动，其方法如下：

(1)对车体动应力数据作雨流计数统计，获取雨流统计数据。

(2)根据各测点不同结构的 $S\text{-}N$ 曲线，计算其损伤，删除无损伤或极小损伤的幅值低的振动波。

(3)在删去某一波形的无损伤小幅振动波形时，须保持各波形之间的相互相位关系，并保证其他通道波形中的大幅振动波不被删除。如图 7-14 所示，只能删去 3 个测点都同时是小幅振动的波形，如图中 a、b、c 区域，这样才能保证删剪后各部振动相位不变，而且都保留了需要的大幅振动信息。

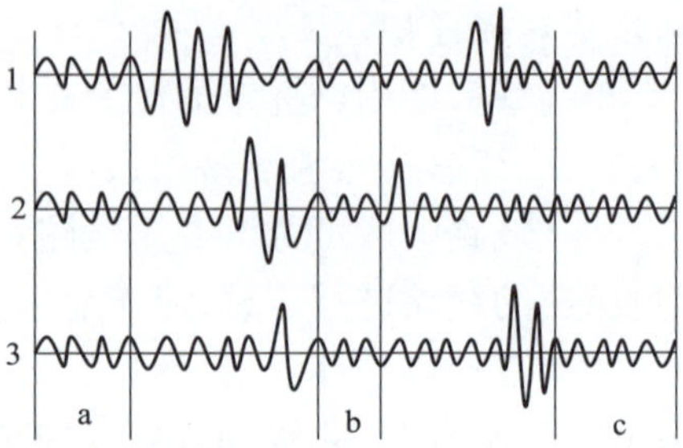

图 7-14　数据剪切实例

(4)被删剪后的应力波形，在保持各测点相位关系不变的条件下进行重新拼接，形成新的仅保留对车体疲劳损伤有作用的幅值高的振动波，其他信号根据应力信号同步进行剪切、拼接，最终形成“加速车体疲劳试验的目标信号”。

7.8.4　驱动文件编制

目标信号迭代算法是线路模拟算法的核心内容，在系统模型识别时假设系统为线性时不变系统，这样得到频响函数矩阵后，可以根据系统的输入、输出信号与频响函数之间数学运算的关系，由目标信号和识别得到的频响函数矩阵反推得到所需驱动信号。但实际上，系统的各个环节都存在一定程度的非线性因素，使得用根据线性系统假设得到的驱动信号去激励系统时，产生的响应信号与目标信号之间存在很大误差。为了消除非线性的影响，需要使用迭代的方法逐步修正驱动信号，使系统的响应逼近于目标信号。

生成驱动文件的迭代方法如下：

(1)通过白粉红噪声信号激励试验台系统，得到整个系统的频率响应函数矩阵。

(2)由目标信号和频率响应函数矩阵，计算初始驱动信号，并按此信号进行试验台激励加载，同时采集响应信号。

(3)将测得的响应信号与目标信号进行比较，根据所得到的误差，对驱动信号进行适当的补偿并再次加载，如此循环下去，对驱动信号进行不断的修正。

(4)当响应信号和目标信号的幅值和相位基本一致、迭代误差满足试验要求时停止，这时各作动器形成的驱动信号即为“疲劳试验台的驱动文件”。

7.8.5　疲劳试验及过程监测

根据车体寿命预期或实际的总运行里程，确定驱动文件预期循环次数及预期试验时间，已运用过的被试车辆须将使用年限计入。在实际的加速疲劳试验中，可以改变驱动文件的重复次数，以使车体关键应力位置总疲劳损伤与车体达到其寿命预期时产生的损伤接近。

在疲劳试验期间，参照被试车厂修、段修期来设定车体疲劳试验检查周期，监视被试车体的主要结构、关键焊缝、重要部件等是否发生裂纹、磨损、变形等。同时通过电液伺服协调加载系统和控制软件，对被试车体的测点、试验台及附属设备的运行情况进行在线监控，保证试验台输入的位移和力在整个试验过程中稳定。

7.8.6　试验结果评估

当加速疲劳试验时间达到车辆运行的等效里程时，全面检查试验车车体的状态，在不出现影响车辆正常使用的疲劳裂纹、磨损、变形时，视被试车车体满足疲劳寿命考核要求，同时建议对车体监测点计算累计损伤，根据试验结果评估监测点的疲劳寿命。

如果出现疲劳裂纹，且裂纹长度已经穿透或达到板厚，或者裂纹扩展改变了方向，表明结构的承载情况已经变化，记录此时的加载时间，可作为车体疲劳寿命的定量值。特殊情况下，也可根据用户限定的疲劳裂纹长度、磨损或变形等要求，停止试验，记录试验加载时间，并换算为车体线路运行的等效里程，即为车体评估的疲劳寿命。

7.8.7　实例验证

为验证上述车体疲劳试验方法的适用性和有效性，利用 C_{70E} 型通用敞车北京至成都往返线路动态响应测试数据，对上述关键技术进行了实例验证。并在试验台上完成了车体的疲劳试验，对 C_{70E} 型车体进行了寿命评估。

7.8.7.1　线路动态响应谱测试

依据测点选取原则，在车体两端枕梁端部和车体中梁中央布置了垂、横向加速度测点，用于模拟车体振动状态；在车体的关键部位和大应力区布置了用于疲劳损伤评估的动应力点；同时在车体两端安装了测力车钩用于纵向车钩力测量。图 7-15 为车体上的测点布置。

测试线路为北京丰台西站—成都北站，途经北京、河北、河南、湖北、陕西、四川六省市，到达成都北站后以相同的线路返回北京，往返总运行里程为 4 280 km。

7.8.7.2　数据处理

依据所有测试通道数据保持同步的原则，对停车数据进行了同步剪切，然后将各分段数据按时序进行连接。采用均值法对有零漂现象的信号进行零漂处理，并对测点进行了 PSD 谱分析，分析结果表明所有测点的作用能量主要分布在 0～15 Hz 之间，15 Hz 以上能量较低，峰值出现在 2 Hz、7.5 Hz 附近。结合上述 PSD 谱分析结果，将截止频率设置为 15 Hz，对线路测试数据进行低通滤波。

按照“加速疲劳”试验原理，将处理后的数据根据结构的 S-N 曲线，对所有通道进行同步剪切，去除对车体无损伤、小的载荷数据，只保留对疲劳有损伤的数据，以达到加速疲劳的试验目的。北京—成都往返数据经剪切压缩后的结果见表 7-7。

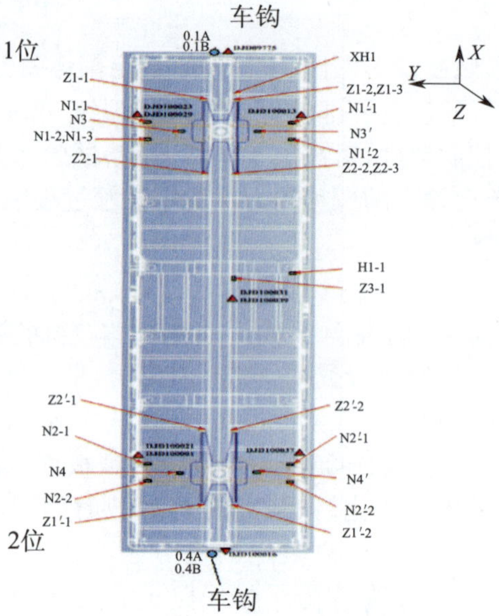

图 7-15　车体测点布置

●—力传感器；▲—加速度测点；●—应变测点

表 7-7　北京—成都往返数据剪切结果

文件	初始时间长度(h)	剪切后时间长度(h)	压缩比率(%)
北京—成都	44.1	0.348	0.79
成都—北京	47.4	0.332	0.70

7.8.7.3　驱动文件编制

将 C_{70E} 型敞车北京至成都往返线路动态响应测试数据，按驱动文件编制方法，在试验台上经过多次迭代，生成车体疲劳试验的驱动文件。为校核驱动文件，对试验台上车体的响应信号与线路测试的目标信号进行了比较，同时进行损伤计算，加速度均方根误差小于 10%，应力均方根误差小于 17%，车体关键部位的应力损伤误差小于 5%。结果表明被试车体在车体疲劳试验台上能够真实模拟车体的线路运行状态，达到了试验要求的精度。对比结果实例如图 7-16 所示。

7.8.7.4　疲劳试验及过程监控

以上述编制的 C_{70E} 型通用敞车的驱动文件进行加载试验，加载时间换算如下：该车车体设计寿命为 25 年，寿命期的运行总里程数 625 万 km，空重比例为 1∶1，因此重车运行里程数为 312.5 万 km。“车体疲劳试验驱动文件”总长度为 0.68 h，等效里程 4 280 km，累计试验加载时间为：312.5/0.428 0×0.68=496.5 h。

在进行疲劳试验时，控制系统同时采集被试车体上的所有测点的数据，并计算出每一循环的损伤，对各测点的最大值、最小值、均值、标准偏差和均方根进行

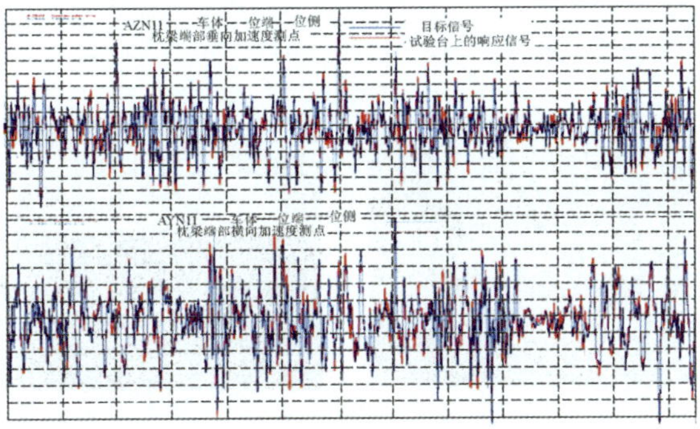

(a) 加速度信号(蓝色为目标信号，红色为响应信号)

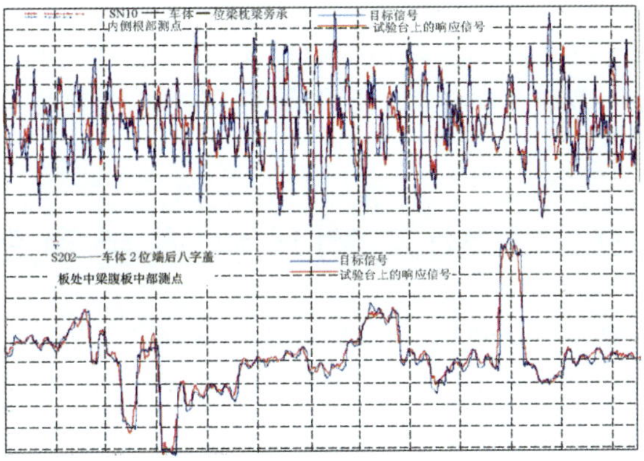

(b) 应变信号(蓝色为目标信号，红色为响应信号)

图 7-16　响应信号与目标信号之间的对比

统计。同时控制系统实时采集作动器的位移和力传感器信号，对车体疲劳试验台及附属设备的运行情况进行监控。对测点设定阈值，在试验过程中，当测得的响应信号超过设定的阈值后，系统会给出报警，并执行异常处理程序，自动停止试验。

在疲劳试验过程中，根据被试车的段修期定期暂停试验，对被试车体及试验装备进行检查，并进行记录，直到试验结束。

7.8.7.5　试验结果评估

C70E 型通用敞车车体疲劳试验的“车体疲劳试验驱动文件”共重复执行 734 次，累计试验时间 499.1 h，等效总里程 314.2 万 km，超过了评估的总里程 312.5 万 km。

试验结束后对车体进行全面检查，车体上侧梁与侧墙板端部略有变形，但不影响车辆使用；对其他重点承载部位及关键焊缝进行检查，未发现疲劳裂纹，车体状态良好，如图 7-17 所示。

根据测点响应数据，对部分疲劳试验监测点进行了疲劳损伤计算，车体 1 位端心盘外侧中梁八字盖板处，累计损伤为 0.416；车体 1 位端心盘内侧中梁八字盖板处，累计损伤为 0.307;车体中梁中部与大横梁交接处,累计损伤为 0.127;车体其他部位测点累计损伤较小,未列入评估。

(a) (b)

图 7-17　试验结束后的车体状态

上述 C70E 型通用敞车车体疲劳试验的实例验证了文中提出的各项关键技术的有效性,同时表明,利用车辆实测的线路运行响应谱,在试验台上基于线路运行状态模拟的加速车体疲劳试验的方法是科学的、合理的,能够对车体的运行工况的疲劳寿命进行客观的试验评估。

7.9　车钩及钩尾框疲劳试验

车钩及钩尾框疲劳试验在车钩及连接件疲劳试验台上进行,如图 7-18 所示,试验设备应保证试验在水平位置进行,载荷沿车钩中心线加载,通过钩体对钩舌施加载荷。

图 7-18　车钩及连接件疲劳试验台

试验仪器应能显示出试验台正在准确连续的施加设定的载荷,包括载荷波形、波峰和波谷的实时显示。操作人员进行设备操作的同时,在可视范围内对试验设备的运行情况、试验件的连挂状态和安全隔离区内情况进行目视检查,或有监控设备辅助目视检查。操作人员可对紧急情况进行及时处理,保证试验的准确性和安全性。

试验输入载荷是正弦波，循环载荷误差允许在5%以内。载荷满足表7-8要求，从1～13按顺序重复加载直至试验件失效。

表7-8　车钩及钩尾框疲劳试验载荷谱

序号	循环数（正弦形式）（次）	完成循环累计（次）	循环载荷范围（最小到最大）（t）
1	4	4	4.5～136.1
2	2	6	4.5～127.0
3	7	13	4.5～117.9
4	10	23	4.5～108.9
5	31	54	4.5～99.8
6	77	131	4.5～90.7
7	65	196	4.5～81.6
8	73	269	4.5～72.6
9	89	358	4.5～63.5
10	105	463	4.5～54.4
11	129	592	4.5～45.4
12	187	779	4.5～36.3
13	279	1 058	4.5～27.2

试验要求：

（1）两套车钩组成可连挂在一起进行试验，同时对两个钩舌和两个钩体进行试验。若只需对其中一套钩体、钩舌进行试验，配套连挂的车钩组成也应符合产品制造技术条件的规定。

（2）将被试车钩安装在车钩疲劳试验台上，安装后两车钩纵向中心线、水平中心线应保持一致。

（3）按试验载荷谱进行疲劳试验，试验过程中，注意观察和记录裂纹发生的循环次数，检查频率可按实际试验情况适当调整。

（4）试验过程中，每次停机检查要将钩舌从钩体拆下，钩体可不从试验设备中拆下。分解后，记录试验件的裂纹状态。

（5）按上述方式进行疲劳试验，直至钩舌或钩体断裂，记录试验件的断裂位置和断裂次数；钩舌或钩体断裂后更换新的试验件继续试验。

（6）试验过程中应对每个试验件填写疲劳试验过程记录表；试验全部结束后应填写疲劳试验结果统计表。

（7）试验完成后试验件应存放在干燥无油污的环境下，留存90天，以备必要时检查以下信息：①机械性能；②化学成分；③金相组织；④重量；⑤制造厂，制造顺序号，制造日期；⑥铸造炉次或制造批次等原始信息。

7.10 制动梁疲劳试验

7.10.1 试件安装

根据标准 TB/T 1978—2007《铁路货车组合式制动梁》的要求，制动梁应通过模拟闸瓦安装在模拟轮对上，模拟闸瓦和模拟轮对踏面的配合应符合实际情况，模拟闸瓦与闸瓦托及模拟闸瓦与模拟轮对之间安装要牢固，保证加载过程中不滑动，模拟轮对应具有绕其轴心线转动的自由度，约束制动梁端头沿模拟车轮踏面切向的线位移自由度。

7.10.2 载荷工况及载荷值

制动梁疲劳试验应施加压力和摩擦两种载荷，如图 7-19 所示。

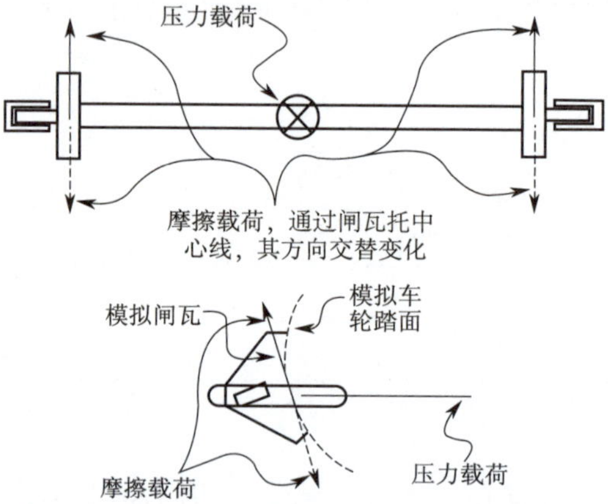

图 7-19 制动梁疲劳试验加载方式示意

压力载荷 F_n 施加在支柱的销孔上，变化范围为 0～104.5 kN，摩擦载荷 F_q 通过在模拟轮对踏面和两个模拟闸瓦之间产生变化范围－43.7～43.7 kN 的切向力实现，载荷值的计算公式见式(7-4)、式(7-5)：

$$F_n=\frac{\pi D^2}{4}\times P\times n\div m \tag{7-4}$$

$$F_q=f\times F_n \tag{7-5}$$

式中：F_n——挠度试验载荷，单位为千牛(kN)；

F_q——模拟轮对踏面作用在两个模拟闸瓦上的切向力，单位为千牛(kN)；

D——制动缸直径，单位为米(m)；

P——紧急制动时制动缸空气压力，单位为千帕(kPa)；

n——制动倍率；

m——一辆车上的制动梁数量；

f——闸瓦与车轮的摩擦系数，推荐值 0.418。

7.10.3 加载波形及加载频率

试验时,压力和摩擦两种载荷应同时施加,加载波形如图 7-20 所示。

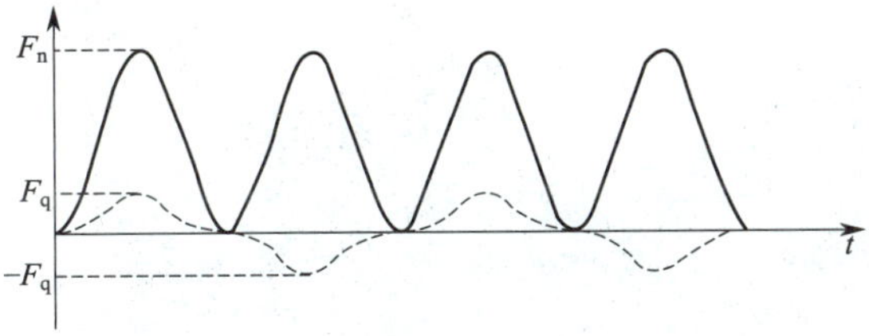

图 7-20 制动梁疲劳试验加载波形

试验加载频率不高于 4 Hz。

7.10.4 疲劳试验结果评定

制动梁疲劳试验的加载次数(以压力载荷加载次数为准)为 1.0×10^6 次,试验结束后对制动梁进行检查,不应有裂纹。

7.11 副构架的疲劳试验

副构架的疲劳试验载荷包括垂向、纵向和横向三种,其载荷的加载方式如图 7-21 所示。

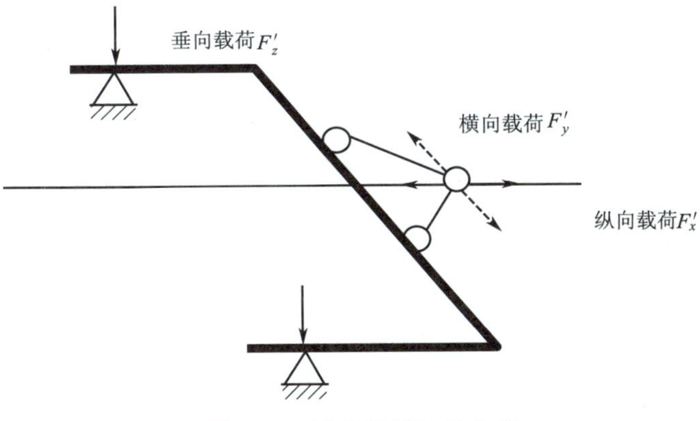

图 7-21 试验载荷加载方式

副构架的疲劳试验装置如图 7-22 所示,主要由纵(横)向载荷加载工装、支撑座、垂向加载工装等组成,其结构示意如图 7-23 所示。

纵(横)向加载工装由加载杆和加载座组成,如图 7-24 所示,加载杆一端连接副构架上的连接杆安装孔,另一端连接加载座,加载座可连接作动器,用于施加纵(横)向载荷;支撑座由横向支承梁和假轴承组成,横向支承梁固定于试验台上,假轴承固定于横

图 7-22　试验装置

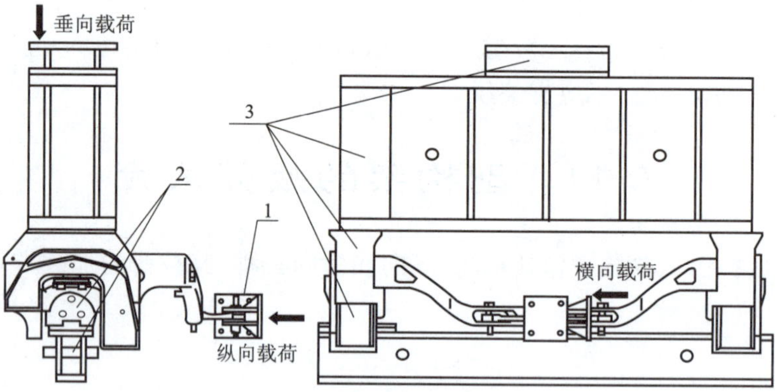

图 7-23　试验装置示意

1—纵(横)向载荷加载工装;2—支撑座;3—垂向加载工装

向支承梁上并与承载鞍(鞍面)配合,形成刚性支承;垂向加载工装由横向加载梁、侧梁以及调整垫块组成,垂向载荷施加于横向加载梁上并通过侧梁和调整垫块,最终传递至副构架上。

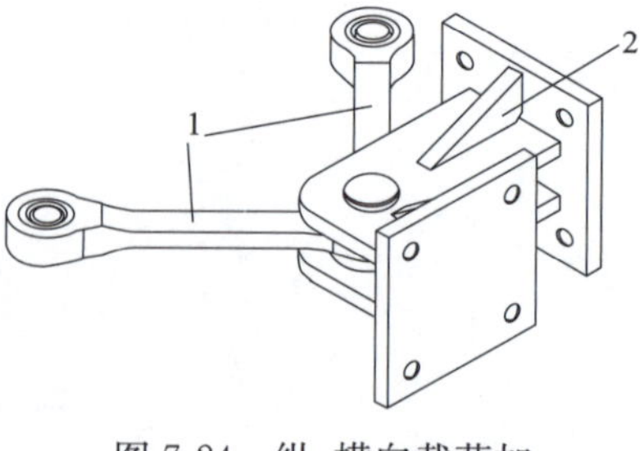

图 7-24　纵、横向载荷加载工装示意

1—加载杆;2—加载座

副构架的疲劳试验载荷包括垂向、纵向和横向载荷,各向载荷应分开加载,频率不大于 7 Hz。副构架的垂向载荷值为 0～2.38C,加载次数为 1.5×10^5 次;纵、横向载荷加载参数见表 7-9。疲劳试验应按单元进行加载,每个加载单元为垂向加载 5.0×10^4 次、横向加载 1.5×10^5 次和纵向加载 7.0×10^4 次,交叉进行;完成 3 个单元加载试验后继续进行剩余横向 5.0×10^4 次和纵向 5.0×10^4 次的加载。

表 7-9 纵、横向载荷加载参数

轴重	试验内容	载荷大小	加载次数
小于等于 25 t	纵向推拉载荷	−22.5～45 kN	2.6×10^5
	横向推拉载荷	±45 kN	5.0×10^5
大于 25 t	纵向推拉载荷	−23.5～47 kN	2.6×10^5
	横向推拉载荷	±47 kN	5.0×10^5

完成上述试验后，关键部位无裂纹，其余部位无扩展长度大于 6.35 mm 的裂纹，即判定副构架疲劳强度合格。

8

载荷谱在铁路货车疲劳失效分析中的应用

8.1 概　　述

疲劳破坏是结构失效最常见的形式，构件局部应力最大处在循环应力作用下形成微裂纹，然后逐渐扩大成宏观裂纹，裂纹再扩展并最终导致断裂，严重危及运用安全。铁路货车运用工况复杂，交变载荷导致的疲劳断裂是货车承载结构的主要失效模式，且铁路货车各承载结构在运用中所受的载荷不同，所以不同的结构有不同的载荷谱。本文利用有限元软件或室内试验，将载荷谱作为载荷条件，分析结构件裂纹萌生、扩展及断裂的原因及规律，提出结构改进方案，以保障货车寿命内安全运用。

8.2 840D 车轮辐板孔裂纹

840D 货车车轮在运用中大量地出现辐板孔边疲劳裂纹，该裂纹产生的原因和扩展的外界条件至今不清，造成维修方法和安全评判方面的困扰。

针对无磨耗车轮、磨耗 20 mm 车轮以及辐板孔位偏向轮缘车轮三种典型情况，从确立车轮载荷条件入手，采用有限元技术和断裂力学方法，分析辐板孔边疲劳裂纹萌生和扩展的载荷条件以及裂纹的扩展速率。这些分析结果对辐板孔裂纹的维修和安全评判有积极的指导意义。

8.2.1 载荷工况

车轮在运用过程中受到机械载荷和制动热负荷的作用，目前还没有合适的可作为车轮疲劳寿命分析的载荷谱，因此，本处以恶劣工况作为分析的载荷条件：

(1)机械载荷

①垂向载荷 R

二倍垂向静载荷，$R=210$ kN，车轮每转动一周为一个载荷循环。

②横向载荷 H

横向载荷作用于轮缘，取为垂向载荷的一半，$H=105$ kN，车轮每转动一周为一个载荷循环。

(2)制动热负荷

①坡道制动

恒速 40 km/h，轴重 21 t，闸瓦压力 6.2 kN，平均摩擦系数 0.287，制动瞬时功率 $P=20$(kW)。

②紧急制动

初速度 100 km/h，轴重 21 t，高磨合成闸瓦压力 18.34 kN，制动距离 778.5 m，平均摩擦系数 0.287，制动瞬时功率 $P=146.21-2.608t$(kW)。

(3)组合工况

①机械载荷组合

②垂向载荷 R＋横向载荷 H

③坡道制动＋机械载荷组合

④紧急制动＋机械载荷组合

8.2.2 应力计算结果

计算上述工况下车轮应力，给出各工况下辐板孔出现裂纹位置处的最大应力 σ_{max} 和最小应力 σ_{min}，确定用于疲劳分析的应力参量——应力幅值 σ_a 和应力均值 σ_m。

$$\sigma_a=\frac{\sigma_{max}-\sigma_{min}}{2},\sigma_m=\frac{\sigma_{max}+\sigma_{min}}{2}$$

(1)机械载荷

按无磨耗车轮(图 8-1、图 8-2)，辐板孔位偏向轮缘 15 mm(图 8-3、图 8-4)，踏面磨耗20 mm车轮(图 8-5、图 8-6)三种情况，分析了垂向载荷 R 和横向载荷 H 下车轮每转一周的径向最大最小应力以及应力沿辐板厚度方向的分布规律。

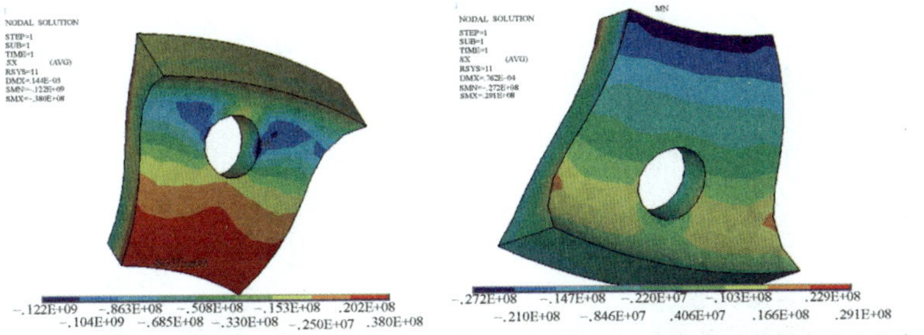

(a) 辐板孔一侧加载下的径向应力分布　　(b) 辐板孔另一侧加载下的径向应力分布

图 8-1

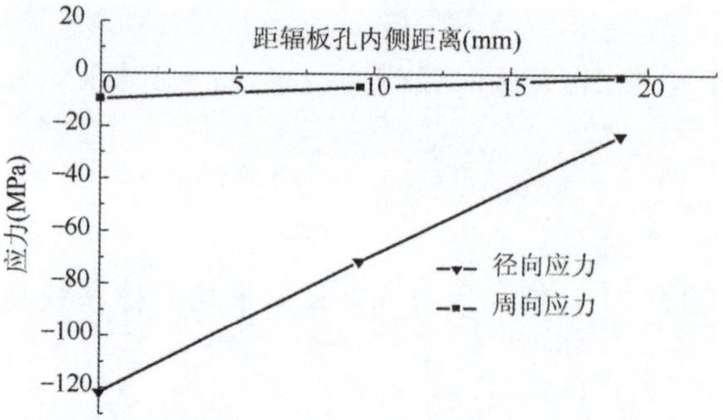

(c) 情况(a)下孔边裂纹部位沿厚度方向应力分布

图 8-1　无磨耗车轮，二倍垂向静载荷下辐板孔应力分布

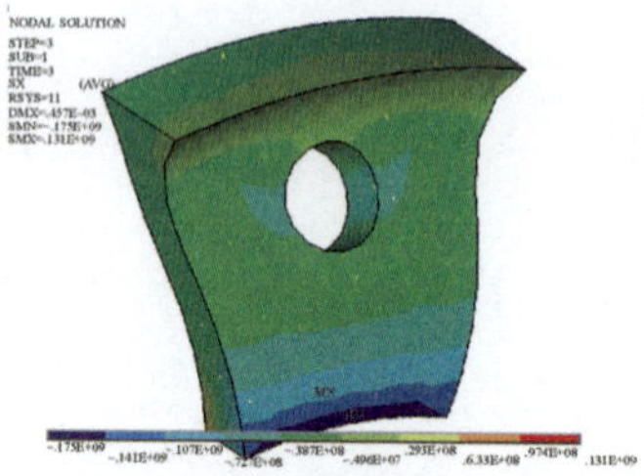

(a) 载荷在孔侧时的径向应力分布

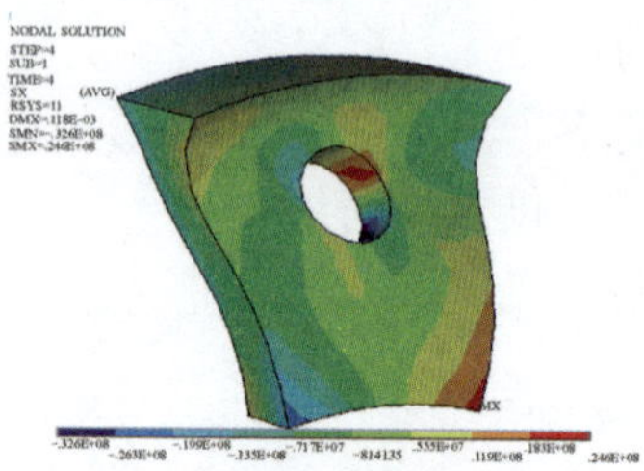

(b) 载荷与孔成90°时的径向应力分布

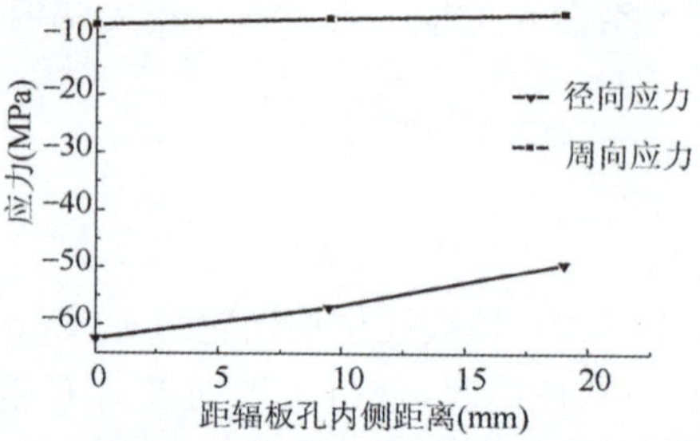

(c) 情况(a)下孔边裂纹部位沿厚度方向应力分布

图 8-2　无磨耗车轮，横向载荷 10 t 下孔边的应力分布

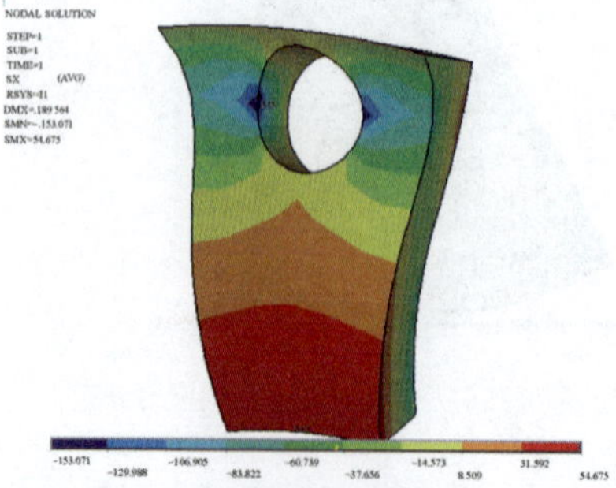

(a) 辐板孔一侧加载下的径向应力分布

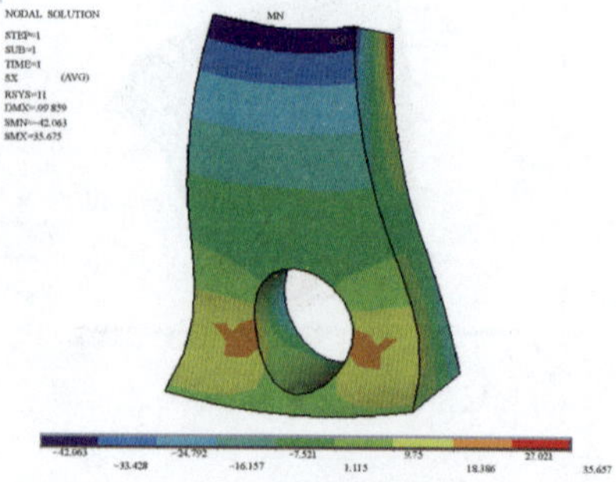

(b) 辐板孔另一侧加载下的径向应力分布

图　8-3

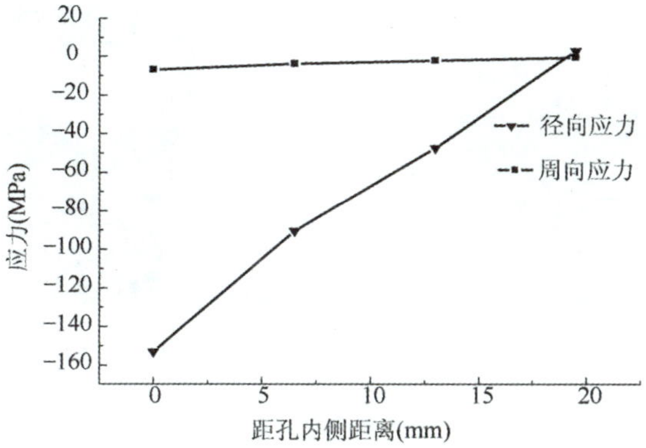

(c) 情况(a)下孔边裂纹部位沿厚度方向应力分布

图 8-3　辐板孔位偏向轮缘(15 mm),二倍垂向静载荷下辐板孔应力分布

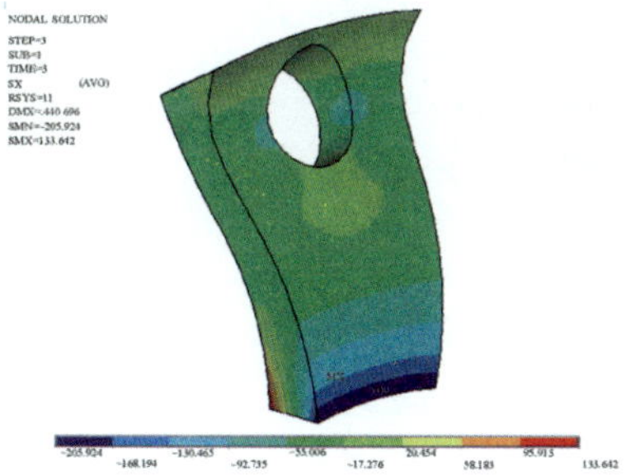

(a) 载荷在孔侧方时的径向应力分布

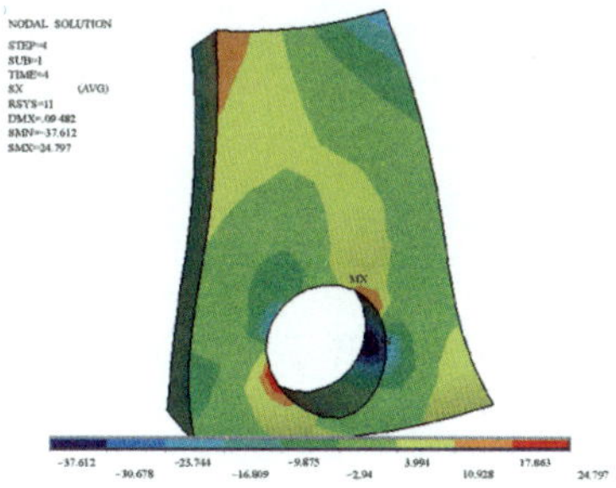

(b) 载荷与孔成90°时的径向应力分布

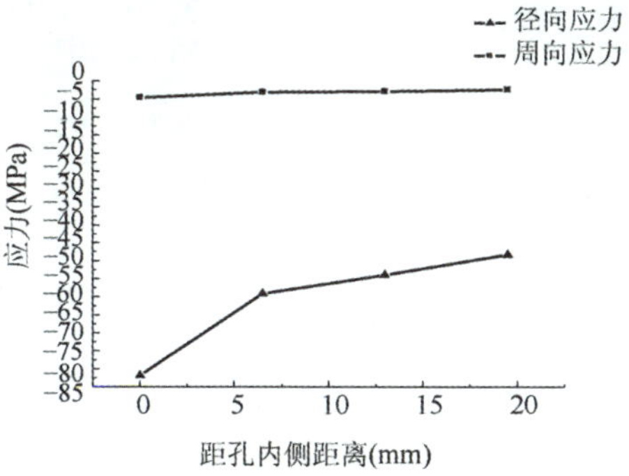

(c) 情况(a)下孔边裂纹部位沿厚度方向应力分布

图 8-4　辐板孔位偏向轮缘(15 mm),横向载荷 10 t 下孔边的应力分布

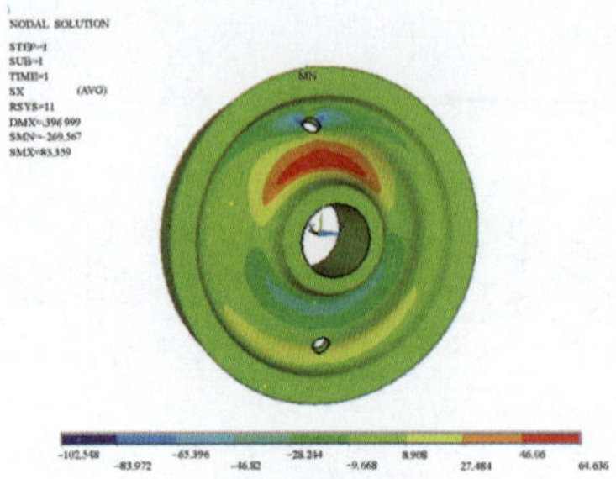

(a) 局部放大图

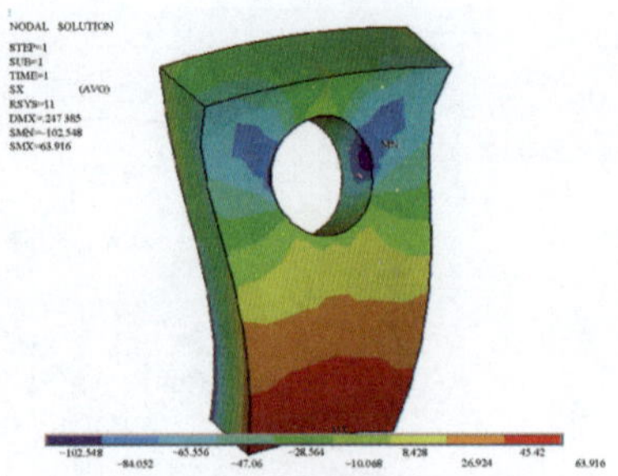

(b) 辐板孔一侧加载下的径向应力分布

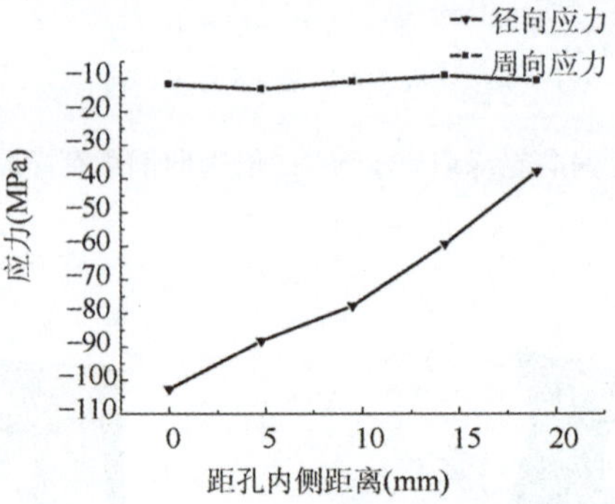

(c) 孔边裂纹部位沿厚度方向应力分布

图 8-5　踏面磨耗 20 mm，二倍垂向静载荷下辐板孔应力分布

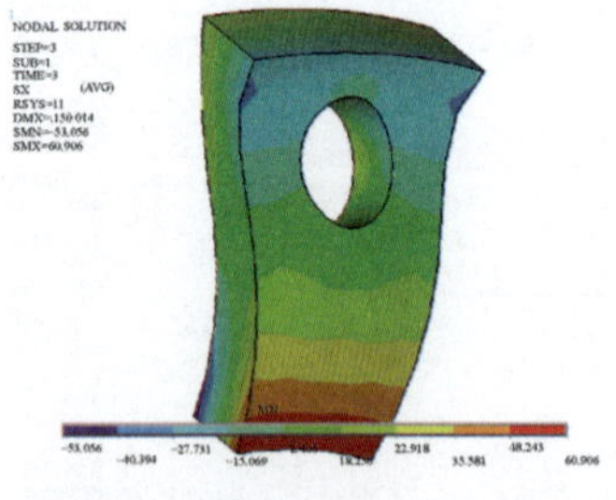

(a) 载荷在孔侧时的径向应力分布

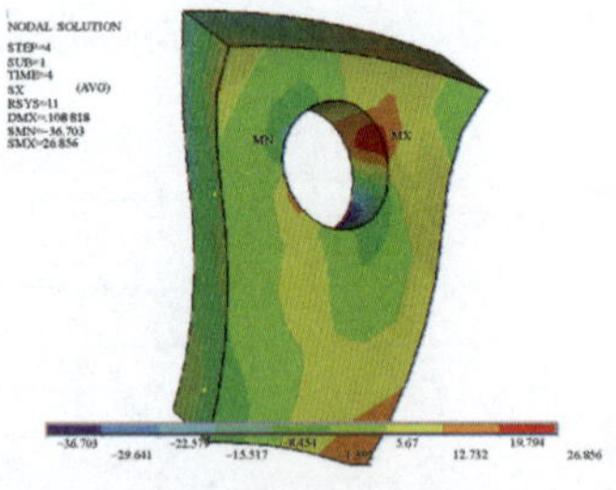

(b) 载荷与孔成90°时的径向应力分布

图 8-6　踏面磨耗 20 mm 车轮，横向载荷 10 t 下孔边的应力分布

(2)坡道制动

坡道制动工况时，按无磨耗车轮(图 8-7)，辐板孔位偏向轮缘 15 mm(图 8-8)，磨耗 20 mm 车轮(图 8-9)三种情况，分析了制动结束时刻径向应力的分布规律。

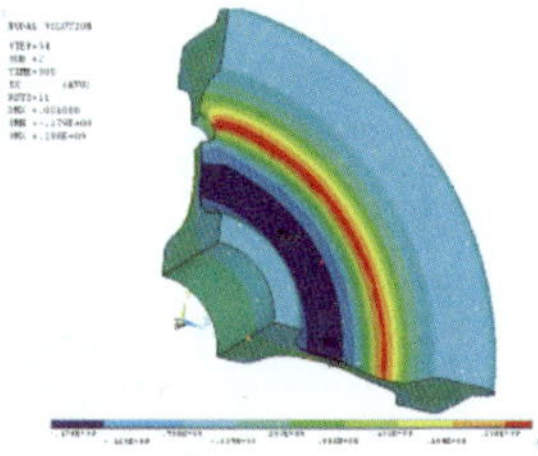

(a) 辐板内侧

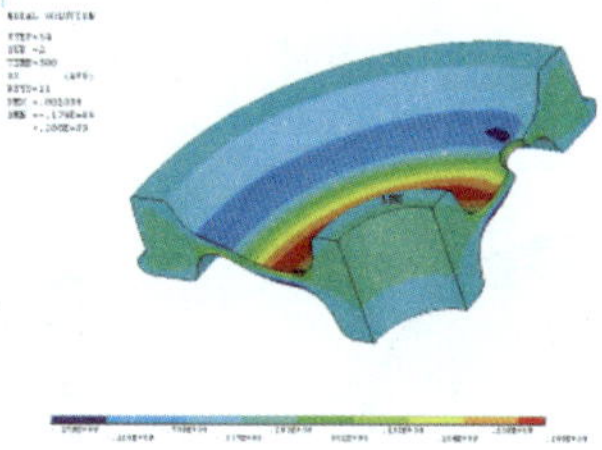

(b) 辐板外侧

图 8-7　无磨耗车轮，坡道制动 500 s

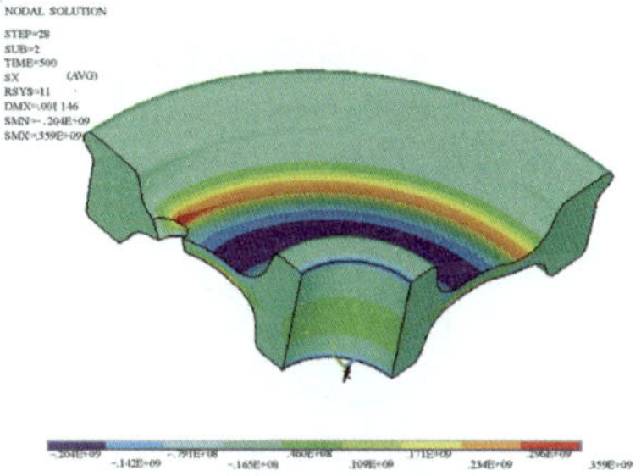

(a) 制动结束时，径向应力分布

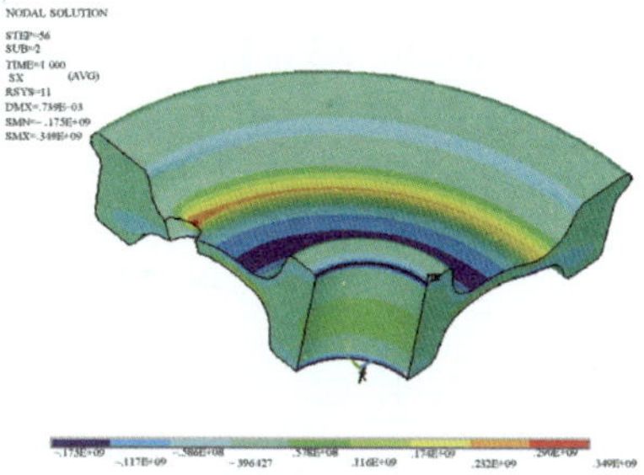

(b) 制动结束后500 s，径向应力分布

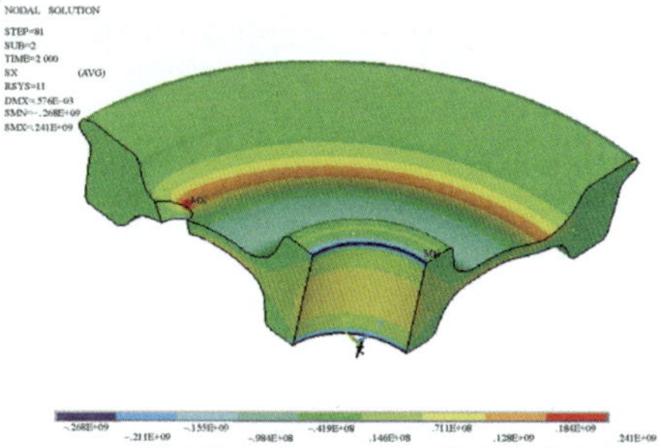

(c) 制动结束后1 000 s时，径向应力分布

图 8-8　辐板孔上移 15 mm，坡道制动 500 s

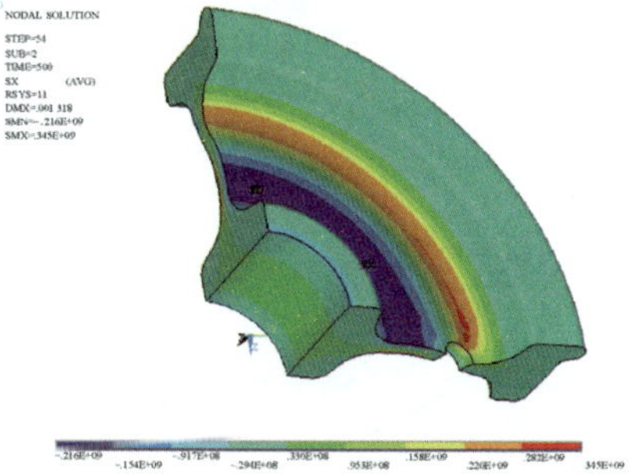

(a) 制动结束时，内侧辐板径向应力分布

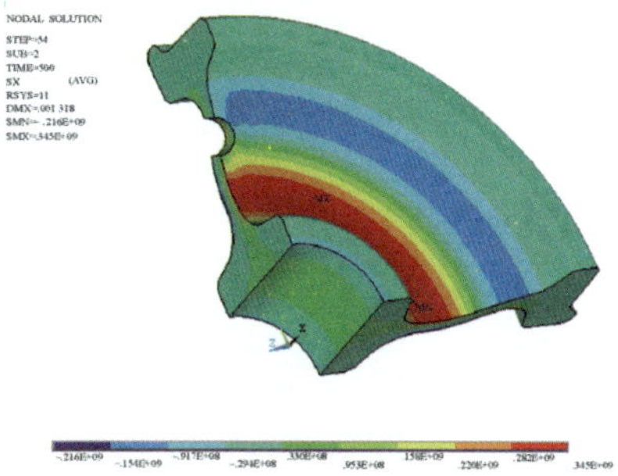

(b) 制动结束时，外侧辐板径向应力分布

图 8-9　踏面磨耗 20 mm 车轮，坡道制动 500 s

(3)紧急制动

紧急制动工况下，无磨耗车轮、辐板孔位偏向轮缘 15 mm、磨耗 20 mm 车轮的应力分布规律如图 8-10 所示。

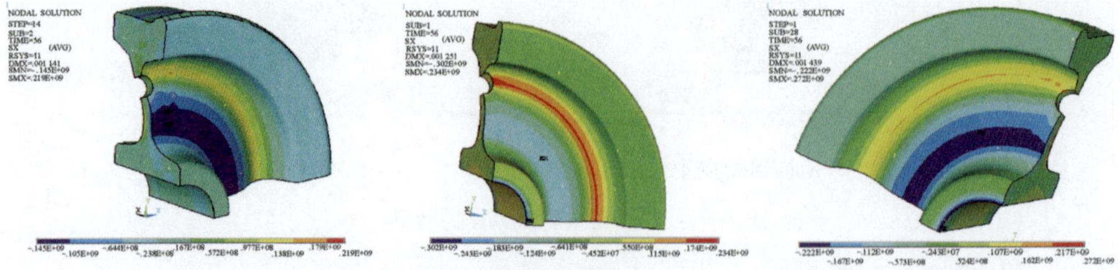

(a) 无磨耗轮　(b) 板孔上移15 mm　(c) 踏面磨耗20 mm

图 8-10　紧急制动工况下，热应力最大时刻的径向应力分布

由图 8-11～图 8-18 可见辐板孔边裂纹部位疲劳应力规律如下：

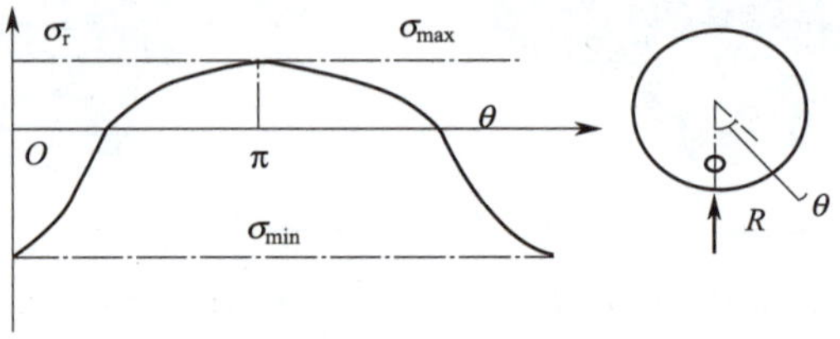

图 8-11　垂向载荷下车轮每转一周的应力波动

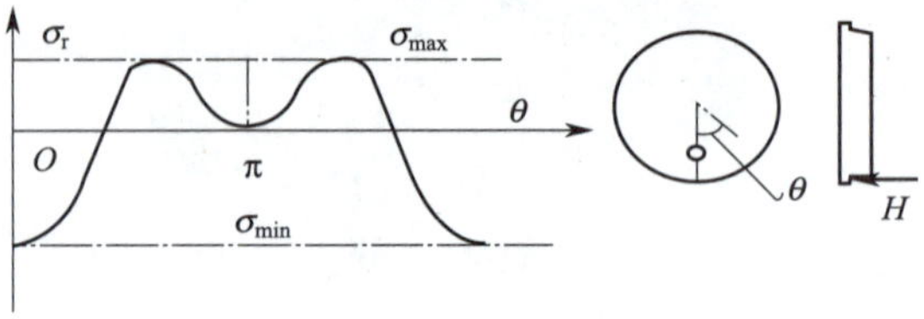

图 8-12　横向载荷下车轮每转一周的应力波动

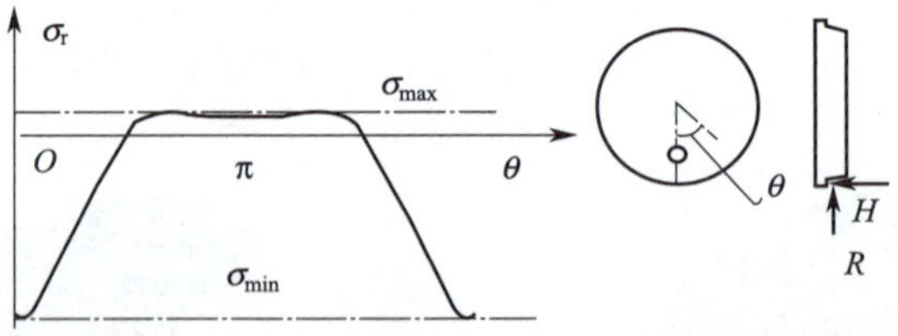

图 8-13　制动过程中的应力波动

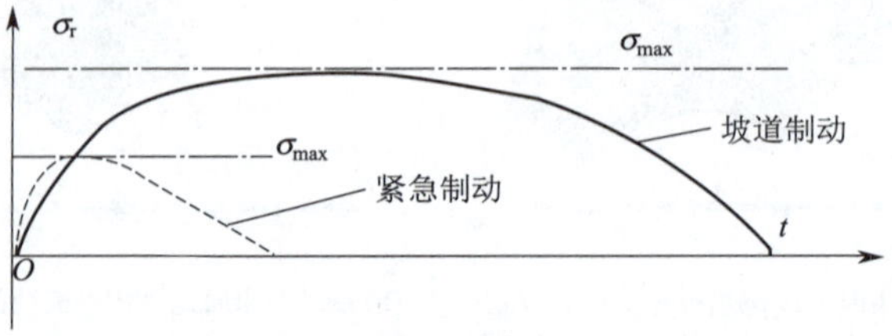

图 8-14　机械载荷组合工况(横向＋垂向)，车轮每转一周的应力波动

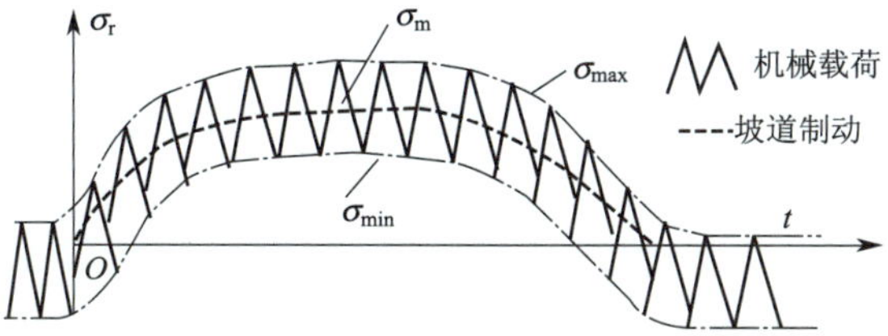

图 8-15　坡道制动＋机械载荷工况，车轮的应力波动

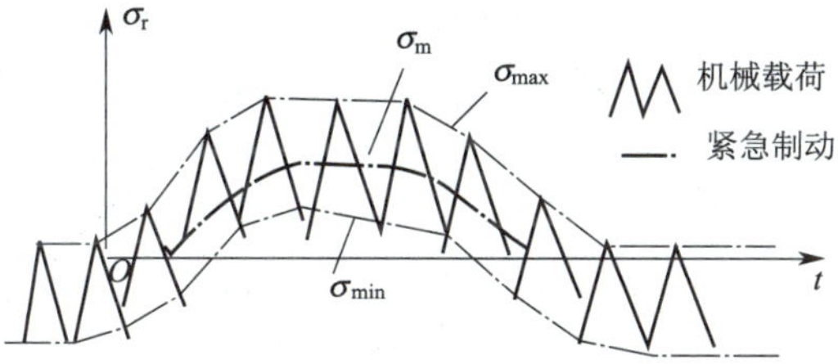

图 8-16　紧急制动＋机械载荷工况，车轮的应力波动

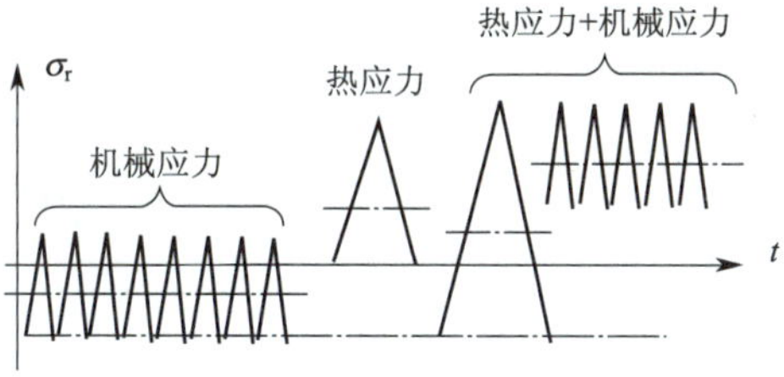

图 8-17　裂纹萌生应力提取方法

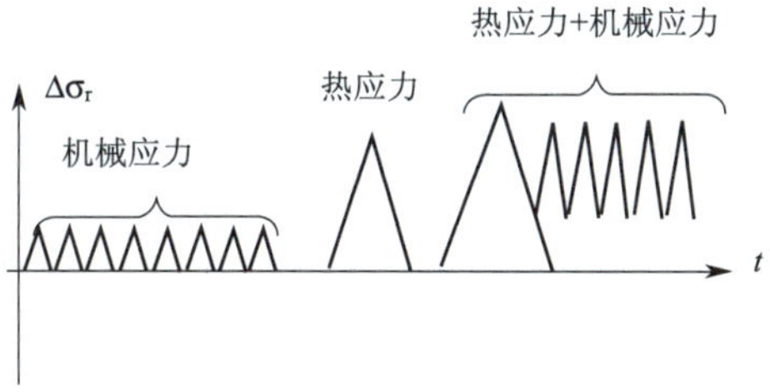

图 8-18　裂纹扩展应力提取方法

机械应力的应力均值为负且最大应力较小，近似于零—压疲劳；

单纯制动热应力的最大应力较大，为脉动疲劳；

制动热应力＋机械应力下的疲劳应力有两类：一类是每次制动只产生一次的高幅值应力，其最小应力为机械应力的最小值、最大应力为热应力最大值与机械应力最大值的叠加值；第二类是每次制动产生多次（车轮转一周为一次）的高应力均值疲劳应力，其应力幅值为机械应力的幅值、应力均值主要由热应力决定，即相当于机械应力叠加到长时稳态的热应力上。

8.2.3 辐板孔边疲劳裂纹萌生条件

840D货车车轮为碾钢轮，辐板不进行热处理，为碾锻状态，其材料的疲劳极限S_{-1}试验结果为280 MPa。由于碾锻表面和机械加工较粗糙，取实际辐板孔的疲劳强度降低系数K_f为2，则相应的疲劳极限取为140 MPa，得到辐板的Goodman疲劳极限线图如图8-19所示。该图表示辐板孔不出现疲劳裂纹的应力条件，即实际工况下辐板孔不发生裂纹的条件为相应的应力幅值σ_a和应力均值σ_m应在该图线范围内。

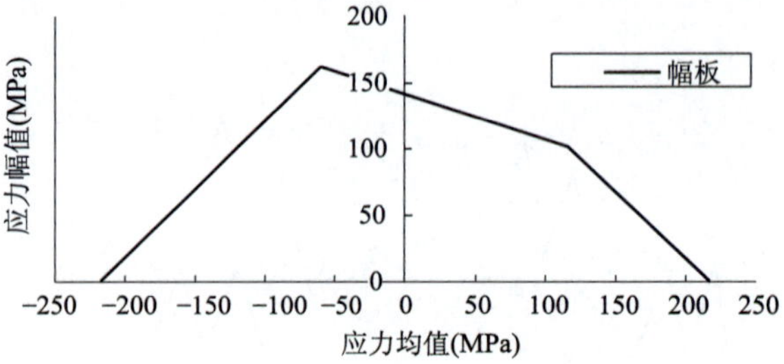

图8-19 碾钢轮疲劳极限线图

将前述各工况下的应力幅值σ_a和应力均值σ_m计算结果点入图8-19中，可见：

(1)无磨耗车轮(图8-20)

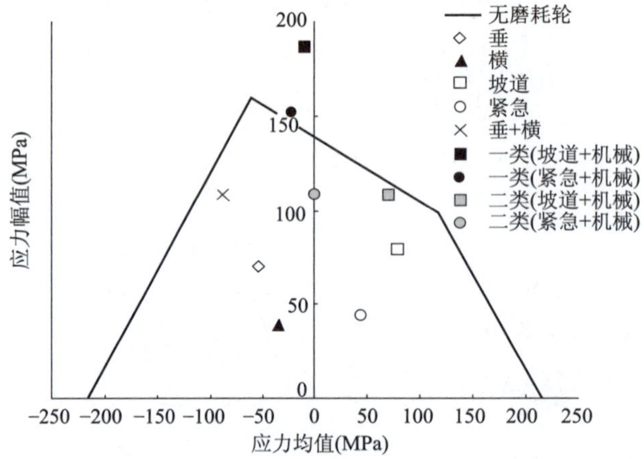

图8-20 无磨耗轮辐板孔裂纹萌生评价，$R=210$ kN，$H=105$ kN

单纯的机械载荷不会导致辐板孔裂纹萌生；

单纯的紧急制动和本计算坡道制动工况也不会导致辐板孔裂纹萌生；

每次制动只发生一次的一类紧急制动＋机械载荷是可能导致辐板孔裂纹萌生的载荷条件；

每次制动只发生一次的一类坡道制动＋机械载荷是最易导致辐板孔裂纹萌生的载荷条件；

单纯的每次制动发生多次的二类制动＋机械载荷不会导致辐板孔裂纹萌生；

由于每次制动只发生一次的一类长坡道制动＋机械载荷出现的频次较低，因此可以推断无磨耗车轮在辐板孔位置正常的情况下不易发生裂纹萌生。

(2)磨耗 20 mm 车轮(图 8-21)

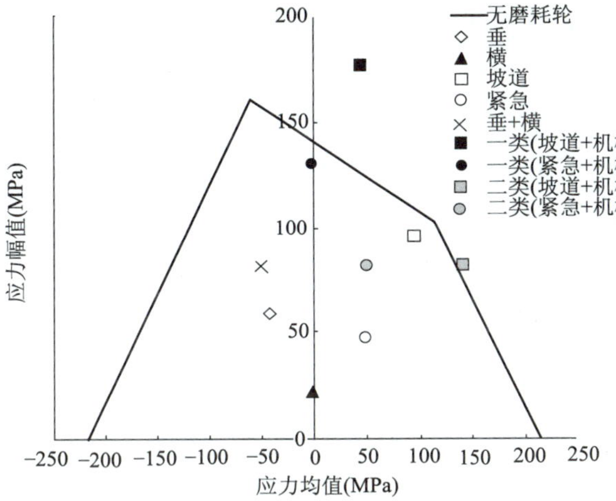

图 8-21　磨耗 20 mm 轮辐板孔裂纹萌生评价，$R=210$ kN，$H=105$ kN

每次制动只发生一次的一类坡道制动＋机械载荷是导致辐板孔裂纹萌生的载荷条件；

与辐板孔位置正常的无磨耗车轮类似，磨耗 20 mm 车轮在辐板孔位置正常的情况下也不易发生裂纹萌生。

(3)辐板孔位偏向轮缘 15 mm(图 8-22)

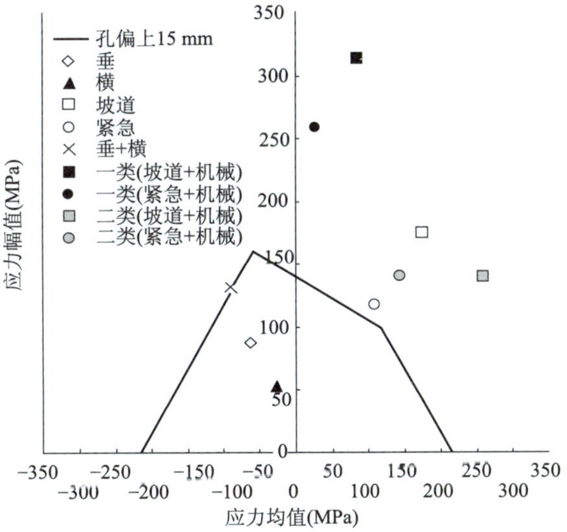

图 8-22　辐板孔上移 15 mm 轮辐板孔裂纹萌生评价，$R=210$ kN，$H=105$ kN

单纯的机械载荷较难导致辐板孔裂纹萌生，但应注意垂向＋横向机械载荷下辐板孔边裂纹位置处应力已接近疲劳极限；

每次制动只发生一次的一类制动＋机械载荷、单纯的紧急制动和坡道制动工况均能催生辐板孔裂纹的萌生；

每次制动发生多次的二类制动＋机械载荷是导致辐板孔裂纹萌生的载荷条件；

由于每次制动二类制动＋机械载荷出现的频次较多，可以推断车轮在辐板孔位偏向轮缘时较易发生裂纹萌生，特别是长坡道制动工况下最为恶劣。

8.2.4 辐板孔疲劳裂纹扩展条件

由于缺少840D辐板的疲劳裂纹扩展性能参数，制动工况下辐板孔周围的温度不太高，本处选用轮辋常温下的相关参数进行裂纹扩展分析，轮辋材料扩展速率如图8-23所示，具体参数如下：

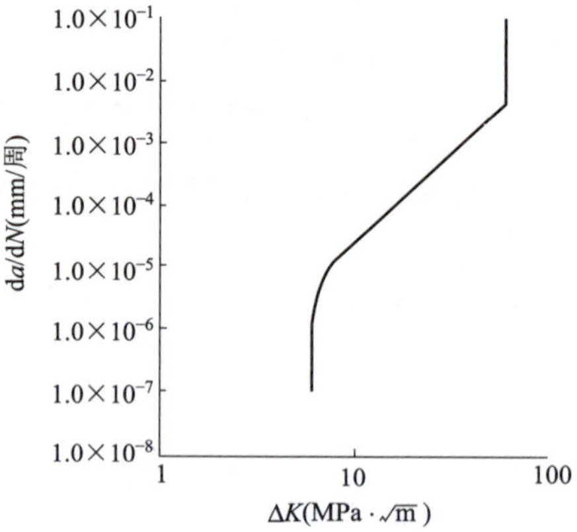

图 8-23　轮辋材料扩展速率

断裂韧性 K_{IC}：61.2 MPa$\sqrt{\mathrm{m}}$；裂纹扩展速率：$\mathrm{d}a/\mathrm{d}N=3.13\times10^{-8}(\Delta K_{\mathrm{I}})^{2.9}$；扩展门槛值 ΔK_{th}：6.0 MPa$\sqrt{\mathrm{m}}$

辐板孔裂纹出现在辐板内侧，为孔边椭圆形角裂纹，该裂纹长轴 a 沿车轮周向、短轴 b 沿辐板厚度方向，a/b 在0.3左右，孔径取45 mm，如图8-24所示。

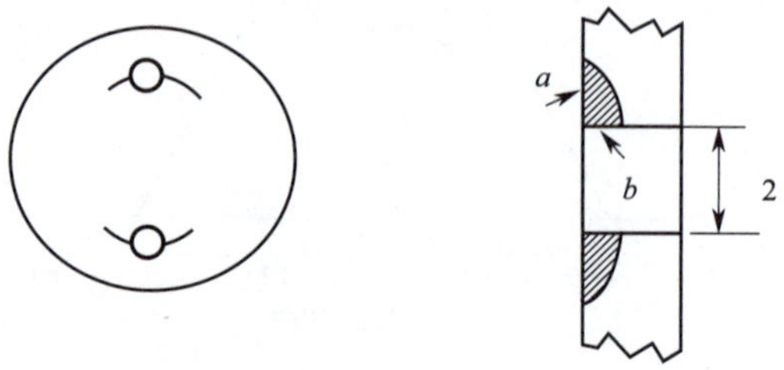

图 8-24　辐板孔裂纹示意

裂纹在径向应力作用下沿周向扩展，前述应力分析结果表明径向应力沿板厚呈梯度变化，说明径向应力为拉弯组合，本处综合考虑拉伸和弯曲载荷的作用，查阅应力强度因子手册，得到孔边两个角裂纹在长轴的应力强度因子 K_I按式(8-1)计算：

$$K_I = \frac{b}{a}\alpha M M_1 \sigma_0 \sqrt{\frac{\pi a}{Q}}, b \leqslant a \tag{8-1}$$

式中，σ_0是辐板孔裂纹远场辐板内侧应力；α 为载荷修正系数，取为 0.8；a 为长轴裂纹长度；b 为短轴裂纹长度；M，M_1，Q 为与孔径、裂纹长度等有关的参数。不同裂纹长度 a 下的各种参数见表 8-1。

表 8-1　不同裂纹长度下各种参数

a(mm)	5	10	20	40
M	2.6	2.3	1.9	1.6
M_1	1.11	1.11	1.11	1.11
Q	1.1	1.1	1.1	1.1

认为压缩载荷对裂纹扩展无作用，同时不考虑应力比的影响，由前述有限元计算提取出各疲劳应力计算工况的辐板孔裂纹远场辐板内侧有效应力范围和有效应力强度因子范围。

8.2.5　裂纹扩展条件及扩展速率

给定计算工况不同情况下的裂纹扩展条件及扩展速率。

(1)无磨耗车轮

在 40 mm 长裂纹范围内，单纯的机械载荷不会造成裂纹扩展。

在 5～40 mm 长裂纹范围内，坡道制动和紧急制动热应力下裂纹扩展速率分别为 1.3×10^{-4} mm/次～6.7×10^{-4} mm/次和 2.3×10^{-5} mm/次～1.2×10^{-4} mm/次。

在 5～40 mm 长裂纹范围内，每次制动只发生一次的一类坡道制动＋机械载荷下裂纹扩展速率为 1.5×10^{-4} mm/次～7.7×10^{-4} mm/次，每次制动只发生一次的一类紧急制动＋机械载荷下裂纹扩展速率为 3×10^{-5} mm/次～1.4×10^{-4} mm/次。

每次制动发生多次的二类制动＋机械载荷下车轮每转一周裂纹扩展速率为 1.4×10^{-5} mm/周～7×10^{-5} mm/周。

(2)磨耗 20 mm 车轮

在 5～40 mm 长裂纹范围内，其单纯坡道制动和一类坡道制动＋机械载荷下的裂纹扩展速率分别为 2.2×10^{-4} mm/次～1.1×10^{-3} mm/次和 2.6×10^{-4} mm/次～1.3×10^{-3} mm/次。

在 5～40 mm 长裂纹范围内，二类制动＋机械载荷下车轮每转一周裂纹扩展速率为 6×10^{-6} mm/周～3×10^{-5} mm/周。

磨耗 20 mm 车轮的裂纹扩展情况与无磨耗车轮比较，特点为热应力影响大而机械载荷小，即每次制动只发生一次的单纯坡道制动和一类坡道制动＋机械载荷下的裂纹扩展量大，而二类制动＋机械载荷下车轮每转一周的裂纹扩展量小。

(3)辐板孔位偏向轮缘 15 mm

在 5～40 mm 长裂纹范围内，单纯的机械载荷不会造成裂纹扩展。

与前两种情况相比，单纯制动和一类制动＋机械载荷下裂纹扩展速率提高约一个数量级，二类制动＋机械载荷下裂纹扩展速率提高 2 倍。

在 5～40 mm 长裂纹范围内，其单纯坡道制动和紧急制动下的裂纹扩展速率分别为 1.3×10^{-3} mm/次～6.8×10^{-3} mm/次和 4×10^{-4} mm/次～2×10^{-3} mm/次。

在 5～40 mm 长裂纹范围内，二类制动＋机械载荷下车轮每转一周裂纹扩展速率为 2.9×10^{-5} mm/周～1.5×10^{-4} mm/周。

由于每次制动二类坡道制动＋机械载荷出现的频次相对较多而且平均应力远高过紧急制动，可以推断车轮在辐板孔位偏向轮缘时在该工况下较易发生裂纹扩展，长坡道制动时则最为恶劣。

8.2.6 小　结

限于缺乏车轮载荷谱和一些实际运用数据，本次车轮辐板孔裂纹疲劳分析工作仅能建立在假设的机械、紧急制动和坡道制动工况下来探讨导致辐板孔裂纹萌生和扩展的一些主要因素。结果表明：

(1)几何因素

辐板孔位置正常时，辐板孔难以出现裂纹萌生问题。

辐板孔的位置对裂纹萌生和扩展有很大的影响，向轮缘一侧偏移 15 mm 时，其裂纹萌生和扩展寿命下降一个数量级。

辐板孔位置正常时，即使轮缘磨耗 20 mm，对辐板孔裂纹萌生的影响也很有限，但在制动下对裂纹扩展有较大的影响。

(2)载荷因素

辐板孔裂纹位置的机械应力的均值为负且最大应力较小，车轮每转一周，近似于零—压疲劳的一个循环，它不会直接导致辐板孔裂纹的萌生与扩展。

辐板孔开在轮辋与辐板的圆弧过渡区域，制动能在该区域的内侧辐板区域上产生较大的稳态热拉应力，该长时稳态热拉应力与机械应力相叠加，每次制动产生多次(车轮转一周为一次)高拉应力均值的疲劳应力，这是导致辐板孔裂纹萌生与扩展的最主要载荷条件。

每次制动产生一次以热应力为主的高应力范围的疲劳应力应是导致辐板孔裂纹萌生与扩展的次要载荷条件。

机械载荷下，辐板孔的存在造成孔边 3 倍的应力集中，而制动载荷在孔边产生的应力集中则小很多，这也从另一个侧面反映出机械载荷与制动载荷的叠加是辐板孔发生裂纹的充分和必要条件。

长坡道制动工况最易在轮辋与辐板的圆弧过渡区域整个周向上出现长时、稳态、径向高拉应力，是最不利的工况。

辐板孔位偏向轮缘时，车轮每转一周的机械波动应力范围和制动热拉应力也随之增大，更易裂纹萌生和扩展。在 5～40 mm 长裂纹范围内，其坡道制动(制动瞬时功率 20 kW，制动时间 500 s，垂向 2 倍静载、横向 105 kN)下车轮每转一周裂纹扩展量为 $3\times10^{-5}\sim1.5\times10^{-4}$ mm，以热应力为主的高应力则能使裂纹每次制动扩展量为 $1.3\times10^{-3}\sim6.8\times10^{-3}$ mm。

8.3　弹簧托板止挡孔裂纹

8.3.1　弹簧托板止挡孔结构及裂纹情况

2002 年，株洲车辆厂开始生产转 K4、转 K5 型转向架，弹簧托板由美国 ABC-NACO 公司设计，结构与美国 Swing Motion 转向架所采用的弹簧托板基本一致，在运用过程中发现大部分弹簧托板出现裂纹，裂纹位置均在挡板与弹簧托板本体间焊缝的端部，如图 8-25 所示。

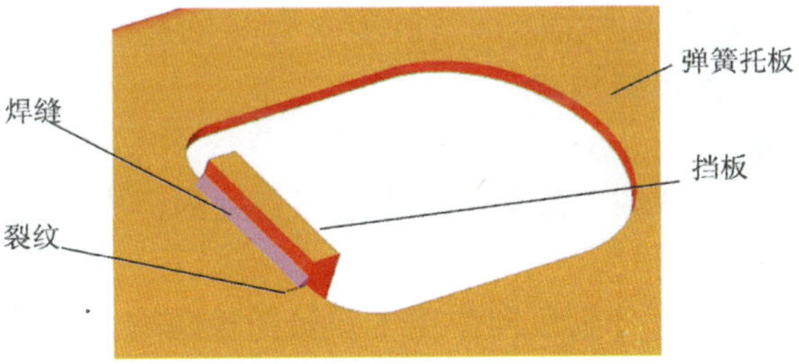

图 8-25　弹簧托板止挡孔结构及裂纹示意

8.3.2　弹簧托板止挡孔裂纹成因

通过对故障弹簧托板母材的化学成分、机械性能及母材、焊缝和焊接热影响区的金相组织进行检验，对裂纹起源及原因进行分析。得出结论如下：

(1)母材的化学成分、机械性能基本合格，母材、焊缝及焊接热影响区的金相组织未见异常。

(2)裂纹产生于焊趾部位，起源于高周疲劳开裂。

(3)产生裂纹的原因是：该部位因结构原因应力较高，且存在焊趾应力集中和焊接弱化，因而在运用过程中的载荷作用下疲劳开裂。

8.3.3　弹簧托板止挡孔结构改进方案

为减小挡板端头焊缝处的应力，提出的方案为在挡板处孔边开卸荷圆弧，并将挡板宽度相应的由 100 mm 缩至 75 mm，如图 8-26 所示。

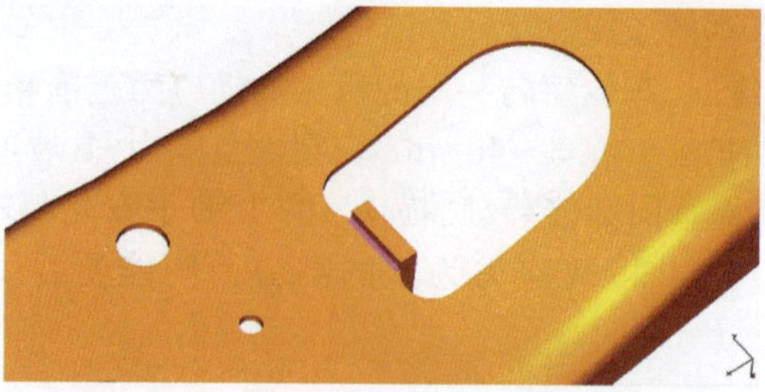

图 8-26　弹簧托板止挡孔改进方案

8.3.4　弹簧托板的有限元分析

建立弹簧托板有限元模型并施加实测载荷谱，通过有限元应力计算得到各载荷成分下弹簧托板各处的应力水平，分析改进方案的合理性。

将计算结果与大应力测点的实测应力结果进行比较，还可间接反映前述载荷识别结果是否合理。

8.3.4.1　结构离散模型

沿弹簧托板纵向为 x 轴、横向为 y 轴、垂向为 z 轴选取坐标，采用板单元对改进方案及原结构弹簧托板进行结构离散。

8.3.4.2　静强度分析

通过有限元计算得到各载荷成分下弹簧托板各处的应力响应。

(1)剪切(抗菱形变形)

以最大剪切载荷 26 kN 分别反向作用于弹簧托板两端，由计算结果可见：

①原结构最大应力发生在止挡焊逢端头附近止挡孔圆角上，值为 82.7 MPa，止挡焊逢端头应力也接近该值，中心孔圆角和止挡孔内侧圆角的应力次之，均在 75 MPa 左右，中央截面侧立板上的应力为零，如图 8-27 所示。

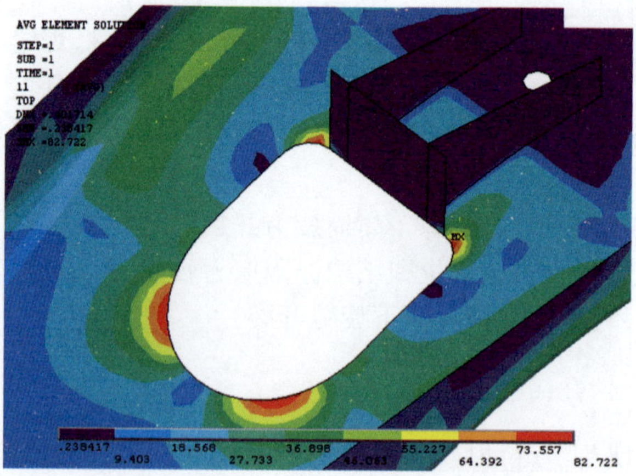

图 8-27　最大剪切载荷作用下原结构弹簧托板的应力分布

②改进结构最大应力发生在止挡孔内侧圆角上，值为 87.6 MPa，中心孔圆角应力与原结构相同，止挡孔外侧圆角上的应力为 77.0 MPa，而止挡焊逢端头附近应力仅有几兆帕，中央截面侧立板上的应力为零，如图 8-28 所示。

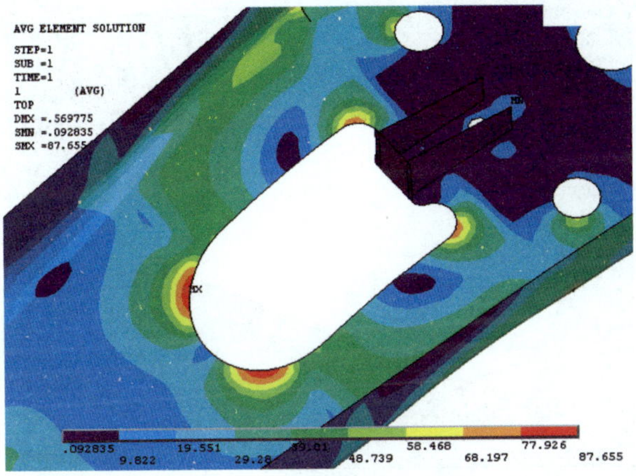

图 8-28 最大剪切载荷作用下改进方案弹簧托板止挡附近的应力分布

(2)扭转

在弹簧托板一端施加最大扭矩 0.8 kN · m，由计算结果可见：

①原结构最大应力发生部位与剪切载荷相同，即止挡焊逢端头附近止挡孔圆角上，值为 54.6 MPa，止挡焊逢端头应力也接近该值，中心孔圆角和止挡孔内侧圆角的应力次之，均在 45 MPa 左右，如图 8-29 所示。

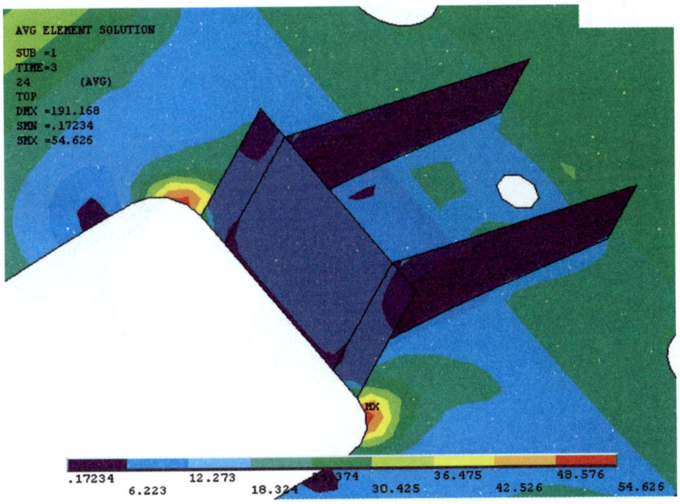

图 8-29 最大扭转载荷作用下原结构弹簧托板的应力分布

②改进结构最大应力发生在止挡孔内侧圆角上，值为 51.6 MPa，中心孔圆角应力与原结构相同，止挡孔外侧圆角上的应力为 40 MPa 左右，而止挡焊逢端头附近应力

只有几兆帕，中央截面侧立板上的应力为零，如图 8-30 所示。

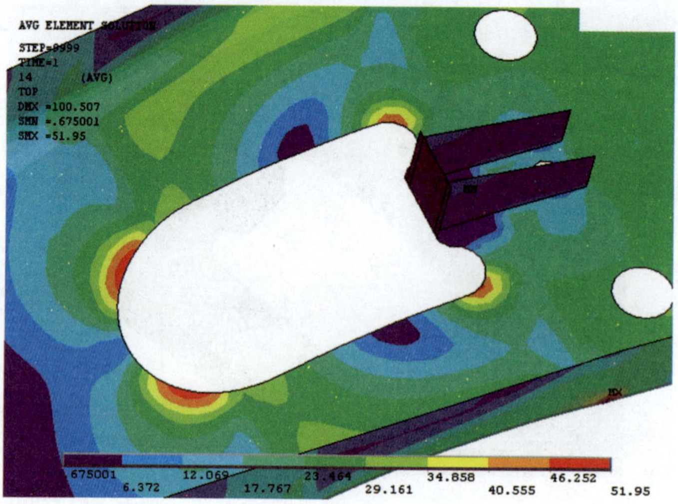

图 8-30　最大扭转载荷作用下改进方案弹簧托板止挡附近的应力分布

(3)垂向弯曲

以最大垂向载荷 30 kN 作用于弹簧托板中央，由计算结果可见：

①原结构的侧立板顶为大应力区，最大应力发生在折弯处，为 96.2 MPa，中央截面次之，为 90 MPa，中心孔圆角、止挡孔外侧圆角和止挡焊逢端头应力均为 25 MPa 左右，止挡孔内侧圆角处应力很小，只有几兆帕，如图 8-31 所示。

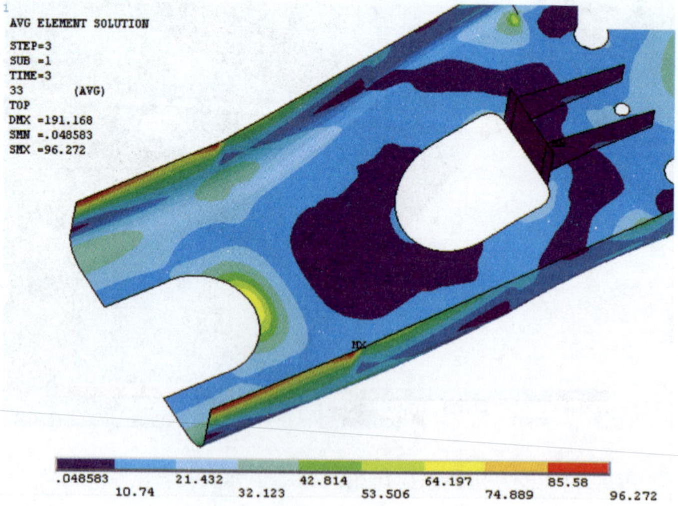

图 8-31　最大垂向弯曲载荷作用下原结构弹簧托板的应力分布

②改进结构的大应力区与原结构相同，中心孔圆角、止挡孔内侧圆角应力均在25 MPa左右，但止挡焊逢端头应力更小，仅为几兆帕，如图 8-32 所示。

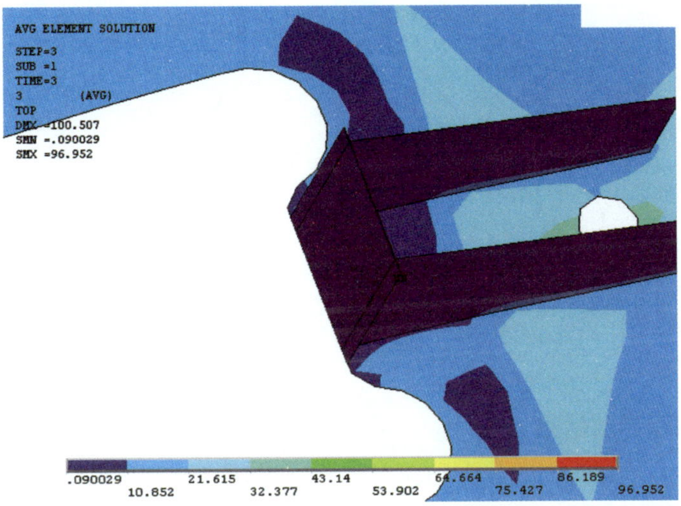

图 8-32　最大垂向弯曲载荷作用下改进方案弹簧托板止挡附近的应力分布

8.3.4.3　计算应力与实测应力的比较

对弹簧托板主要测点的实测最大应力与在最大识别载荷下的计算应力进行比较，可见：

(1)侧立板顶折弯处实测最大应力为 110 MPa 左右，该处在最大垂向载荷下的计算值已达 96 MPa，在最大剪切载荷下为 20 MPa 左右，在最大扭转载荷下为 10 MPa 左右，其可能的最大应力在 110 MPa 左右，实测与计算结果相当，说明垂向载荷识别结果合理。

(2)原结构止挡焊逢端头实测最大应力在 120 MPa 左右，在最大剪切载荷下，该处的应力已达 82.7 MPa，而最大扭转载荷下的应力为 54.6 MPa，最大垂向载荷下的应力在 25 MPa 左右，这说明该处可能的应力也在 120 MPa 左右，且主要由剪切和扭转载荷决定，说明剪切和扭转载荷识别结果合理。

8.3.4.4　疲劳强度分析

(1)疲劳强度评估方法

采用无限寿命设计理论，以实测的最大动应力为依据，并参考 AAR 货车设计制造规范中的有关材料疲劳特性，对弹簧托板的疲劳强度进行评估。

评估的方法为：将平均应力 S_m 下的实测应力幅 S_a 点入材料的疲劳极限线图，如实测应力超出材料的疲劳极限线图的允许范围则为有限寿命，反之则表示为无限寿命。

弹簧托板为轧制低合金钢板，其 S_{-1}、S_b 分别为 160 MPa 和 550 MPa(下限值)；止挡与托板连接角焊缝的 S_{-1} 为 47 MPa(下限值)。弹簧托板母材及角焊缝的疲劳极限线如图 8-33 所示。

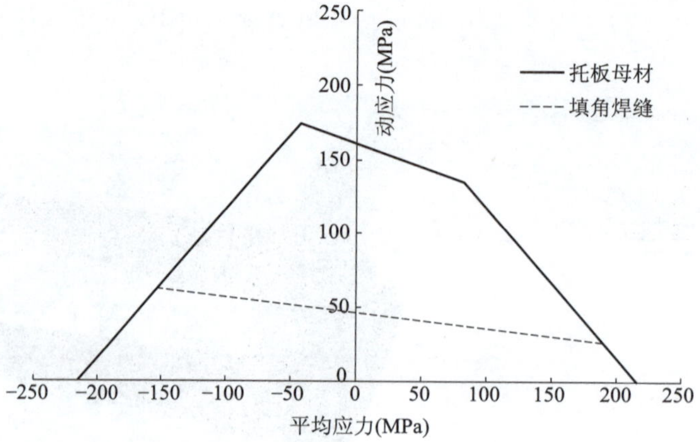

图 8-33　弹簧托板材料及接头的疲劳极限线

(2)疲劳强度评估结果

由前表 5-17 弹簧托板的最大动应力实测值可知：

①原结构弹簧托板在止挡焊缝端头四个对称测点 MA1/MB1、MA10/MB10 的动应力幅较大，高达 120 MPa 左右。

②弹簧托板改进方案在止挡焊缝端头四个对称测点 TA1/TB1、TA10/TB10 的动应力幅较原结构小很多，最高为 42.1 MPa，弹簧挡块焊缝测点 TA14 的动应力幅为 36.1 MPa。

③弹簧托板改进方案在母材上疲劳大应力部位依次为 TA12/TB12、TA13/TB13、TA5/TB5、TA2/TB2、TA5/TB5。

将上述弹簧托板测点的实测最大动应力点入相应部位材料的疲劳极限线图，如图 8-34 所示，可知：

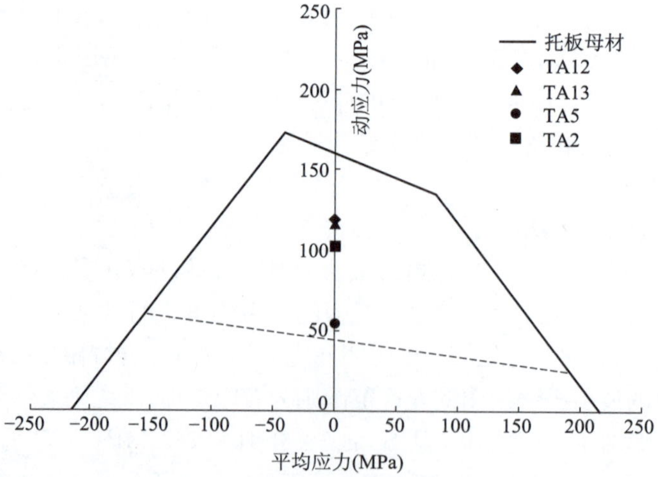

图 8-34　弹簧托板疲劳强度评估(一)

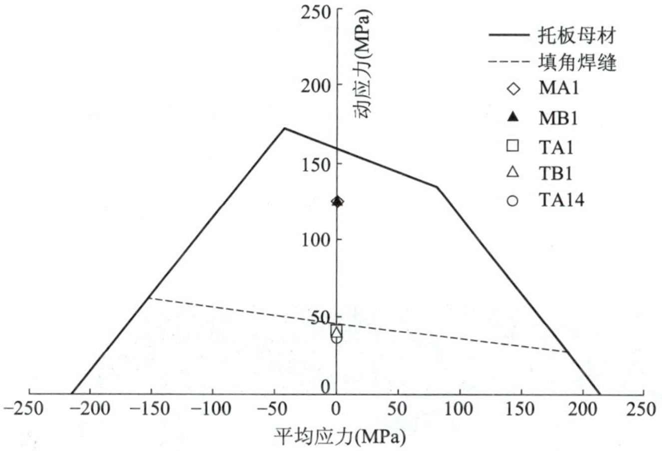

图 8-34　弹簧托板疲劳强度评估

①原结构弹簧托板止挡与托板连接焊缝处的应力(MA1/MB1、MA10/MB10)已远超出其焊接疲劳极限线图的允许范围,疲劳强度严重不足。

②弹簧托板改进方案止挡与托板连接焊缝测点(TA1/TB1、TA10/TB10)和弹簧挡块焊缝测点(TA14)的应力未超出其焊接疲劳极限线图的允许范围,疲劳强度满足无限寿命设计要求,但余量不大。

③弹簧托板其他各处的应力均未超出其疲劳极限线图的允许范围,疲劳强度满足无限寿命设计要求。

8.3.5　弹簧托板止挡孔试验验证

为测试转 K5 型转向架弹簧托板疲劳寿命,采用线路试验中识别得到的对称循环载荷,2003 年 9 月至 11 月在试验台上对 1 件原结构和 2 件改进结构弹簧托板进行疲劳试验,以满足 200 万次循环载荷无裂损作为评判标准。

按载荷控制方式对弹簧托板施加频率为 1.5 Hz、幅度为±38.3 kN 的交变载荷试验谱;同时以工装保证弹簧托板的扭转角始终保持在±1.5°的范围内;在试验过程中检测图 8-35 中各点的参考应力与表 8-2 中数值是否相当,试验加载如图 8-36 所示。

表 8-2　参考应力

参考点应力(MPa)		
点 1、中央孔边圆弧	点 2、止挡孔边圆弧	点 3、立板上部近摇动座处
±125	±125	±100

试验方案为:(1)原方案弹簧托板加载至 78.3 万次时,止挡块筋板旁沿焊缝方向出现裂纹,试验停止。

(2)两件改进方案均完成 200 万次无裂纹,之后再增加载荷 10%,即加载±45.96 kN,继续进行试验,至完成加载 215 万次时检查试件仍未见异常,试验停止。

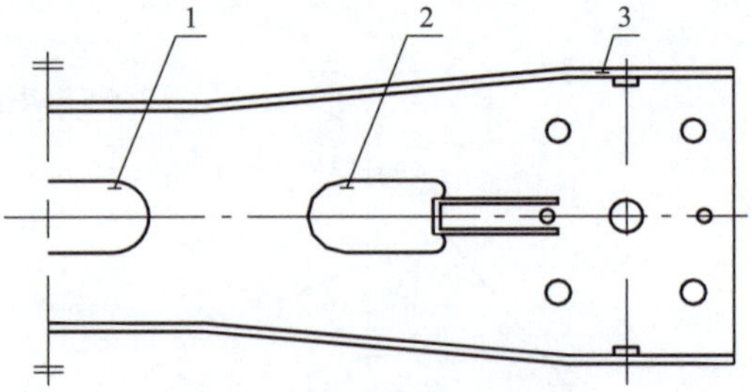

图 8-35　应力检测点示意

图 8-36　弹簧托板疲劳试验

试验结论为:(1)原结构弹簧托板不能满足 200 万次疲劳试验要求,止挡与托板连接焊缝处为疲劳薄弱部位。

(2)改进方案弹簧托板满足 200 万次疲劳试验要求,疲劳强度满足无限寿命设计要求。

8.4　钩尾框裂纹

8.4.1　前　言

近几年来,由于货车运行速度的提高和列车编组数量的增加,导致铸造钩尾框所受的纵向牵引载荷大幅提高,加速了疲劳裂纹的产生,大大缩短了使用寿命。有关数据显示,原 13 号铸造钩尾框的报废率逐年递增,由 1995 年的 2.0%、1997 年的 5.0%、1998 年的 12%上升为近几年的 40%。原 13 号铸造钩尾框使用的铸造材料(ZG230-450)的强度等级低并存在着严重的铸造缺陷,导致尾部弯角在高应力的作用下超过材料的屈服极限而过早出现疲劳裂纹超限是报废的主要原因。显然,对铸造钩尾框进行改进以提高其使用寿命势在必行。

锻造较铸造而言,避免了材料缺陷,使得锻造材料的疲劳强度得以极大地提高,因而采用锻造钩尾框取代铸造钩尾框是避免其出现早期疲劳裂纹的有效途径。本文对整体和组合式锻造钩尾框进行了疲劳寿命及可靠性分析并与铸造钩尾框进行了对比:

(1)E 级锻钢母材和焊接对接接头疲劳性能试验，以确定 E 级锻钢钩尾框材质的基本疲劳性能。

(2)采用有限元法，分别计算 13A 和 17 型钩尾框的应力及其分布。

(3)确定车钩载荷谱，进行整体及组合式 13A 和 17 型锻造钩尾框的疲劳寿命与可靠性预测。

(4)通过与 E 级铸钢钩尾框的比较，评价整体及组合式锻造钩尾框的疲劳强度能否满足设计寿命要求。

8.4.2　材料的基本疲劳性能试验

8.4.2.1　疲劳试样

组合式锻造钩尾框对接焊接接头疲劳试样如图 8-37 所示，试样总数为 40 个。

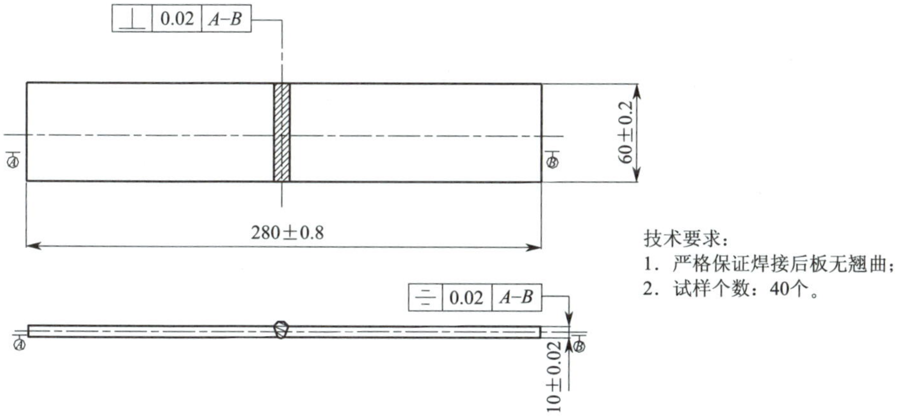

图 8-37　锻造钩尾框对接焊接接头疲劳试样

E 级锻钢钩尾框用材疲劳试样如图 8-38 所示，试样总数为 40 个。

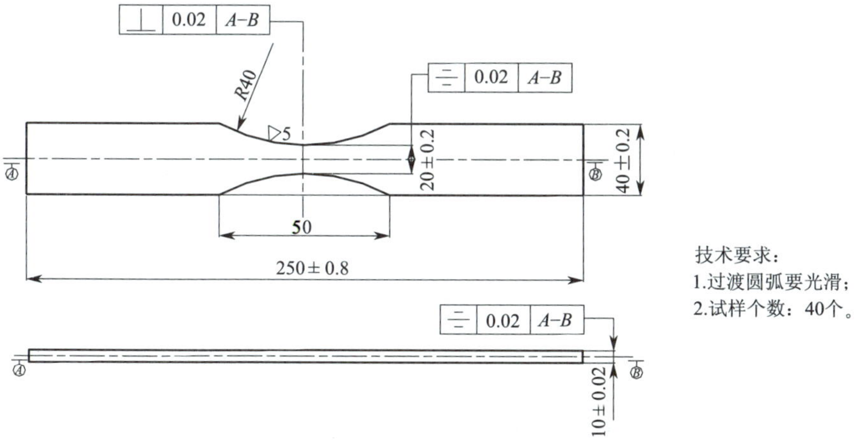

图 8-38　E 级锻钢钩尾框用材板状疲劳试样

试样的对焊工艺及焊后处理方法应与实际组合式锻造钩尾框的生产工艺相同。

8.4.2.2　试验及数据处理方法

采用 MTS-810 型疲劳试验机进行组合式锻造钩尾框对接焊接接头的轴向对称拉压疲劳性能试验。

采用高频试验机 PLG-200 型高频疲劳试验机进行锻造钩尾框用材的对称弯曲疲劳性能试验。

采用成组法和升降法测试组合式锻造钩尾框对接焊接接头的 P-S-N 曲线和疲劳极限。

采用成组法和升降法测试 E 级锻造钩尾框用材的 P-S-N 曲线和疲劳极限。

对接焊接接头的疲劳极限测试以 2×10^6 次循环为基准。

母材的疲劳极限测试以10^7 次循环为基准。

采用对数正态分布函数处理疲劳试验数据。

8.4.2.3　试验结果

对接焊接接头的疲劳性能试验数据及处理结果见表 8-3，50%和 95%可靠度下的 P-S-N 曲线如图 8-39 所示。

表 8-3　接头疲劳性能测试结果　　　　应力单位：MPa

材料	测试方法	应力 s_{max}	疲劳寿命(循环次数$\times10^3$)	中值寿命 N_{50}(循环次数$\times10^3$)	标准差
E级锻钢	成组	350	65,75,100,112,123,162	101	0.14
		300	104,124,144,148,184,186,218,264,384	198	0.17
	升降	270	83,135,500 650	疲劳极限	
		250	>2 000,239,>2 000,1 240,1 366,>2 000,>2 000	标准差：$s=10.7$ 疲劳极限中值：$\sigma_{-1}=251$	
		230	>2 000,>2 000,>2 000	99%可靠性疲劳极限：$\sigma_{-1}=204$	

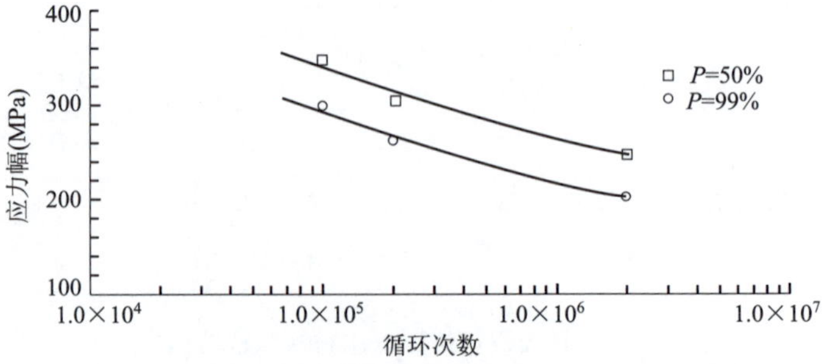

图 8-39　E 级锻钢对接接头的 P-S-N 曲线

母材的疲劳性能试验数据及处理结果见表 8-4，50%和 95%可靠度下的 *P-S-N* 曲线如图 8-40 所示。

表 8-4 母材疲劳性能测试结果 应力单位：MPa

材料	测试方法	应力 s_{max}	疲劳寿命（循环次数×10³）	中值寿命 N_{50}（循环次数×10³）	标准差
E级锻钢	成组	420	75,150,218, 200,268,359	218	0.27
		380	143,210,320, 562,660,890	416	0.36
	升降	350	960,1 830,1 010	疲劳极限	
		330	1 820,1 880,1 730 >10 000,>10 000, >10 000	标准差： s=5.30 疲劳极限中值： σ_{-1}=325	
		310	>10 000,>10 000, >10 000,>10 000	99%可靠性疲劳极限： σ_{-1}=298	

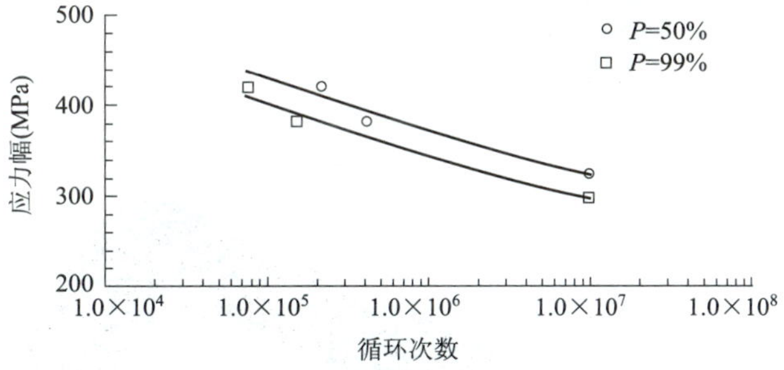

图 8-40 E 级锻钢母材的 *P-S-N* 曲线

8.4.2.4 与 E 级铸钢的比较

AAR 设计基准推荐的 E 级铸造母材的 *S-N* 曲线统计下线和我国 E 级铸造母材轴向拉压疲劳 *S-N* 曲线统计下线如图 8-41 所示，作为比较，图 8-41 中同时给出锻造母材 *S-N* 曲线的统计下线（95%可靠度下），可见我国 E 级铸造母材的 *S-N* 曲线统计下线与 AAR 的推荐值相当，而锻造母材具有更高的疲劳强度，其疲劳极限是铸造母材的 1.8 倍。

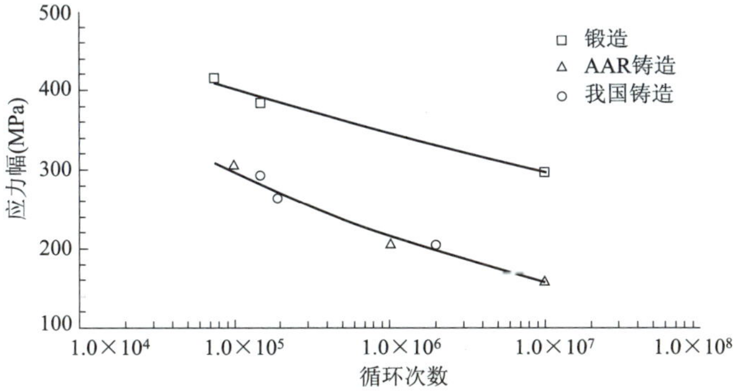

图 8-41 E 级铸钢母材的 *P-S-N* 曲线

8.4.3 钩尾框有限元分析

8.4.3.1 有限元模型

(1)13A 型钩尾框

取整个结构进行有限元分析。采用三维实体单元对钩尾框结构进行网格划分，将13A 型钩尾框结构划分为 67 497 个单元、16 559 个节点，网格划分结果如图 8-42、图 8-43 所示。

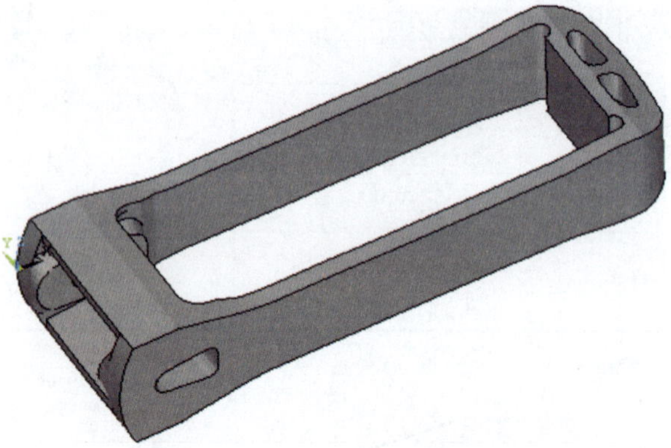

图 8-42　13A 型钩尾框实体模型

图 8-43　13A 型钩尾框有限元网格模型

在钩尾框尾部与后从板接触处施加纵向约束，在钩尾销孔处施加载荷，载荷谱取自 13 号车钩拉伸载荷谱。

(2)17 型钩尾框

取整个结构进行有限元分析。采用三维实体单元对钩尾框结构进行网格划分，将 17 型钩尾框结构划分为 19 476 个单元，网格划分结果分别如图 8-44、图 8-45 所示。

在钩尾框尾部与后从板接触处施加纵向约束，在钩尾销孔处施加载荷，载荷谱取自 AAR 标准中给出的 100 t 单元列车高边敞车车钩拉伸载荷谱。

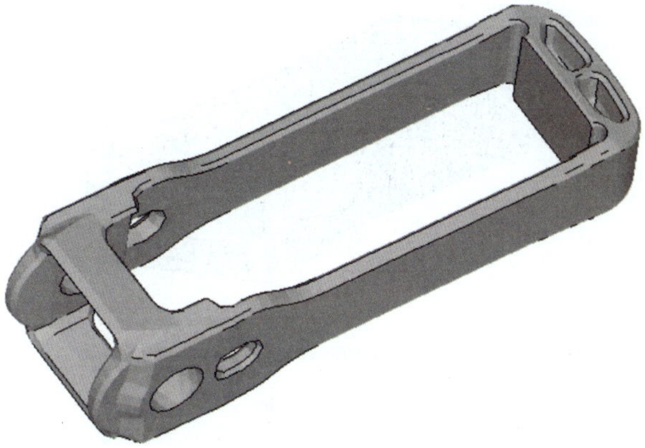

图 8-44　17 型钩尾框实体模型

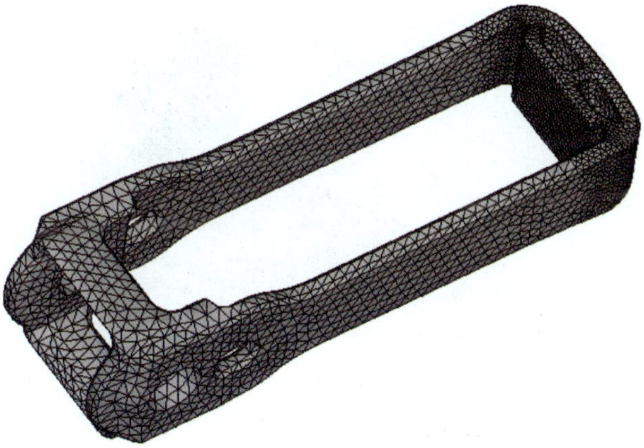

图 8-45　17 型钩尾框有限元网格模型

8.4.3.2　应力计算结果

采用上述有限元模型和约束条件，在 1 000 kN 车钩拉伸载荷下，对钩尾框进行有限元应力计算，由于压应力对裂纹扩展无贡献，故本处只给出拉应力分析结果。

(1)13A 型钩尾框

①整体式锻造钩尾框

应力计算结果如图 8-46 所示，可见应力较大部位主要出现在牵引销孔、框板变截面处和尾部内弯角区域，其值分别为 240 MPa、200 MPa 和 190 MPa 左右。

②组合式锻造钩尾框

应力与整体式锻造钩尾框的应力相同，其头部横向连接板(板长≤120 mm)接头区域应力小于 90 MPa。

③铸造钩尾框

由于铸钢材料弹性模量较锻钢小 10%左右，故铸造钩尾框的应力也较锻造钩尾框小 10%左右，铸造钩尾框应力较大部位为牵引销孔、框板变截面处和尾部内弯角区域，相应的应力分别为 220 MPa、180 MPa 和 170 MPa 左右。

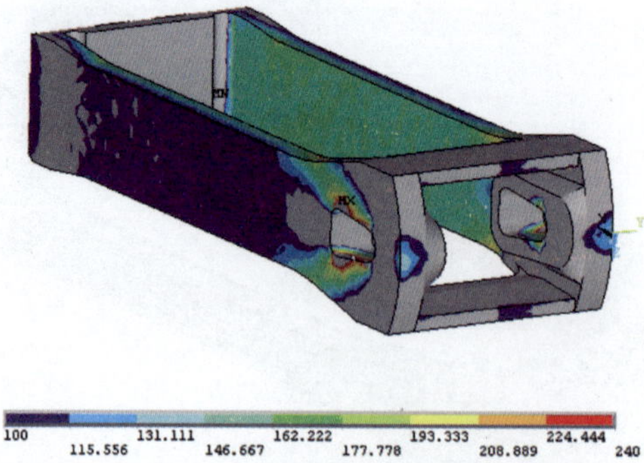

(a) 牵引销孔处

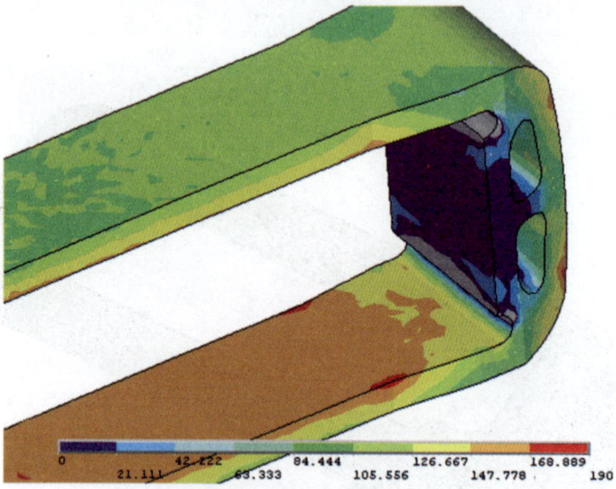

(b) 尾部内弯角处

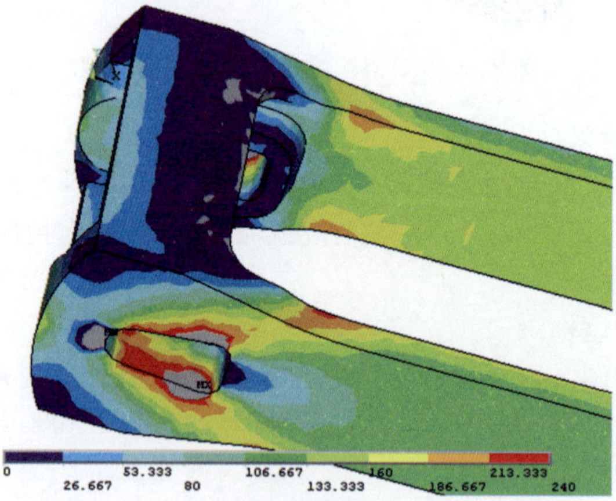

(c) 框板变截面处

图 8-46　13A 型锻造钩尾框拉伸应力分布

(2)17 型钩尾框

①整体式锻造钩尾框

应力计算结果如图 8-47 所示，与 13A 型钩尾框相似，其大应力区域出现在牵引销孔、框板变截面处和尾部内弯角区域，应力分别为 199 MPa、165 MPa 和 170 MPa 左右。

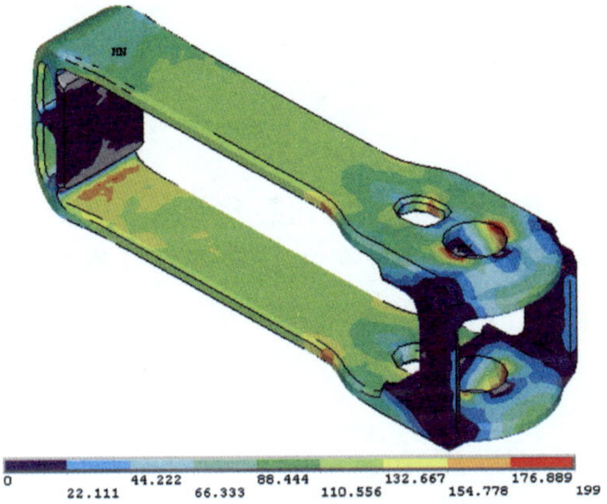

(a) 牵引销孔处

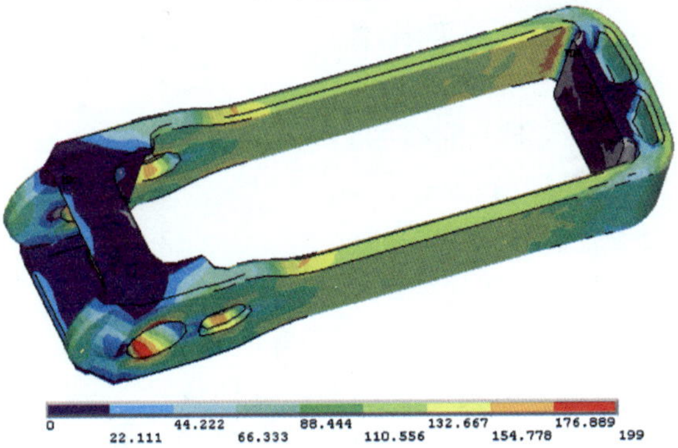

(b) 尾部内弯角处

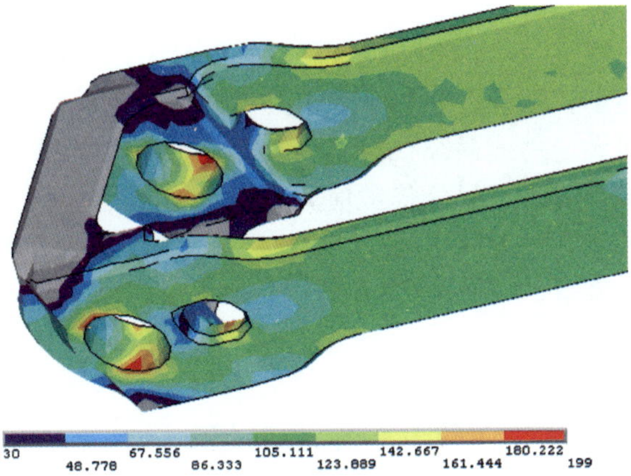

(c) 框板变截面处

图 8-47　17 型锻造钩尾框拉伸应力分布

②组合式锻造钩尾框

应力与整体式锻造钩尾框相同，其头部横向连接板(板长≤100 mm)接头区域应力小于 40 MPa。

③铸造钩尾框

铸造钩尾框应力较大部位为牵引销孔、框板变截面处和尾部内弯角区域，相应的应力分别为 180 MPa、155 MPa 和 160 MPa 左右。

8.4.4 疲劳寿命预测方法

当构件承受循环载荷作用时，可能在比静载荷条件下低得多的应力下导致结构疲劳破坏，因此应分析循环载荷作用下构件的疲劳寿命。本文采用有限寿命设计理论中的应力—寿命法，以应力谱和 S-N 曲线为依据，根据线性累积损伤法则计算疲劳寿命。

8.4.4.1 符号定义

α_i——作用给定应力级 $S_{\max i}$ 和 $S_{\min i}$ 占总循环数的分数；

β——每公里谱循环总数；

b——应力比 $R=0$ 时的疲劳极限，修改的 Goodman 图上曲线对于 Y 轴的截距；

k——S-N 曲线斜率的绝对值；

m——修改的 Goodman 图上曲线的斜率；

N'——给定应力级下循环数；

N——给定应力下出现损坏的循环数；

N_e——S_e 应力级下出现损坏的循环数；

N_T——给定载荷谱下的疲劳寿命(出现损坏的总循环数)；

N_i'——$S_{\max i}$ 和 $S_{\min i}$ 每一应力级下的载荷循环数；

N_i——$S_{\max i}$ 和 $S_{\min i}$ 每一应力级下出现损坏的循环数；

R——应力比 $S_{\min}/S_{\max}$；

S_e——损伤极限或 N_e 循环(钢的 N_e 假定为 10^{10} 次)内出现损坏的应力；

S_i——按 N_i 次循环损坏计算的疲劳极限；

$S_{\max}$——作用的最大应力或最高代数应力；

$S_{\min}$——作用的最小应力或最低代数应力；

S_r——应力范围，在一个循环中最大应力和最小应力的代数差，即 $S_r=S_{\max}-S_{\min}$；

K_f——疲劳缺口系数。

8.4.4.2 原　　则

疲劳寿命预测的原则为：

以名义应力和试样 S-N 曲线为基础，采用 Miners 线性累积损伤法则进行寿命计算。

名义应力低于材料的屈服强度。

名义应力由计算确定。

载荷谱的加载次序不影响疲劳累积损伤。

用 Goodman 方程对平均应力进行修正，修改的 Goodman 图的斜率恒定，在材料屈服点处截断。

结构原先没有疲劳损坏。

肉眼看到裂纹时，则已出现疲劳损坏。

8.4.4.3 寿命计算公式

根据线性累积损伤假设，每次当部件承受的应力大于零件在所加应力比的疲劳极限时，则引起已知量的损伤。因此，“损伤增值”之和等于1，便认为出现疲劳损坏。如果 N' 表示某种损伤应力级时的循环数，N 表示在该应力级时将导致损坏的循环数，则在式(8-2)时出现损坏：

$$\sum\frac{N_i'}{N_i}=1 \tag{8-2}$$

如果 N_T 表示部件在载荷谱下出现损坏的总循环数，则用 α 能简便地表示每一应力级占总循环的分数。因此，$N_i=\alpha_i N_T$，式(8-2)可为：

$$N_T\sum\frac{\alpha_i}{N_i}=1 \tag{8-3}$$

载荷谱下疲劳寿命的关系可以表示为：

$$N_T=\frac{1}{\sum\frac{\alpha_i}{N_i}} \tag{8-4}$$

式中，N_T 是谱块循环总数。计算时，只有出现损伤的应力级（高于损伤极限）的循环才包括在方程(8-4)的总和中。低于疲劳损伤极限的循环不包括在内，因为假定这些循环不会造成损伤。

图8-48疲劳特性曲线被用来确定应力比 R 的疲劳损伤极限 S_e（假定出现在 10^{10} 次循环时）。该损伤极限表示应力 S_{max} 可以在该应力比条件下无穷次地作用于此部件而不会产生疲劳损坏。知道 S-N 曲线的斜率就可以预测承受超过损伤极限的应力 S_i 的部件寿命 N_i（疲劳损坏的循环数）。把各曲线的斜率记为 k。寿命 N_i 方程可由图8-48的 S-N 曲线图推导：

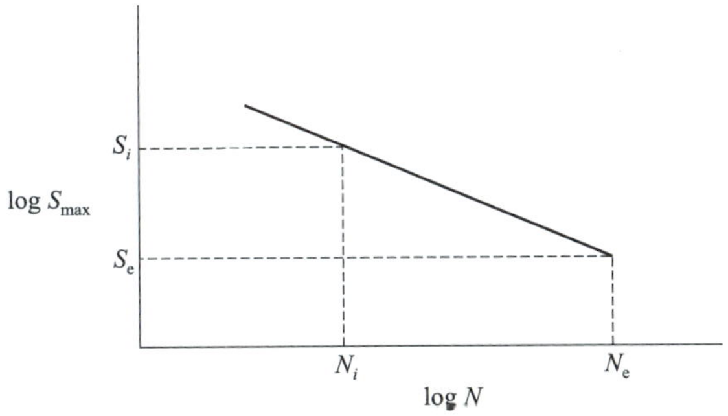

图8-48 S-N 曲线

设 k 为 S-N 曲线的绝对斜率

$$\frac{\log S_i-\log S_e}{\log N_e-\log N_i}=k \tag{8-5}$$

$$k\log\frac{N_e}{N_i}=\log\frac{S_i}{S_e} \tag{8-6}$$

$$\frac{N_e}{N_i}=\left(\frac{S_i}{S_e}\right)^{1/k} \tag{8-7}$$

$$N_i=\frac{N_e}{\left(\frac{S_i}{S_e}\right)^{1/k}} \tag{8-8}$$

S_{max}代替 S_i，故式(8-8)为：

$$N_i=\frac{N_e}{\left(\frac{S_{max}}{S_e}\right)^{1/k}} \tag{8-9}$$

改进 Goodman 图曲线方程：

$$S_{max}=mS_{min}+b \tag{8-10}$$

$$S_{max}=\frac{S_{max}-b}{m} \tag{8-11}$$

按照定义，$R=S_{min}/S_{max}=(S_{max}-b)/(m/S_{max})$，但是在损伤极限时，$S_{max}=S_e$，因此：

$$R=(S_e-b)/(m/S_e) \tag{8-12}$$

或

$$S_e=\frac{b}{1-m\times R} \tag{8-13}$$

式(8-13)中，b 是 $R=0$ 时的疲劳极限，m 是 Goodman 曲线的斜率。

使用式(8-4)、式(8-9)和式(8-13)可以预测部件达到损坏的循环数。

最后，计算部件的寿命：

$$寿命(公里)=N_T/\beta$$

式中，N_T是达到损坏的总循环数，β 是每公里谱总循环数。

因损伤极限 S_e随不同的 R 值变化，S_e方程可由改进的 Goodman 图得出。

改进的 Goodman 图如图 8-49 所示：

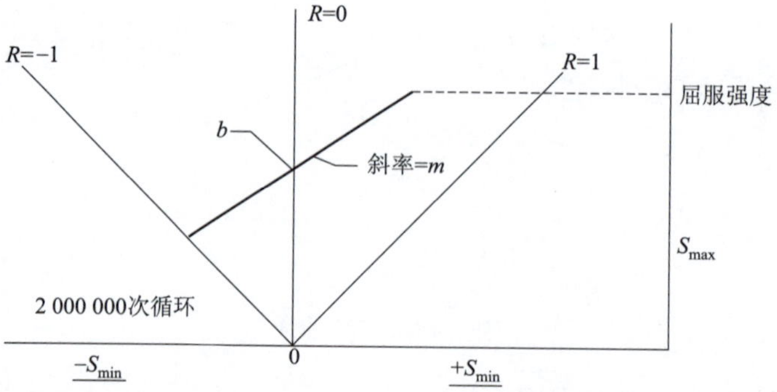

图 8-49　改进的 Goodman 图

8.4.4.4 分析步骤

(1)计算应力谱。

(2)选择适当的 S-N 曲线和确定改进 Goodman 图的常数。

(3)确定谱的哪一部分应力级超过疲劳损伤极限。

(4)计算$\sum\frac{\alpha_i}{N_i}$。

(5)为所选用的谱确定 β 并计算寿命$=N_T/\beta$(公里)。

8.4.5 疲劳寿命预测结果

8.4.5.1 疲劳强度降低系数 K_f

在疲劳寿命预测中,材料的性能涉及了 S-N 曲线(应力—寿命曲线)数据。实验室基准 S-N 曲线数据对所考虑的试验材料形态是特定的,例如试样表面机加工,在制备试样时尽量减少缺陷并防止数据过于离散。因此,假定试样的表面和缺陷状态品质与制造的结构相当是不符合实际的。

通常需要对基准 S-N 曲线数据作 K_f调整,以便恰当表现制造状态时的有效(真实)S-N 曲线。K_f调整涉及将基准 S-N 曲线降低到与制造质量相当的水平,而且还必须实行质量管理制度,以保证制造质量符合设计要求。要赋予锻造或铸造表面缺陷一个数值,就需要规定缺陷的 K_f值。K_f相当于由于缺陷的存在使基准 S-N 曲线下降的程度。K_f的缺陷对疲劳寿命的影响与疲劳应力增大 K_f倍对无缺陷表面的影响相同。

由前述材料疲劳试验结果,并赋予锻造或铸造表面缺陷一个 K_f值,可得到近似于钩尾框制造状态的 S-N 曲线。

8.4.5.2 E 级锻造钩尾框母材的 S-N 曲线

(1)基准 S-N 曲线

①疲劳极限($N=10^7$),$\sigma_{-1}=298$ MPa,$k=0.07$,可靠度 99%。

②S-N 曲线的转折点为 $N=10^7$,对于 $N\leqslant10^7$,S-N 曲线的幂指数为 $1/k$。

③对于 $N>10^7$,S-N 曲线的幂指数为 $2/(k-1)$。

(2)K_f修正 S-N 曲线

考虑到 E 级锻造钩尾框表面和机械加工较试样粗糙,保守估计取实际锻造钩尾框的疲劳强度降低系数 K_f为 3,则相应的 K_f修正 S-N 曲线如下:

①疲劳极限($N=10^7$),$\sigma_{-1}=99$ MPa,$k=0.07$,可靠度 99%。

②S-N 曲线的转折点为 $N=10^7$,对于 $N\leqslant10^7$,S-N 曲线的幂指数为 $1/k$。

③对于 $N>10^7$,S-N 曲线的幂指数为 $2/(k-1)$。

8.4.5.3 E 级铸造钩尾框母材的 S-N 曲线

(1)母材基准 S-N 曲线

①疲劳极限($N=10^7$),$\sigma_{-1}=165$ MPa,$k=0.14$,可靠度 99%。

②S-N 曲线的转折点为 $N=10^7$,对于 $N\leqslant10^7$,S-N 曲线的幂指数为 $1/k$。

③对于 $N>10^7$，$S\text{-}N$ 曲线的幂指数为 $2/(k-1)$。

(2)K_f修正 $S\text{-}N$ 曲线

经验表明，在大多数情况下，铸件疲劳裂纹始发于有明显铸造缺陷且局部应力较高的区域。

对导致疲劳裂纹发生的铸造缺陷按以下三类进行分析：

①小缺陷(球状)，较少见，$K_f=1.25$ 最大。

②大缺陷(裂纹状)，罕见，$K_f=2\sim3$ 的最大缺陷。

③中等缺陷(夹渣、疏松、缩孔)，最常见，$K_f=1.5\sim2$。

有关数据表明，铸件中 $K_f=1.5\sim2$ 的中等缺陷有很高的统计出现概率。因此，$K_f=1.5\sim2$ 的中等缺陷代表铸件的正常质量水平。但在铸造质量差的情况下，$K_f=3$的裂纹状极大缺陷也可能存在，大缺陷出现的统计概率很低，可视为偏离了正常的质量和良好的铸造工艺，质量管理的任务就是消除此类缺陷。

由 E 级铸钢基准 $S\text{-}N$ 曲线，通过 K_f修正，可得出不同 K_f下的修正 $S\text{-}N$ 曲线，作为铸造钩尾框寿命预测的基础。

有资料表明，铸件疲劳强度降低系数 K_f为 3 时，大致对应的可靠度为 99%，此时的 K_f修正 $S\text{-}N$ 曲线如下：

①疲劳极限($N=10^7$)，$\sigma_{-1}=55$ MPa，$k=0.14$，可靠度 99%。

②$S\text{-}N$ 曲线的转折点为 $N=10^7$，对于 $N\leqslant10^7$，$S\text{-}N$ 曲线的幂指数为 $1/k$。

③对于 $N>10^7$，$S\text{-}N$ 曲线的幂指数为 $2/(k-1)$。

8.4.5.4 E级锻造钩尾框接头的 S-N 曲线

接头是一个材料疲劳薄弱的部位，其 $S\text{-}N$ 曲线结果如下：

(1)接头基准 $S\text{-}N$ 曲线

①疲劳极限($N=2\times10^6$)，$\sigma_{-1}=204$ MPa，$k=0.3$，可靠度 99%。

②$S\text{-}N$ 曲线的转折点为 $N=10^7$，对于 $N\leqslant10^7$，$S\text{-}N$ 曲线的幂指数为 $1/k$。

③对于 $N>10^7$，$S\text{-}N$ 曲线的幂指数为 $2/(k-1)$。

(2)K_f修正 $S\text{-}N$ 曲线

一般而言，焊接和铸造的缺陷比较类似，但裂纹状的缺陷可能更严重一些，对接接头疲劳强度降低系数 K_f为 3 时，其大致对应的可靠度在 99%左右，此时的 K_f修正 $S\text{-}N$曲线如下：

①疲劳极限($N=2\times10^6$)，$\sigma_{-1}=68$ MPa，$k=0.3$，(99%)。

②$S\text{-}N$ 曲线的转折点为 $N=10^7$，对于 $N\leqslant10^7$，$S\text{-}N$ 曲线的幂指数为 $1/k$。

③对于 $N>10^7$，$S\text{-}N$ 曲线的幂指数为 $2/(k-1)$。

8.4.5.5 钩尾框载荷谱的确定

钩尾框作为车钩缓冲装置的重要组成部分，在车辆牵引、连挂和发生缓冲作用时，直接完成车辆间纵向力的传递。当车辆受牵拉时，作用力的传递过程为：车钩—钩尾框—后从板—缓冲器—前从板—前从板座—牵引梁；而车辆受冲击时，作用力的传递为：车钩—前从板—缓冲器—后从板—后从板座—牵引梁，无须经过钩尾框。

所以在车辆运行中，钩尾框只受到车钩牵引载荷的作用，车钩拉伸载荷即为钩尾框所受载荷。

8.4.5.6 车钩拉伸载荷谱

车钩载荷与列车运行速度、牵引吨位以及编组长度关系密切。在变化工况下，运行速度和列车总重的提高，将产生更大的动态车钩力。有关试验表明，5 000 t 列车的纵向冲动比 3 500 t 的纵向冲动大一倍以上。因此，车钩载荷谱的确定，须以实际运用条件为基础。修正后的车钩拉伸载荷谱（表 8-5）适用于 5 000 t 级列车的情况。

表 8-5 修正后车钩拉伸载荷谱

列车总重 5 000 t；谱长：4.5 万 km；平均循环/公里：0.93；总循环次数 4.2 万次

载荷级数	载荷变程(kN)	变程均值(kN)	频次(次)	累积频次(次)	最大值(kN)	最小值(kN)
1	1 798.2	898.6	1	1	1 798.2	0
2	1 558.4	778.6	29	30	1 558.4	0
3	1 408.4	704.6	70	100	1 408.4	0
4	1 258.4	628.6	167	267	1 258.4	0
5	1 108.2	554.6	233	500	1 108.2	0
6	960	480	382	882	960	0
7	817.8	408.8	243	1 125	817.8	0
8	736.6	368.2	204	1 329	736.6	0
9	642.6	321.2	791	2 120	642.6	0
10	568.2	284	1 038	3 158	568.2	0
11	503.4	288.8	5 556	8 714	541.6	37.8
12	454.4	238.4	1 429	10 143	465.4	11.0
13	415.2	207.6	1 658	11 801	415.2	0
14	338.6	305	1 369	13 170	474.8	135
15	300.4	172.8	8 128	21 298	323.2	22.8
16	266.4	280.6	8 929	30 227	413.8	147.6
17	221.6	165	11 258	41 485	275.6	54

8.4.5.7 疲劳寿命预测结果

有了载荷谱、有限元应力分析结果和材料的疲劳性能数据，就可以开始进行疲劳寿命预测。

采用修正后的我国车钩拉伸载荷谱，应用 n-Soft 疲劳分析软件对 13A 型和 17 型钩尾框进行疲劳寿命及可靠性预测，预测结果采用万 km 表示，并汇总于表 8-6。

表 8-6 寿命预测结果 单位：万 km

可靠度	K_f	部位	13A 型			17 型		
			整体式锻造	组合式锻造	铸造	整体式锻造	组合式锻造	铸造
—	1.5	所有	>500	>500	>500	>500	>500	>500
—	2.0	牵引销孔	>500	>500	350	>500	>500	420
		框板变截面	>500	>500	450	>500	>500	>500
		尾部内弯角	>500	>500	>500	>500	>500	>500
		接头区域	—	>500	>500	—	>500	—
—	2.5	牵引销孔	>500	>500	70	>500	>500	145
		框板变截面	>500	>500	150	>500	>500	400
		尾部内弯角	>500	>500	220	>500	>500	330
		接头区域	—	>500	—	—	>500	—
99%	3	牵引销孔	>500	>500	20	>500	>500	40
		框板变截面	>500	>500	40	>500	>500	110
		尾部内弯角	>500	>500	60	>500	>500	90
		接头区域	—	>500	—	—	>500	—

(1)锻造钩尾框

①整体式锻造钩尾框

即使在 $K_f=3$ 的严重缺陷下，13A 型和 17 型整体式锻造钩尾框各处的疲劳寿命仍能大于 500 万 km。而锻件出现 $K_f=3$ 的概率很小，因此，我们认为在 99%可靠度下，13A 型和 17 型整体式锻造钩尾框的疲劳寿命在 500 万 km 以上。

②组合式锻造钩尾框

即使在 $K_f=3$ 的严重缺陷下(99%可靠度下)，13A 型和 17 型组合式锻造钩尾框对接焊接接头的疲劳寿命均能大于 500 万 km。因此，我们认为在 99%可靠度下，13A 型和 17 型组合式锻造钩尾框的疲劳寿命在 500 万 km 以上。

(2)铸造钩尾框

①13A 型铸造钩尾框

在最常见的中等缺陷(夹渣、疏松、缩孔，$K_f=1.5\sim2$)下，其短寿命部位为牵引销孔、框板变截面处和尾部内弯角区域，疲劳寿命在 350～500 万 km 左右。

在罕见大缺陷(裂纹状，$K_f=2\sim3$)下，其短寿命部位仍为牵引销孔、框板变截面处和尾部内弯角区域，下限疲劳寿命(相当于 99%可靠度)为 20～60 万 km。

②17 型铸造钩尾框

在最常见的中等缺陷(夹渣、疏松、缩孔，$K_f=1.5\sim2$)下，其短寿命部位为牵引销孔、框板变截面处和尾部内弯角区域，疲劳寿命在 420～500 万 km 左右。

在罕见大缺陷(裂纹状，$K_f=2\sim3$)下，其短寿命部位仍为牵引销孔、框板变截面处和尾部内弯角区域，下限疲劳寿命(相当于 99%可靠度)为 40～110 万 km 左右。

8.4.5.8 结　　果

采用锻造方法制造钩尾框能极大地提高材料的疲劳性能，试验结果表明，E 级锻钢的疲劳极限较 E 级铸钢高出 80%，如按 E 级钢 *S-N* 曲线指数为 7 考虑，其疲劳寿命是 E 级铸钢的 60 倍，因此，保守估计，锻造钩尾框的疲劳寿命也应是铸造钩尾框的 60 倍。

去除焊高的 E 级锻钢对接接头的疲劳强度降为其母材的 60%左右，当组合式钩尾框头部横向连接板焊接接头设置在低应力区时（横向连接板长≤120 mm），焊接接头上不会出现疲劳强度不足的问题，因此，组合式钩尾框的疲劳寿命与整体式钩尾框相同。

8.4.6 小　　结

对整体和组合式锻造钩尾框方案进行了疲劳寿命及可靠性分析并与铸造钩尾框进行了对比，结论如下：

(1)锻造较铸造而言，避免了材料缺陷，使得锻造材料的疲劳强度得以极大地提高，疲劳试验结果表明 E 级锻钢的疲劳强度远比 E 级铸钢高，E 级锻钢的疲劳极限比 E 级铸钢高出 80%，因而采用锻造钩尾框取代铸造钩尾框是避免其出现早期疲劳裂纹的有效途径。

(2)对我国列车总重 3 000 t 左右的车钩拉伸载荷谱进行了修正，得出适用于当前 5 000 t 级列车情况的车钩拉伸载荷谱，采用该修正载荷谱预测的疲劳寿命如下：

①铸造钩尾框——短寿命部位为牵引销孔、框板变截面处和尾部内弯角区域；在最常见的中等缺陷下（夹渣、疏松、缩孔），13A 型钩尾框疲劳寿命为 350～500 万 km，17 型钩尾框为 420～500 万 km；在大缺陷下（裂纹状），13A 型钩尾框疲劳寿命为 20～60 万 km，17 型钩尾框为 40～110 万 km。

②锻造钩尾框——即使在疲劳强度降低系数 $K_f=3$ 的情况下（99%可靠度），13A 型和 17 型整体及组合式锻造钩尾框的疲劳寿命仍能大于 500 万 km；组合式钩尾框头部横向连接板焊接接头应设置在低应力区（横向连接板长≤100 mm），接头的疲劳强度足够，能保证组合式钩尾框的疲劳寿命与整体式钩尾框相同。

(3)目前，铸造缺陷的难以避免是导致铸造钩尾框疲劳裂纹的主要原因，要避免 E 级铸钢钩尾框早期疲劳裂纹问题，必须保证铸造质量，消除裂纹状的缺陷。

(4)虽然锻造钩尾框的疲劳寿命远高于铸造钩尾框，但也应加强锻造质量控制，如对锻造钩尾框进行表面修整，去除组合式锻造钩尾框头部横向连接板焊接接头的焊高，保证横向连接板长不大于 120 mm 并应居中布置。

(5)所进行的寿命评估建立在修正的 5 000 t 级列车车钩载荷谱上，该修正载荷谱是否准确仍有待进一步研究，但预测结果的相对值具有实际意义，即整体及组合式锻造钩尾框的疲劳寿命比铸造钩尾框高几十倍。从保证铁路运输安全的角度来看，建议在铁路货运重载车辆上优先采用整体或组合式锻造钩尾框。

8.5 C_{80} 型敞车上心盘座疲劳

8.5.1 概　　况

C_{80} 型车整体铸造上心盘座是大秦线重载 C_{80} 型铝合金运煤专用敞车的重要组成部件。2007 年，该车在运营 50～60 万 km 左右时，发现整体上心盘座顶面与中梁内侧顶面间 4 条焊缝端头开始沿 45°方向延上心盘座母体产生裂纹，裂纹发生部位如图 8-50 所示。

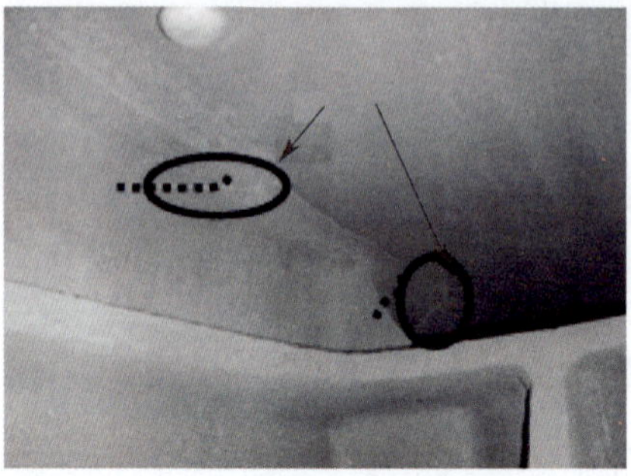

图 8-50　上心盘座裂纹发生部位(虚线为裂纹)

由于上心盘座是 C_{80} 型车主要的承载部件，通过它传递货物和车体的静、动载荷，该部件产生疲劳失效严重影响着行车安全，为此，对 C_{80} 型车上心盘座疲劳失效的原因进行研究，并制定可行的改进方案是非常必要的。

8.5.2 C_{80} 型敞车上心盘座疲劳失效计算分析

2007 年 6 月，在大秦线湖东至柳村之间进行了 C_{80} 型运煤专用敞车整体铸造上心盘座与中梁焊接节点部位重车动应力测试，在丰台—茶坞—湖东之间进行了空车动应力测试。组织将被试车辆编挂在 2 万 t 列车中部机车后(机车牵引方式为 1＋2＋1)，在列车运行过程中全程测试重车状态下动应力数据，重车测试总里程为 638 km。

应力测试采用 C1 型数字式动态信号数据采集系统，测试采样频率为 500 Hz，高于各测点应变响应频率的 10 倍左右，可确保采样数据的真实性。对采样数据进行处理后，按年运行里程 25 万 km 进行评估，空重车运行里程按 1∶1 计算。

基于 IIW 标准提供的计算方法及 *S-N* 曲线数据，对整体上心盘座长焊缝端头及短焊缝端头进行了计算，重车计算结果见表 8-7 及表 8-8。

表 8-7　基于 IIW 标准长焊缝端头重车计算结果

出现次数	应力变化范围(MPa)	$\Delta\sigma_i<\Delta\sigma_1$时 N_i	$\Delta\sigma_2\geqslant\Delta\sigma_i\geqslant\Delta\sigma_1$时 N_i	损伤比 n_i/N_i
21 430	14.7	7.934 84E+07	5.010 91E+08	0.000 00E+00
12 975	24.0	1.812 98E+07	4.278 99E+07	3.032 26E-04
6 691	33.3	6.770 29E+06	8.286 39E+06	8.074 68E-04

续上表

出现次数	应力变化范围(MPa)	$\Delta\sigma_i<\Delta\sigma_1$时 N_i	$\Delta\sigma_2\geqslant\Delta\sigma_i\geqslant\Delta\sigma_1$时 N_i	损伤比 n_i/N_i
2 522	42.6	3.224 69E+06	2.407 14E+06	7.820 90E-04
740	52.0	1.782 10E+06	8.958 62E+05	4.152 40E-04
176	61.3	1.086 38E+06	3.926 39E+05	1.620 05E-04
52	70.6	7.104 38E+05	1.934 48E+05	7.319 43E-05
15	78.9	4.897 49E+05	1.040 66E+05	3.062 79E-05
总次数:44 601;等级:FAT50;试验里程:l_r=638 km; 总损伤比:D=2.573 85E−03				
计算寿命里程:L_f=2.478 78E+01 万 km;运营年限:2.0 年				

表 8-8 基于 IIW 标准短焊缝端头重车计算结果

出现次数	应力变化范围(MPa)	$\Delta\sigma_i<\Delta\sigma_1$时 N_i	$\Delta\sigma_2\geqslant\Delta\sigma_i\geqslant\Delta\sigma_1$时 N_i	损伤比 n_i/N_i
20 956	15.0	7.377 86E+07	4.438 51E+08	0.000 00E+00
12 050	25.1	1.588 54E+07	3.433 06E+07	3.509 99E-04
6 775	35.1	5.781 21E+06	6.368 70E+06	1.063 80E-03
3 185	45.1	2.718 04E+06	1.810 42E+06	1.171 80E-03
1 143	55.2	1.487 97E+06	6.632 51E+05	7.681 59E-04
252	65.2	8.019 81E+05	2.879 71E+05	2.793 85E-04
57	75.2	5.869 40E+05	1.407 16E+05	8.711 39E-05
12	85.3	4.030 87E+05	7.522 30E+04	2.977 03E-05
总次数:44 430;等级:FAT50;试验里程:l_r=638 km; 总损伤比:D=3.761 02E−03				
计算寿命里程:L_f=1.696 35E+01 万 km;运营年限:1.4 年				

计算结果表明,重车工况是引起疲劳失效的主要原因,在重车运用条件下,整体铸造上心盘座顶面与中梁内侧顶面长焊缝端头的疲劳寿命预测结果约为 24.8 万 km,短焊缝端头疲劳寿命预测结果约为 17 万 km,考虑空重车运行里程比为 1∶1,计算结果与实际运用情况比较接近。

计算结果反映出长焊缝及短焊缝端头早期疲劳裂纹形成的原因主要有两个:一是 C80 型车上心盘座长焊缝及短焊缝为未连通的段焊,段焊的焊缝端头易形成焊接缺陷和应力集中,而焊接又是一种刚度较大的连接方式,即连接构件之间产生的相对位移较小,这种结构对设计或工艺因素产生的应力集中较为敏感,正是由于应力集中的存在从而引起了该部位的疲劳失效;二是在垂向载荷作用下,焊缝端头产生了高的拉—拉疲劳应力,在纵向压缩载荷作用下焊缝端头产生了较高的压—压疲劳应力,这种多轴交变载荷的相互作用,进一步加速了裂纹扩展。

8.5.3 结构改进

为从源头上解决大秦线 80 t 级重载货车整体铸造上心盘座结构疲劳强度低、运用中过早出现疲劳裂纹的问题，借鉴北美铁路重载货车的发展经验，结合原结构分析结果，提出了改进方案，原方案及改进方案细部结构如图 8-51 和图 8-52 所示。

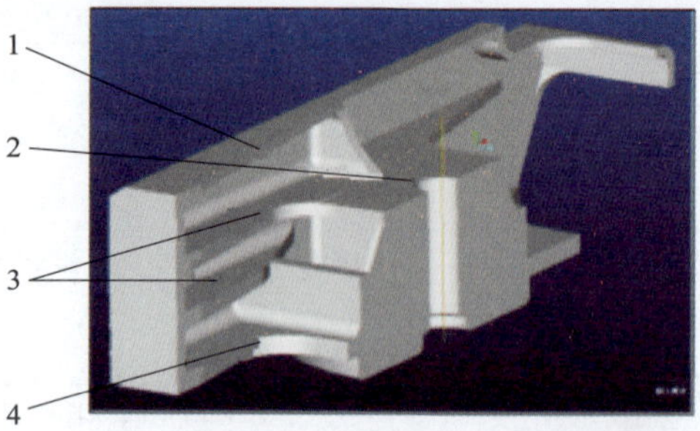

图 8-51　C80 型车上心盘座原方案 1/2 结构三维模型

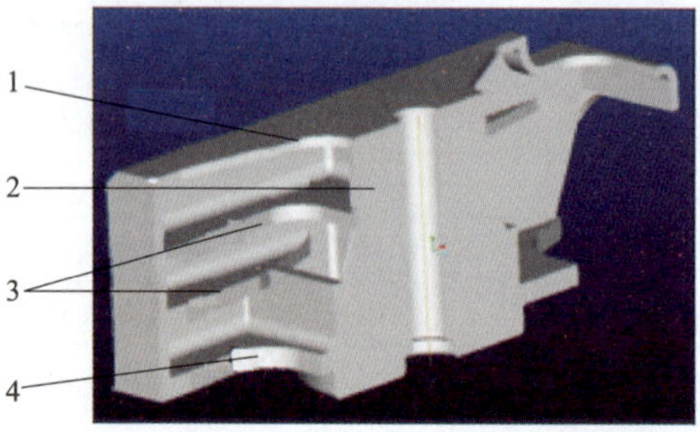

图 8-52　C80 型车上心盘座改进方案 1/2 结构三维模型

在改进方案中，改变了位置 1 处顶部设计结构，避免段焊缝产生焊接应力集中；位置 1 处第一层水平筋板由原结构的左右两部分改为中部圆弧连通；为加强位置 2 处第一层水平筋板的连接，将整体铸造上心盘座圆芯部分拔高，同时增加一组纵向立筋；从板座一端的第一层水平筋板由中间 14 mm 厚度过渡至 20 mm 厚度，位置 3 处第二、三层水平筋板由中间 18 mm 厚度过渡至 30 mm 厚度；位置 4 处底板厚度由原 26 mm 加大至 30 mm。

为研究结构改进效果，对原结构及改进方案在载荷工况及约束条件一致的条件下进行了有限元对比分析，结果表明第一工况拉伸组合应力水平较高，原结构该工况长焊缝和短焊缝端头 Von-Mises 应力分别为 83 MPa、95 MPa，而改进结构该区域应力水平明显下降，Von-Mises 应力值分别为 63.2 MPa、69 MPa（图 8-53），分别下降了 23.9%和 27.4%；在 AAR 万吨列车纵向恶劣载荷下，对改进方案进行了寿命评估，经计算该方案重车疲劳寿命为 430 万 km。

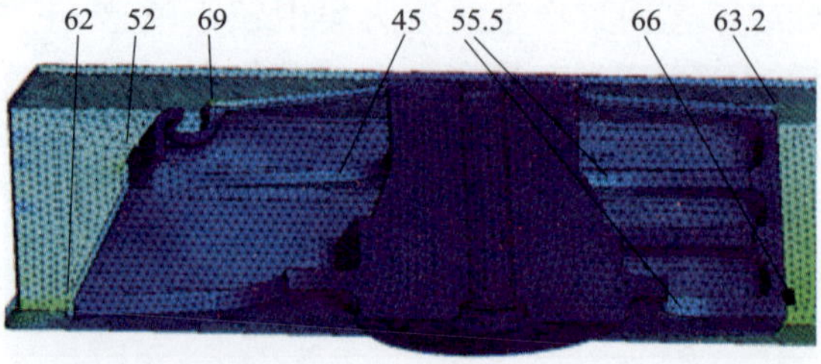

图 8-53　改进方案第一工况拉伸组合 Von-Mises 应力分布（MPa）

上述计算结果表明，结构所具有的动应力水平对疲劳寿命的影响非常显著，应力幅与疲劳寿命是幂函数关系，因此应力幅值的下降将导致疲劳寿命成级数上升。改进方案有效地优化了整体铸造上心盘座结构，显著降低了焊缝区域的应力水平，从而延长了其使用寿命，提高了整体铸造上心盘座部件的运用可靠性。

8.6　C80B 型敞车端柱连接板焊缝裂纹

8.6.1　概　　况

C80B 型不锈钢敞车车体为无下侧梁、无端梁结构，整车及底架、端墙，车体与货物接触部分采用 TCS345 经济型不锈钢，底架中梁、枕梁、横梁等主要承载结构采用 Q450NQR1 高强度耐候钢。2007 年，C80B 型敞车端柱连接板与牵引梁连接焊缝及连接板母材裂纹发生批量裂纹（图 8-54），为尽快分析裂纹产生的原因，齐车公司会同北京交通大学完成了结构强度和疲劳评估计算，进行了对比分析计算，并提出了优化改进技术方案，C80B 型敞车如图 8-55 所示。

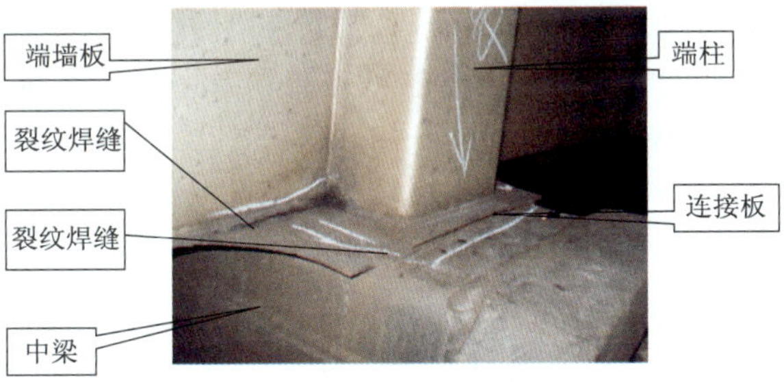

图 8-54　典型裂纹

图 8-55　C80B 型敞车

8.6.2　原因分析

造成焊缝裂纹必然存在垂直于焊缝的作用力，因此，我们逐一对车辆受力状态进行了分析。

(1)垂向载荷的影响:在垂向载荷的作用下,由于散粒货物的重量作用在地板上,从车体横断面角度分析,由心盘承载,枕梁受力。而 C_{80B} 型敞车采用无端、侧梁结构,所以车体地板在端墙处的变形要远远大于普通带有端、侧梁的车辆。

(2)纵向载荷的影响:由于采用有中梁、无端侧梁结构,由端、侧墙和地板组成的箱形体位于中梁的上方,两者变形刚度不协调,在纵向载荷的作用下,端墙与中梁连接节点将相应产生拉、压力,该力与连接板和端墙间的横焊缝垂直。

(3)端墙压力的影响:由于散粒货物对端墙的作用,使端墙形成向外胀的趋势,也会产生与连接板和端墙间的横焊缝垂直的力。

(4)单端冲击的影响:由于列车在启、制动或调速时产生纵向冲动,对端墙造成的外胀力加大,使端墙产生外倾弯矩,同时会对端板产生压迫,造成局部变形,从而产生与连接板和端墙间的横焊缝垂直的较大的力。

通过上述分析可以得出,垂向载荷和侧滚(扭转)是产生连接板和中梁间纵向焊缝裂纹力的来源,车辆运行时的振动(动荷系数)加剧了该力的幅值。纵向力、单端冲击、端压力是产生连接板和端板间横向焊缝裂纹力的来源。

另外,从端墙横断面角度看,端墙和地板与中梁间的垂向连接刚度突变,垂向约束差,抗变形能力低;从中梁纵断面角度看,中梁和端侧板、地板形成的箱形结构的纵向连接刚度突变,纵向约束较弱。因此,从刚度角度分析,C_{80B} 型敞车在端部与中梁的连接节点处连接刚度变化大,容易产生应力集中。

8.6.3 计算分析

为进一步分析、核实裂纹产生的原因,对既有车及改进结构分别进行了静强度计算和疲劳可靠性分析评估。计算时对裂纹部位采用实体建模,用实体连接模拟焊缝,以更接近于实际情况。为找出产生裂纹的力的来源,分别对垂向、纵向、横向(侧滚)、扭转等各种工况进行了单独计算。计算结果表明:在垂向载荷的作用下,连接板横焊缝与纵焊缝交叉点处应力最大,达到了 190 MPa,其余部位应力均较小,发生最大应力的部位与实物裂纹现象吻合。在纵向载荷的作用下,连接板横焊缝与纵焊缝交叉点处应力最大,为 80 MPa,其余各工况应力值均较小,应力分布如图 8-56、图 8-57 所示。

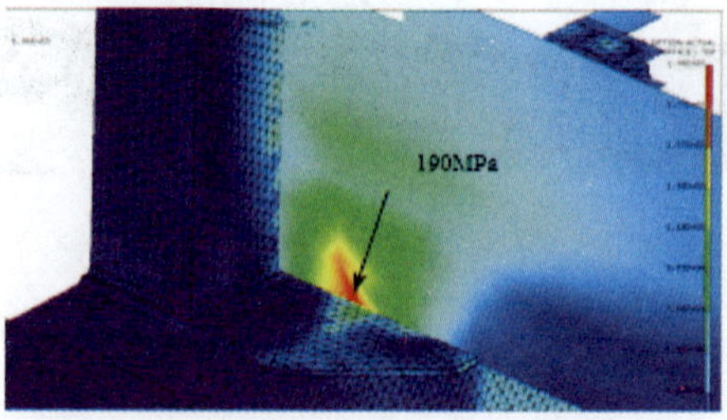

图 8-56 垂向载荷作用下焊缝交叉处应力分布

图 8-57　纵向载荷作用下焊缝交叉处应力分布

连接板和端板、中梁间的焊缝属典型 T 形接头、单侧角焊缝，其疲劳极限一般为 50～70 MPa，而计算该处应力值为 190 MPa，按照美国 AAR 机务标准 M-1001《货车设计制造规范》中"货车的疲劳设计"进行疲劳评估计算，结果表明：在重车垂向疲劳载荷下，端部支撑连接板角焊缝交汇点疲劳裂纹形成寿命仅为 5 万 km（重车）左右，因此此处应是最先开裂处。

角焊缝疲劳裂纹形成的主要原因有两个：一是焊缝结构设计不合理，连接板与端墙、中梁、地板连接焊缝交汇于一点，易形成焊接缺陷和应力集中而成为疲劳源；二是在作用频次最高的垂向载荷下，单侧角焊缝弯曲根部产生了较高的拉—拉疲劳应力所致。

综合上述分析可知，垂向载荷和侧滚（扭转）、振动是产生连接板和中梁间纵向焊缝裂纹力的主要原因，纵向力、单端冲击、端压力是产生连接板和端板间横向焊缝裂纹力的主要原因，端柱连接板角焊缝交汇点疲劳裂纹形成寿命为 5 万 km（重车）左右。

8.6.4　改进方案分析

针对上述分析计算，提出了如下改进方案：采用变断面槽形端柱，提高端柱与牵引梁的纵向连接刚度。端柱厚度由 5 mm 增加至 6 mm，该梁宽度由 200 mm 加大至 320 mm，端柱与中梁连接一端的最大高度为 150 mm，材质由 TCS345 改为 Q450NQR1，同时取消中梁上的连接板，端柱与中梁直接连接，如图 8-58 所示。

为验证以上措施对端部节点的改善效果，在相同加载条件下进行了有限元对比分析计算，计算结果表明：在垂向载荷的作用下，连接板横焊缝与纵焊缝交叉点处应力值从 190 MPa 降低到了 88 MPa，其余部位应力均较小。在纵向载荷的作用下，连接板横焊缝与纵焊缝交叉点处应力值从 80 MPa 降低到了 60 MPa 以下，其余各工况应力值均较小。疲劳评估结果表明：垂向载荷谱下端梁、端柱与中梁连接处的疲劳寿命在 370～480 万 km 左右，而其他载荷在该处造成的损伤较小，疲劳寿命均在 600 万 km 以上，改进效果良好，能满足 25 年疲劳评估寿命的要求。

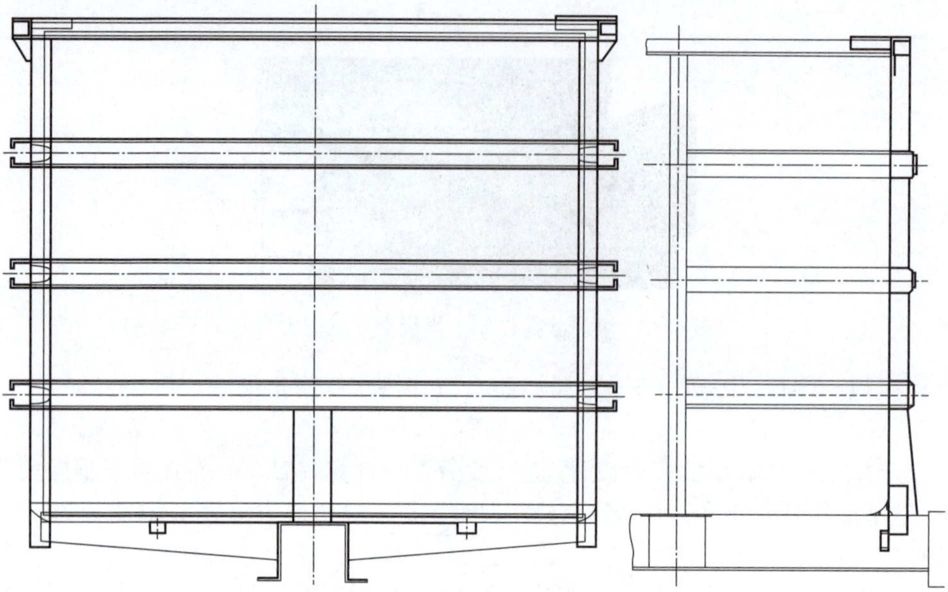

图 8-58　改进方案:端梁+支撑梁

9

铁路货车疲劳寿命预测仿真

9.1 概　　述

铁路货车的载荷谱主要以线路实测为主，但是由于我国铁路里程长、各地区线路等级、气候条件差别大，尤其是大部分货车周转于全国各地这一特点，使得线路实测的成本较大。随着计算机硬件技术和动力学、有限元、疲劳可靠性等软件的发展，基于计算机虚拟环境的CAE(Computer Aided Engineering)仿真，是获得铁路货车，尤其是新设计货车载荷谱的有效手段之一。

在多体动力学仿真中，只需知道货车各部件的连接关系以及连接件的力学特性，而无需手动建立和求解各部件的运动微分方程；在有限元分析中，只需知道部件的约束和载荷条件，而无需手动建立和求解部件的刚度与质量矩阵；在疲劳分析中，只需知道部件的疲劳特性、载荷历程和应力应变分布，而无需了解具体的疲劳分析技术，如雨流计数、损伤模型等。这样在货车的研发阶段，无需具有多学科的深厚背景，利用计算机仿真技术很好地完成货车各部件的疲劳寿命预测。

基于计算机虚拟环境的货车疲劳寿命预测仿真，最为关键的是轨道输入和运行工况的确立。随着对京沪、京广和京哈三大干线轨道谱的测量和研究，我国正在逐步完善全国轨道谱的建立，这样就能准确的得到轨道的激励输入。同时，通过统计货车的实际运行速度和运行线路可获得运行工况。当这方面的数据缺失时，尤其对于新设计的货车，可以通过我国主流货运机车的运行工况来确定货车的运行工况。机车的运行工况通常由其电机的牵引和制动特性决定，而这方面的数据相对比较容易获得。因此，基于车辆动力学、力学和统计学等学科，运用多体系统仿真、有限元分析、疲劳计数等软件，在计算机虚拟环境下预测货车的疲劳寿命，对了解成型货车疲劳强度的薄弱部位、为线路测试的贴片位置提供参考等方面具有很好的工程实用价值，对新型货车开发阶段的方案对比也有着重要的意义。

9.2 仿真工况设置

货车部件的疲劳寿命预测需要考虑货车车型多、运行线路复杂等特点，应尽可能根据对货车实际运行状况的统计得出仿真工况，具体应考虑以下几方面：

(1)货车的车型。我国货车车型众多，就转向架来说就分为转 8A、转 8A 改、转 K2、转 K4、转 K5、转 K6 等多种转向架；就车体来说又分为平车、敞车、棚车等多种车体；就货车载重来说又分为空车和重车。因此，对于货车车型的划分有许多组合，当对货车某部件进行疲劳寿命预测时应充分考虑该部件用于不同车型的情况。

(2)货车运行线路的等级。我国铁路线路里程长，所铺设轨道的地形复杂，我国《铁路技术管理规程(普速铁路部分)》中Ⅰ、Ⅱ级铁路区间线路最小曲线半径及最大限制坡度规定见表 9-1 和表 9-2。

表 9-1 区间线路最小曲线半径

铁路等级	路段设计行车速度(km/h)	最小曲线半径(m)	
		一般	困难
Ⅰ	200	3 500	2 800
	160	2 000	1 600
	120	1 200	800
Ⅱ	120	1 200	800
	80	600	500

表 9-2 区间线路最大限制坡度(‰)

铁路等级		牵引种类	
		电力	内燃
Ⅰ	一般	6.0	6.0
	困难	15.0	12.0
Ⅱ	一般	6.0	6.0
	困难	20.0	15.0

我国《铁路线路修理规则》根据列车运行的速度和线路等级，对线路轨道静态几何尺寸、道岔轨道静态几何尺寸和轨道动态质量容许偏差的管理值作出了规定。当货车运行于不同的线路等级时，轨道不平顺有很大差异，疲劳仿真工况的设定应充分考虑货车运行线路的等级。

(3)货车运行线路的形式。我国的铁路线路形式主要有直线、曲线和道岔三种形式。对于某一等级的线路,《铁路线路修理规则》规定的维护标准基本决定了轨道的不平顺。然而货车所受载荷与其运行的线路形式还有很大关系。货车通过曲线和道岔时往往受到较大的冲击载荷,这是货车部件裂纹起始的主要原因,而直线运行的随机载荷又对损伤累积起决定作用。因此,货车运行线路形式的构成比例对疲劳寿命的预测精度起到重要的作用。

(4)货车运行的速度。货车运行的速度大小同样决定了货车所受载荷的大小。当货车在同一线路上运行,速度越大所受载荷也越大。货车车型、运行线路等级和线路形式决定了货车的最大允许速度。然而通常情况下,由于货车在运行中受到多种因素影响,其实际运行速度均低于最大允许速度,因此货车的实际运行速度很难确定,疲劳仿真工况的速度可以根据具体线路的最大允许速度来确定。此外,运行速度还可以根据货运机车的牵引和制动特性来确定,具体内容可以参考列车牵引计算的相关文献。

(5)货车运行的方式。货车在整个运行中经常处于启动加速、匀速和制动减速的过程中。货车实际的运行方式受线路纵断面及铁路调度影响很大,但在操作中不能超出机车的启动、制动和实际牵引的能力。因此对于无法统计其具体运行方式的货车,尤其是处于研发阶段的新型货车,可以根据列车牵引计算获得货车的启动和制动工况。

以上列出了确定货车运行工况的五个主要方面,当然还有其他决定货车运行工况的因素,如风载、桥梁、隧道等,但是如果确定了以上五个方面,从疲劳的统计特性上说,其他偶发的次要因素不会对货车的载荷谱产生较大影响。表 9-3 列出考虑五大因素的货车运行工况表示例。

表 9-3　货车运行工况表示例

货车车型	线路等级	线路形式	货车运行方式			
			匀速		启动	制动
			60 km/h	…		
敞车重车(转 8A)	Ⅰ	直线	%	%	%	%
		曲线(不同半径)	%	%	—	—
		道岔(不同型号)	%	%	—	—
…	…	…	…	…	…	…

注:假设启动和制动不发生在小半径曲线和道岔区间。

9.3　动力学模型

随着计算机硬件和软件技术的发展,车辆动力学分析已逐渐摆脱了手动建立微分方程的繁重任务,而运用多体系统动力学分析软件的友好交互界面使得非专业的工程师也能进行动力学分析。

9.3.1 多体拓扑关系

多体动力学建模首先是确定车辆系统的多体拓扑关系，即确定车辆各部件之间的相对运动关系和位置，通过铰接和约束来限制各部件在整个系统中的运动和位置。通常对于铁道车辆部件，轮对、侧架、车体被定义为铁路铰，其坐标示意如图 9-1 所示，其他各部件，如摇枕、斜楔等根据其与相邻部件的运动关系来定义。

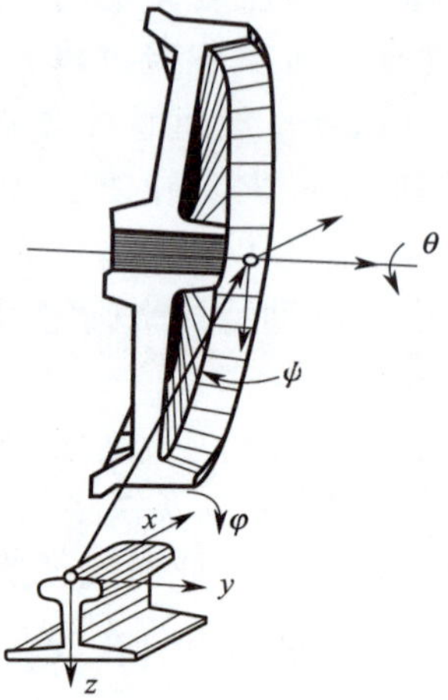

图 9-1 铁路铰示意(以车轮为例)

x—伸缩自由度；y—横摆自由度；z—浮沉自由度；φ—侧滚自由度；θ—点头自由度；ψ—摇头自由度

9.3.2 力 元

在多体系统模型中，刚体之间除了铰和约束以外，还通过弹簧、止挡等力元形式连接，如摇枕弹簧、轴箱导框等，均可通过它们的运动特性进行力元构建。轴箱导框的力元可构建如下：

$$F_{ux}=\begin{cases} F_u \cdot \dfrac{abs(v_x)}{\sqrt{v_x^2+v_y^2}}\text{sgn}(v_x), \sqrt{v_x^2+v_y^2} \geqslant v_m \\ F_u \cdot \dfrac{abs(v_x)}{v_m}\text{sgn}(v_x), \sqrt{v_x^2+v_y^2} < v_m \end{cases} \tag{9-1}$$

$$F_{uy}=\begin{cases} F_u \cdot \dfrac{abs(v_y)}{\sqrt{v_x^2+v_y^2}}\text{sgn}(v_y), \sqrt{v_x^2+v_y^2} \geqslant v_m \\ F_u \cdot \dfrac{abs(v_y)}{v_m}\text{sgn}(v_y), \sqrt{v_x^2+v_y^2} < v_m \end{cases} \tag{9-2}$$

式中，F_u为摩擦力合力；F_{ux}，F_{uy}分别为摩擦分力；v_x，v_y分别为平面相对运动速度分量；v_m为速度门槛值，为消除摩擦力在速度为 0 时的正负突变，当运动速度小于门槛值时，摩擦力为线性插值。

9.3.3 轮轨接触关系

对于车辆系统的动力学仿真，轮轨的接触关系非常重要。为了减少仿真时间，同时不失计算的准确性，通常将轮轨接触模型视为准弹性接触模型。在对动力学方程进行积分前，根据 Hertz 接触理论和 Kalker 简化非线性滚动接触理论，得到接触点位置的等效值、等效接触椭圆法向和切向方向以及取决于轮轨剖面相对位置的 Kalker 蠕滑系数。利用这些参数在动力学仿真中计算轮轨间的接触力。

9.3.3.1 轮轨系统运动方程

轮轨系统的运动可以用微分—代数系统(DAE)的坐标 $q(t)$来描述：

$$\begin{aligned} M(q)\ddot{q} &= f(q,\dot{q},\lambda,t) - G^{\mathrm{T}}(q)\lambda \\ g(q) &= 0 \end{aligned} \tag{9-3}$$

式中，Lagrangian 乘子 $\lambda(t)$将动力学方程与几何接触条件 $g(q)=0$ 耦合起来。$M(q)$为对称的质量矩阵，$-G^{\mathrm{T}}(q)\lambda\left[G(q)=\frac{\partial}{\partial q}g(q)\right]$为约束力，$f(q,\dot{q},\lambda,t)$为应用力。

9.3.3.2 轮轨的接触几何关系

作为刚体，一个车轮有 6 个自由度，它的相对运动可以用 3 个笛卡儿坐标和 3 个角坐标决定，如图 9-1 所示。

引入函数 $d(s,p)$[由车轮接触坐标 s 和车轮的位置矢量 $p=(x,y,z,\varphi,\psi)^{\mathrm{T}}$描述]，几何问题可以缩减为一维问题。因此引出传统的接触条件：

$$g(q)=\max d(s,p)=0 \tag{9-4}$$

因为相对位置矢量 p 和接触坐标 s 取决于 MBS 的坐标 q，上述接触条件定义了公式(9-3)中的运动约束。因此，接触点要遵守下面这个必要条件：

$$\frac{\partial}{\partial s}d(s,p)=0 \tag{9-5}$$

9.3.3.3 准弹性接触模型

轮轨系统仿真的关键是方程(9-4)的微分性。对磨耗型踏面，接触点的位置对于 p 是不连续的。由于这些接触点的“跳跃”，式(9-4)只是分段可微，而积分算法需要系统方程至少二次可微。

为了克服这个困难，在整个接触斑定性的考虑轮轨作用的弹性变形。准弹性接触模型避免了接触点位置出现不符合实际的尖点。

因此，式(9-4)通过一个小的正参数 ε 使其变为：

$$g(q)=\varepsilon\ln\left(\mathrm{d}s\int_{s_{\min}}^{s_{\max}}\exp\left(\frac{1}{\varepsilon}d(s,p)\right)\mathrm{d}s\Big/\int_{s_{\min}}^{s_{\max}}\mathrm{d}s\right)=0 \tag{9-6}$$

引入权函数 $w(s,p)=\exp[d(s,p)/\varepsilon]$得到简洁通用的接触点定义公式(这里，接触力的作用导致了接触坐标 s 值的加权平均）：

$$\bar{s}=\int_{s_{\min}}^{s_{\max}} s\cdot w(s,p)\mathrm{d}s\Big/\int_{s_{\min}}^{s_{\max}} w(s,p)\mathrm{d}s \tag{9-7}$$

图 9-2 对比了在两个不同的接触模型中，左车轮接触坐标 s 与车轮相对于轨道横向位移 y 的关系。可以看出，准弹性模型的接触点随着 y 平滑的变化，而刚体接触模型在跳跃点附近的斜率很陡。

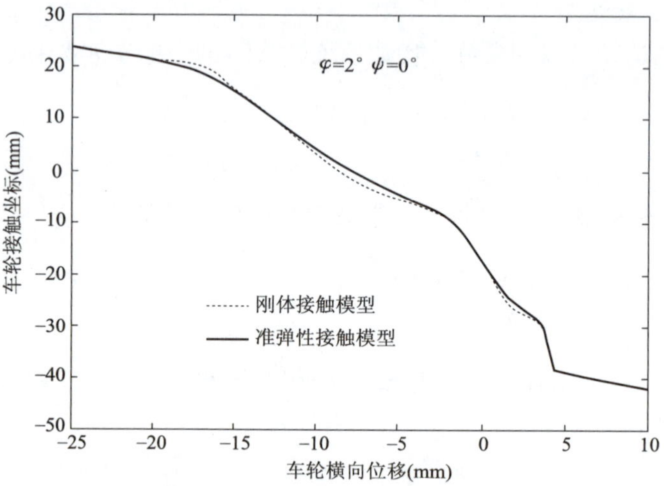

图 9-2　车轮接触坐标与车轮横向位移的关系

9.3.4　轨道激励

动力学仿真中，尤其是货车这种非线性环节多的系统，通常采用时域积分获得系统的各项数值解，因此系统的输入激励通常是时域的离散值。对于轨道激励，一般通过实测或从已知的轨道谱转换得到。从频域轨道谱转换得到时域或空间域的方法有三角级数法、白噪声滤波法和傅立叶逆变换法。

美国联邦铁路管理局根据大量实测资料得到线路不平顺功率谱密度，拟合成一个以截断频率和粗糙度常数表示的偶次函数，其波长范围可达 1.524～304.8m。轨道高低不平顺的数学表达式为：

$$S_{\mathrm{v}}=\frac{KA_{\mathrm{v}}\Omega_{\mathrm{c}}^{2}}{\Omega^{2}(\Omega^{2}+\Omega_{\mathrm{c}}^{2})} \tag{9-8}$$

式中，S_{v} 是轨道高低不平顺功率谱密度[$\mathrm{cm^2/(rad/m)}$]；A_{v} 为粗糙度常数（$\mathrm{cm^2\cdot rad/m}$）；Ω 为空间频率（rad/m）；Ω_{c} 为截断频率（rad/m）；K 为安全系数，可根据要求在 0.25～1.0 之间选取，一般取为 0.25。

取采样间隔 $\Delta\Omega=0.001(1/\mathrm{m})$，波长范围为 0.5～30 m，利用傅立叶逆变换得到图 9-3 的垂向不平顺模拟结果。

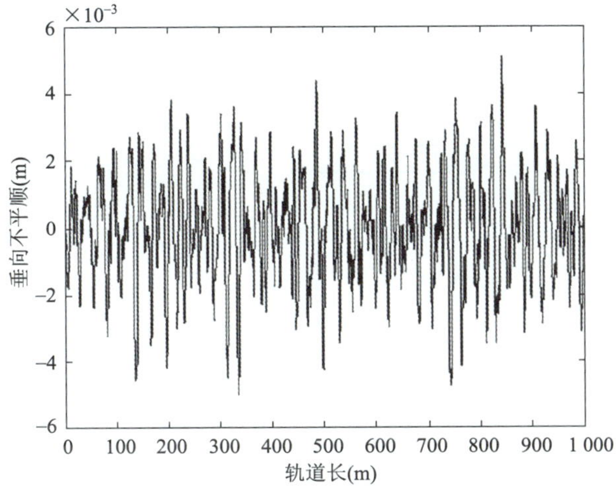

图 9-3 美国 6 级线路功率谱的垂向不平顺模拟结果

9.4 弹簧托板载荷谱及疲劳寿命仿真实例

9.4.1 摆动式转向架货车的多体模型

摆动式转向架货车由 1 个车体、2 个摇枕、4 个侧架、8 个斜楔、2 个弹簧托板、4 个摇动座、8 个承载鞍和 4 个轮对等 33 个部件组成，其中弹簧托板的弹性变形对整个系统动力学性能有不可忽略的影响，因此，在多体系统中应将其考虑为弹性体。摆动式转向架货车的多体系统模拟如图 9-4 所示，系统各物体之间的拓扑关系如图 9-5 所示，图中总体坐标以车辆的运行方向为 X 轴，横向为 Y 轴，Z 轴垂直轨道向下，各铰与约束的自由度以作用点的坐标为基准，为了得到由于各接触面法向力引起的摩擦力，需约束住接触面的法向以获得法向力。

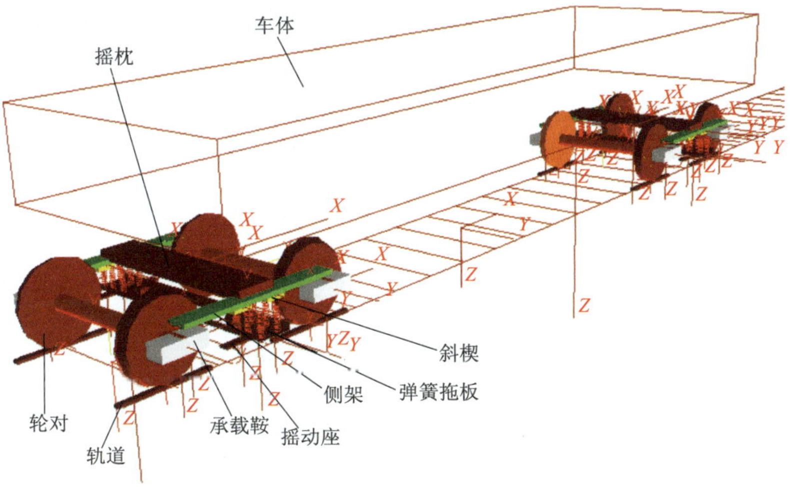

图 9-4 摆动式转向架货车的多体系统模拟

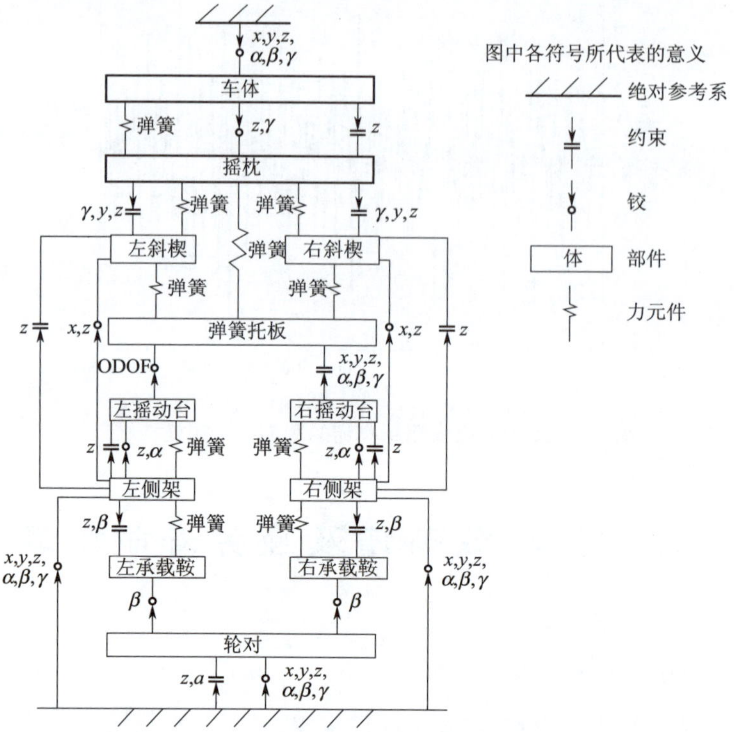

图 9-5　摆动式转向架货车半车多体系统拓扑关系

9.4.2　线路状态

线路状态选取直线、曲线和道岔三种形式，其具体构成如下：

(1)直线：总长 1 000 m。

(2)曲线 1：半径为 300 m；超高为 65 mm；总长 390 m：20 m 直线＋100 m 缓和曲线＋150 m 圆曲线＋100 m 缓和曲线＋20 m 直线。

(3)曲线 2：半径为 600 m；超高为 125 mm；总长 560 m：20 m 直线＋110 m 缓和曲线＋300 m 圆曲线＋110 m 缓和曲线＋20 m 直线。

(4)道岔：我国标准的 12 号道岔，总长 50 m(包含直线)。

9.4.3　轨道激励

(1)直线：美国 5 级谱

经傅立叶逆变换，美国 5 级谱轨道不平顺如图 9-6～图 9-9 所示。

(2)曲线：美国 4 级谱

经傅立叶逆变换，美国 4 级谱轨道不平顺如图 9-10～图 9-13 所示。

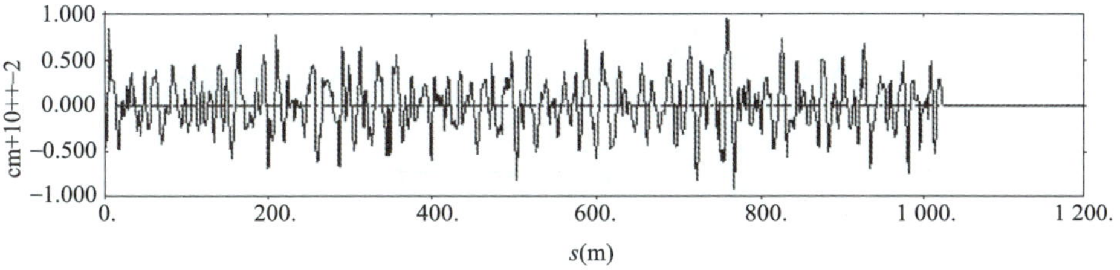

图 9-6 美国 5 级谱左轨横向位移激励

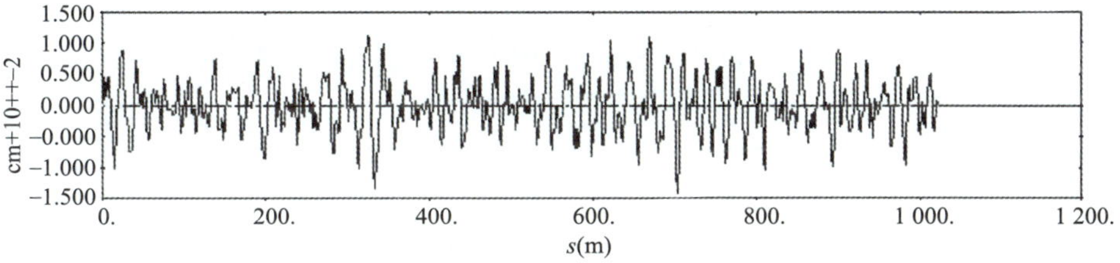

图 9-7 美国 5 级谱左轨垂向位移激励

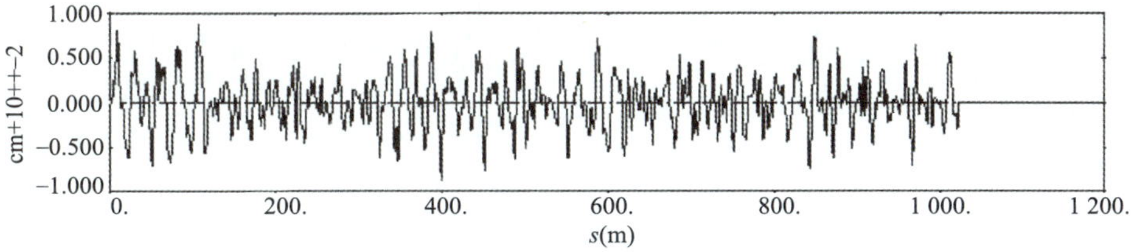

图 9-8 美国 5 级谱右轨横向位移激励

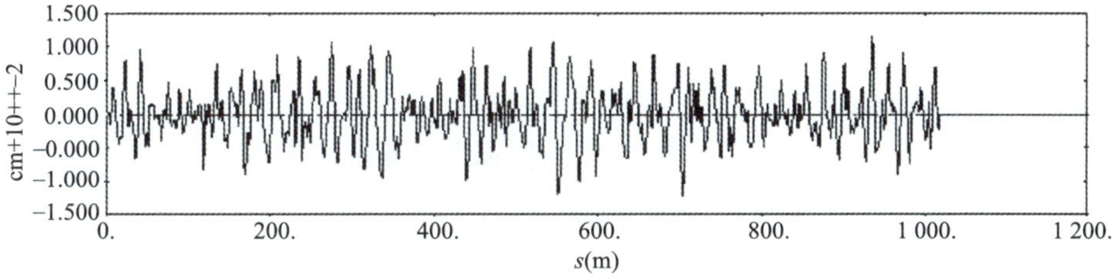

图 9-9 美国 5 级谱右轨垂向位移激励

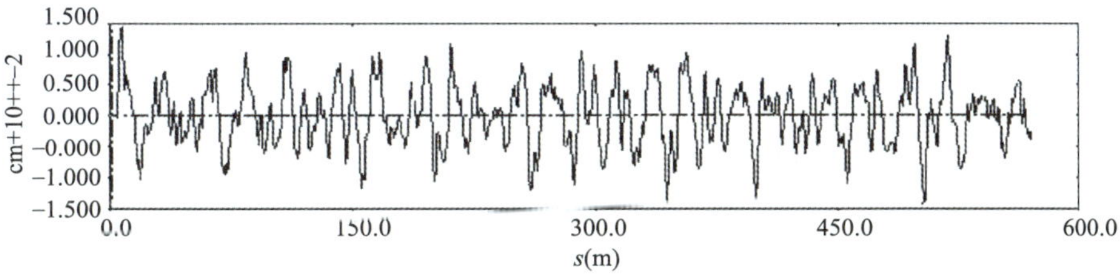

图 9-10 美国 4 级谱左轨横向位移激励

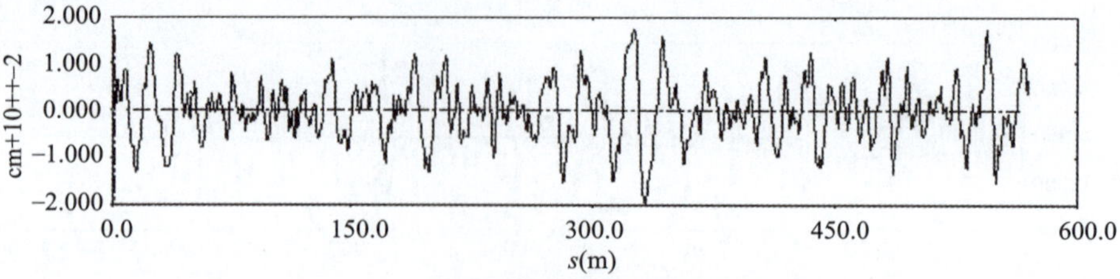

图 9-11　美国 4 级谱左轨垂向位移激励

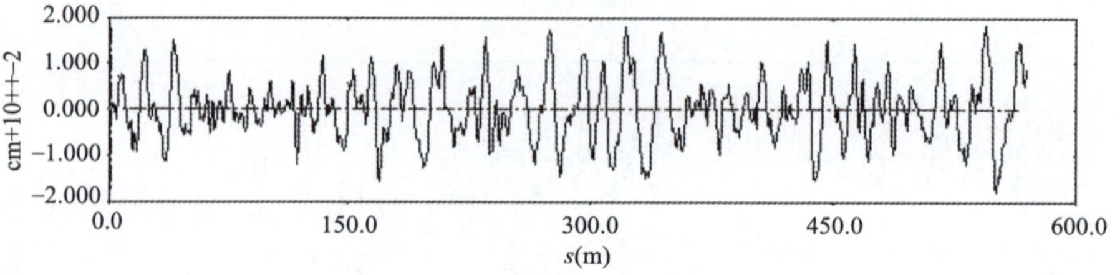

图 9-12　美国 4 级谱右轨横向位移激励

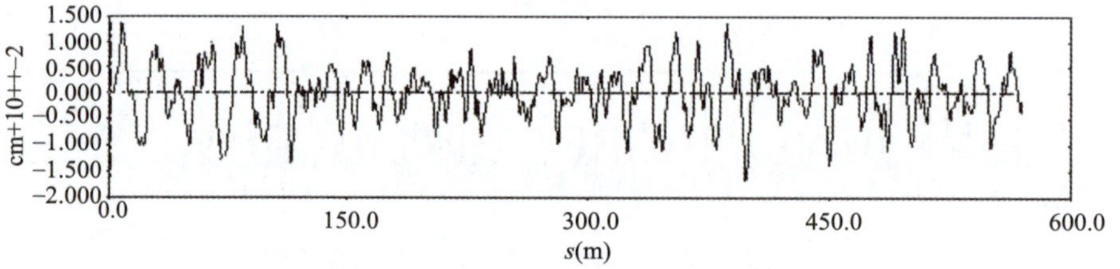

图 9-13　美国 4 级谱右轨垂向位移激励

9.4.4　运行工况

我国的货车运用遍布全国，且我国地域辽阔，货车的运行工况复杂，统计出货车转向架的运行工况比较复杂，本文只选择中国铁路西安局集团有限公司长哨—安康和安康—长哨段进行统计。表 9-4 为长哨至安康往返段车辆的运行情况统计。

表 9-4　敞车重车运行 1 000 km 的工况

（假设有半径为 300 m，半径为 600 m 曲线，12 号道岔各一条）

线路	运行速度(km/h)	各速度下的里程(km)	各速度下运行里程的概率	仿真中各速度下的里程(km)	仿真中各速度下的循环次数
直线	40	82	0.082 47	1	82
	50	23	0.023 297	1	23
	60	22	0.021 53	1	22
	70	35	0.034 739	1	35
	80	67	0.067 105	1	67
	90	77	0.077 337	1	77
	100	91	0.090 872	1	91
	110	211	0.211 09	1	211
	120	357	0.357 46	1	357

续上表

线路	运行速度(km/h)	各速度下的里程(km)	各速度下运行里程的概率	仿真中各速度下的里程(km)	仿真中各速度下的循环次数
300 m 半径曲线	40	0.4	0.000 4	0.39	1
600 m 半径曲线	80	0.57	0.000 57	0.56	1
道岔	45	0.18	0.000 18	0.05	1

9.4.5 弹簧托板的有限元分析工况

在弹簧托板的有限元分析中，约束条件为右端弹簧固定约束，分析工况如表 9-5 所示。

表 9-5 弹簧托板的有限元分析工况

工 况	描 述
1	*X* 轴角速度所产生的惯性力
2	*Y* 轴角速度所产生的惯性力
3	*Z* 轴角速度所产生的惯性力
4	*X* 轴角加速度所产生的惯性力
5	*Y* 轴角加速度所产生的惯性力
6	*Z* 轴角加速度所产生的惯性力
7	*X* 轴位移加速度所产生的惯性力
8	*Y* 轴位移加速度所产生的惯性力
9	*Z* 轴位移加速度所产生的惯性力
10	左端与摇动座螺栓连接处所受到的 *X* 轴力
11	左端与摇动座螺栓连接处所受到的 *Y* 轴力
12	左端与摇动座螺栓连接处所受到的 *Z* 轴力
13	左端与摇动座螺栓连接处所受到的 *X* 轴力矩
14	左端与摇动座螺栓连接处所受到的 *Y* 轴力矩
15	左端与摇动座螺栓连接处所受到的 *Z* 轴力矩
16	右端止挡受到摇枕挡 *Y* 轴力
17	左端止挡受到摇枕挡 *Y* 轴力
18	重力

9.4.6 弹簧托板的有限元模型及应力分布

由于弹簧托板为薄板结构，有限元模型采用板壳单元构建，其模型离散如图 9-14 所示。在单位载荷下，工况 1 的应力(TOP 面)分布如图 9-15 所示。

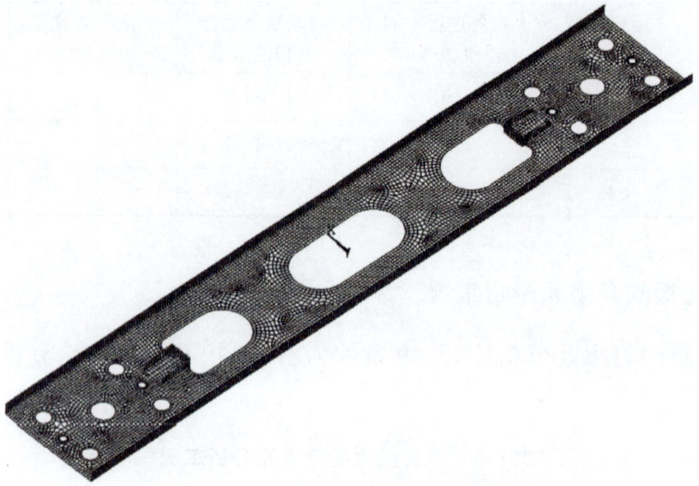

图 9-14　弹簧托板有限元模型离散

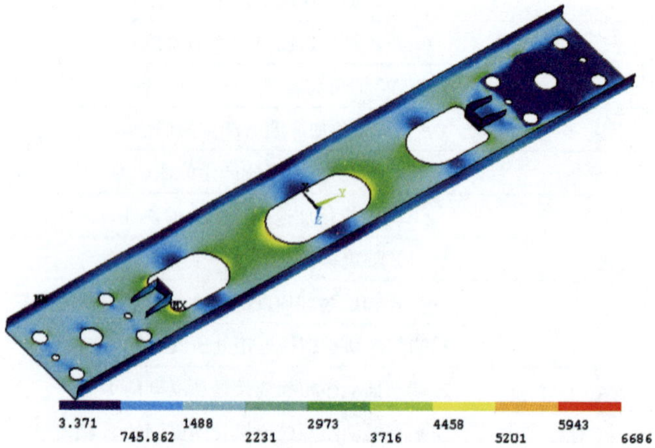

图 9-15　弹簧托板单位 X 轴角速度下应力分布(Pa)

9.4.7　弹簧托板的材料特性

弹簧托板母材、焊缝的 S-N 曲线如图 9-16～图 9-18 所示。

9.4.8　弹簧托板寿命分析结果

表 9-6 为以 4 000 km 为一个循环时损伤最大的 5 个单元的寿命值(焊缝修磨后),图 9-19 为弹簧托板的寿命分布。表 9-7 为以 4 000 km 为一个循环时损伤最大的 5 个单元的寿命值(焊缝未修磨),图 9-20 为弹簧托板的寿命分布。

寿命以对数形式显示,如果对数寿命为 N,则总仿真运行里程数为 $10^N \times 4\ 000$ km。

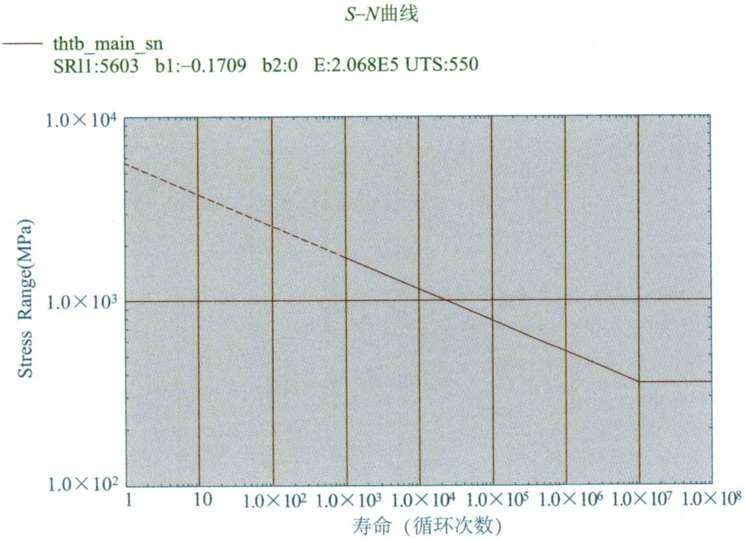

图 9-16 弹簧托板母材的 S-N 曲线

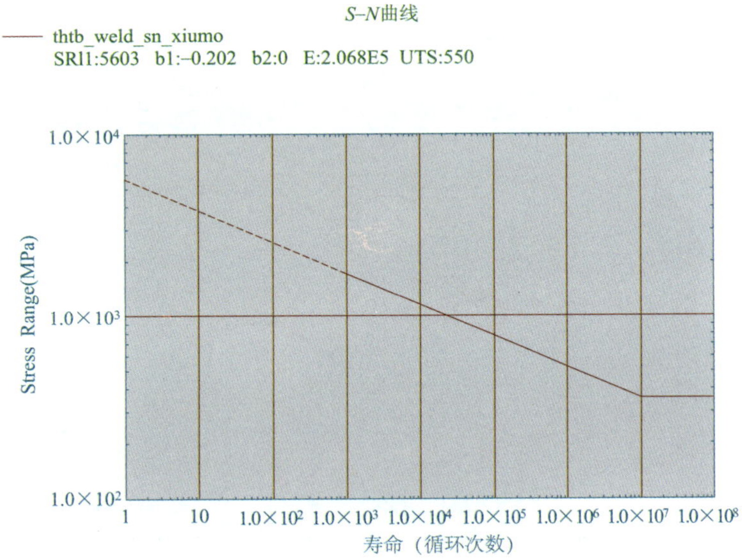

图 9-17 弹簧托板焊缝(修磨后)的 S-N 曲线

表 9-6 以 4 000 km 为一个循环时弹簧托板损伤最大的 5 个单元的寿命值(焊缝修磨后)

单　元	仿真循环次数	仿真对数寿命	仿真总运行寿命(km)
28 502	352.3	2.547	1 409 200
28 338	385.1	2.586	1 540 400
28 325	409.6	2.612	1 638 400
28 503	416.9	2.620	1 667 600
28 326	444.1	2.647	1 776 400

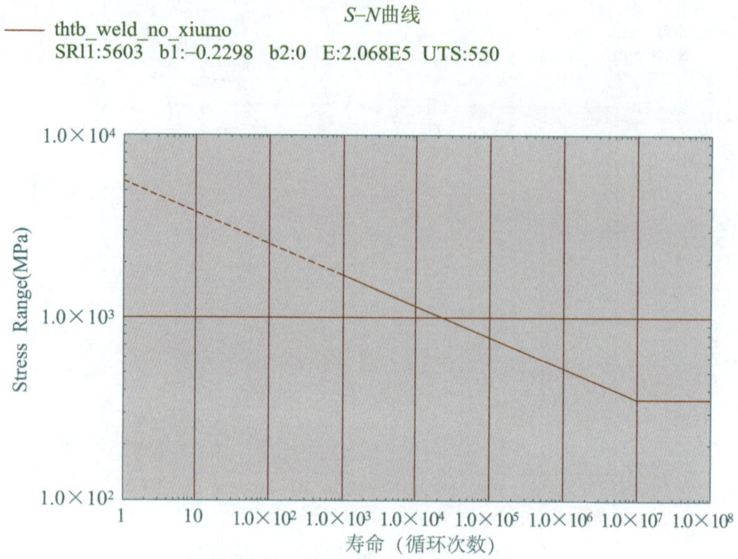

图 9-18　弹簧托板焊缝(未修磨)的 S-N 曲线

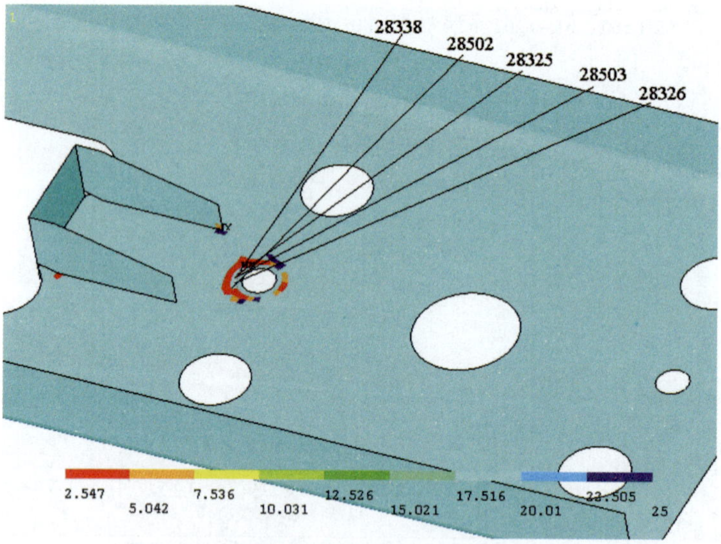

图 9-19　弹簧托板的寿命分布(焊缝修磨后)

表 9-7　以 4 000 km 为一个循环时弹簧托板损伤最大的 5 个单元的寿命值(焊缝未修磨)

单　元	仿真循环次数	仿真对数寿命	仿真总运行寿命(km)
27 314	221.5	2.345	886 000
28 502	352.3	2.547	1 409 200
28 338	385.1	2.586	1 540 400
28 325	409.6	2.612	1 638 400
28 503	416.9	2.620	1 667 600

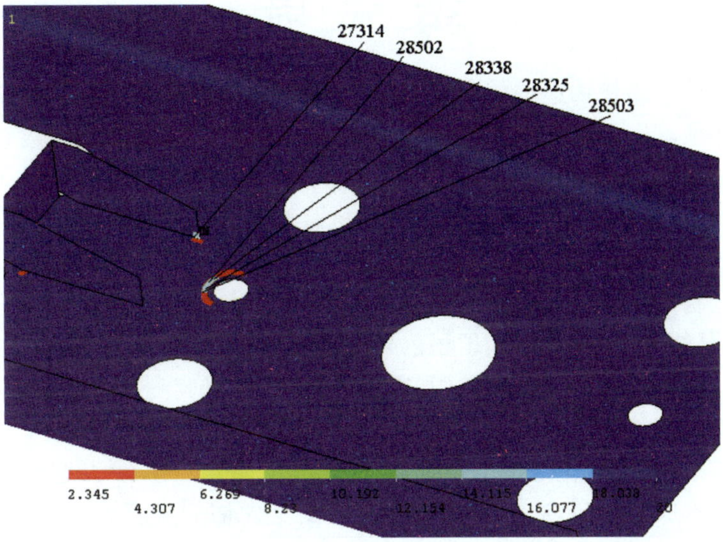

图 9-20　弹簧托板的寿命分布(焊缝未修磨)

结 束 语

铁路货车是铁路货物运输的载运装备。为保障铁路运输的安全，铁路货车及其关键承载构件必须具有足够的结构强度可靠性，建立科学合理的疲劳强度设计和安全评估方法是关键，而获得铁路货车各种运用条件下载荷谱是一项基础性的工作。实际运用中，铁路货车承载构件承受着复杂多源随机载荷，这些载荷的变化直接受线路状态、车型、列车编组、车辆载重、运行操作甚至气候环境等的影响。长期以来，我国相关高校、科研单位、制造企业和运用部门的科技工作者为此开展了大量的载荷谱试验研究工作，经过不懈的努力，充分借鉴了国内外其他行业，尤其是国外铁路发达国家的研究成果，采用先进的线路载荷信息测试和数据处理方法，以实测数据为基础，完成了我国主型铁路货车及其关键承载构件的载荷谱编制，为疲劳强度设计提供了扎实的科学依据。同时，计算机控制的多通道电液伺服疲劳试验机的应用，使大型结构室内实物疲劳模拟试验技术成为现实，通过实物试验进行安全评估的成套方法日臻完善。另外，随着计算机仿真技术的发展，建立仿真模型，输入线路激扰谱，使得通过车辆系统动力学仿真获取载荷信息成为可能。近年来，基于互联网、云计算等现代化手段，对海量线路载荷测试数据运用大数据处理方法深入挖掘，进行统计性的比较、分析、归纳等方面也取得了突破，为铁路货车载荷谱及其应用研究开辟了新的途径。

如本书内容所示，我国在铁路货车载荷谱及其应用方面已经取得了一系列可喜的成果，目前我国铁路已经形成了一系列铁路货车疲劳可靠性技术规范，建立的载荷谱广泛应用于开发各类新型货车以及既有车辆改进，其中国内铁路车辆车体包括 C_{70E} 和 C_{80E} 型通用敞车、KM98 型煤炭漏斗车、160 km/h 快捷棚车的研发，出口国外铁路车辆车体包括蒙古底开门敞车、阿根廷焦炭敞车、澳大利亚 BMA 煤炭漏斗车等。转向架方面包括 27 t 轴重 DZ1 和 30 t 轴重 DZ4 转向架摇枕、侧架、制动梁、交叉杆和弹簧等，车钩主要应用于 F 型、16 和 17 型车钩。载荷谱的建立和应用为保障我国铁路运输安全，发展新型货车提供了有力的技术支撑。

随着我国国民经济的发展，铁路货物运输业也正向着重载和快捷方向发展，与此同时，我国铁路货车已迅速走向国际市场。铁路货车载荷谱的深入研究，涉及方方面面的课题，为使我国铁路货车载荷谱研究达到世界领先水平，还需在线路高精度载荷测试技术、测试数据深入挖掘、多维激扰疲劳理论、载荷谱编制理论、疲劳试验与安全评估标准制定等方面开展研究工作。